Speller Schriften Band 5

Das Kriegsende 1945 in unserer Heimat

Karl Rekers

Speller Schriften, Band 5

Das Kriegsende 1945 in unserer Heimat

Mit 259 Bildern aus Spelle, Lünne, Dreierwalde, Ibbenbüren,
Salzbergen, Listrup, Hopsten, Rheine, Lingen, Freren, Voltlage
und vielen anderen Orten der Umgebung

und Kriegstagebüchern britischer Einheiten

von Karl Rekers

© by Karl Rekers, 48480 Spelle, Marienstraße 12

1995

ISBN 3-921290-81-3

Druck: Ibbenbürener Vereinsdruckerei GmbH

Inhalt

Vorwort		7
Vorgeschichten		
1	Von Spelle nach Abtenau	15
2	Ein notgelandeter Bomber in Listrup	31
3	Zum Schanzen nach Elbergen	47
4	Vom Einsatzflugplatz in Plantlünne	53
Notizen		
1	Die ersten Bomben auf Spelle	65
2	... und immer mehr Bomben	77
3	Salzbergen verwüstet	85
4	Das Nahen der Kriegsfront	91
5	Drei Tage Frontlinie an der Speller Aa	101
6	Weißer Sonntag 1945: Einrücken der Engländer	107
7	Von der Besatzungsmacht zum Bürgermeister ernannt	117
8	Das Kriegsende	127
9	Aus den Kirchenchroniken jener Zeit	145
Erinnerungen		
1	In Erwartung der Front	161
2	Erste Feindberührungen	169
3	Erbitterter Kampf in Dreierwalde	179
4	Panzergefecht und Artilleriekampf in Spelle	193
5	Jagdbomberangriff auf den Ortskern	203
6	Spelle endlich besetzt	209
7	Nach der Befreiung	217
Militärberichte		
1	Endkampf in Deutschland. Der Rückzug der Heeresgruppe H	233
2	Das Regiment Wackernagel im Raum Rheine-Spelle-Dreierwalde	238
3	Schwerer Abwehrkampf blutjunger deutscher Soldaten	249
4	Selbstaufopferung des 3. Bataillons Wackernagel in Lingen	263
5	Die britischen Einheiten in unserem Raum	273
6	Die Kampfhandlungen der „Cameronians"	283
7	Der Einsatz der „Desert Rats"	293
8	Die Operationen der „King's Own Scottish Borderers"	309
9	Von Spelle nach Voltlage: Schwere Verluste der „KOSB"	325
10	Tagebücher des „King's Royal Rifle Corps" und der 44. „Royal Tanks"	343
11	Weitere Tagebuchaufzeichnungen britischer Einheiten	363
Noch einige ergänzende Fotos		379
Die Gefallen, Vermißten und in der Heimat Umgekommenen aus Spelle		394
Nachwort		396
Literaturverzeichnis		400

Vorwort

Wie war das im April 1945?

Wurden wir *erobert* oder wurden wir *befreit*?

Ich erinnere mich genau, daß ich, wie viele andere auch, sofort nach dem Einzug der westlichen Truppen tief durchatmete und überzeugt war: Nun sind wir endlich *befreit* von diesen Nazis, von diesen Verrücktheiten und Unberechenbarkeiten!

Als englische Soldaten Bretter aus unserem Holzlager holten, die Aa-Brücke notdürftig wieder passierbar zu machen, suchte ich das Gespräch mit ihnen. Sie kamen aus der Gegend von Leicester, und ich konnte es nicht unterlassen, ihnen zu bekennen: „You have not conquered, you have liberated us!" (Ihr habt uns nicht erobert, ihr habt uns befreit). Sie lachten etwas verständnislos vor sich hin und dachten wohl: Was weiß schon dieser 15-jährige Junge davon.

Somit bin ich der Überzeugung, daß wir zwar erobert, damit aber *befreit* wurden.

Zu Ende des Krieges war es ein wesentlicher Unterschied, ob ein Ort im Westen oder im Osten Deutschlands lag. Würde Spelle sich im Osten befunden haben, beispielsweise jenseits der Oder, so hätten wir uns sicherlich als *erobert* betrachten müssen.

Während im Osten die Bevölkerung vor den Russen floh und dem Militär dankbar war, den Feind zurückzuhalten, war es im Westen umgekehrt: Überall wehrte sich die Bevölkerung, wenn es hieß, der Ort solle bis zum äußersten verteidigt werden.

Entsprechend war es auch beim deutschen Militär:

Im Osten wollte niemand in Gefangenschaft geraten, man fühlte sich von der Bevölkerung unterstützt. Es wurde noch verbissener gekämpft als hier im Westen. Die Verluste auf beiden Seiten waren ungeheuer.

Im Westen hingegen mußte jeder daran denken, daß jeder Tag Widerstand gegen den Vormarsch der Alliierten den Russen ein tieferes Eindringen in Deutschland ermöglichte. Geriet ein Soldat im Westen in Gefangenschaft, so war für ihn der Krieg beendet, und jeder wußte, daß er human behandelt wurde und voraussichtlich mit dem Leben davonkam.

So gab es viele Soldaten, die froh waren, wenn die Front über sie hinweglief; einige versteckten sich sogar und vertauschten ihre Uniform mit einer Zivilkleidung, wohl wissend, daß es den sicheren Tod bedeutete, wenn sie von der SS dabei ertappt wurden.

Und dennoch, hier in Spelle kämpften auf beiden Seiten anerkannt tapfere Elite-Truppen:

Auf deutscher Seite das Regiment Wackernagel des Panzerkorps „Großdeutschland", frisch aus dem Raum Kiel an die Westfront geworfen. Die Offiziere waren alle hoch dekoriert und hatten den Krieg seit dem Polen-Feldzug mitgemacht. In den letzten Jahren waren sie hauptsächlich im südlichen Abschnitt der Ostfront eingesetzt.

Anders die Mannschaften: Zu jung, kaum ausgebildet, mit allem unglaublich schlecht versorgt.

Auf der Seite der Westmächte waren es die 4. Panzerbrigade und die 7. Panzerdivision (Desert Rats), welche unter anderem das 6. Bataillon der schottischen Cameronians (Scottish Rifles) unterstützten. Die Cameronians waren früher in den Kolonien (Burma, Indien) eingesetzt, in Sizilien und bei Rom gelandet, hatten die Invasion in der Normandie mitgemacht, waren in der Ardennen-Offensive dabei und hatten am Niederrhein große Verluste erlitten.

Ihren Namen leiten sie von einem äußerst tapferen Heeresführer namens Richard Cameron ab. Eine traditionsreiche, „vornehme" Truppe also; so haben sie sich auch bei der Eroberung von Spelle verhalten.

Es gab weder Plünderungen noch Mißhandlungen. Sie haben Spelle erobert und zugleich befreit. Zu erkennen und zu bestätigen, daß es wirklich eine Befreiung war, dazu möge dieses Buch beitragen!

Verfolgt man die Geschichte zurück, so waren kriegerische Ereignisse, wie das Kriegsende 1944/45, nicht ein Einzelfall für die Gegend von Spelle.

Heinz Kreimeyer, mein früherer Mitschüler am Gymnasium in Rheine, jetzt Schulleiter a.D. in Lünne, schrieb entsprechende frühere Kriegsereignisse auf. Als Herausgeber des ausführlichen Heimatbuches „Lünne 890 - 1990" hat er ein ausgiebiges entsprechendes Wissen. Hier seine Ausführungen:

Schon in der jüngeren Steinzeit, etwa 2000 v. Chr., muß sich in unserer Heimat eine dramatische Auseinandersetzung abgespielt haben, von der wir durch die vergleichende Sprachforschung und die Archäologie Kunde erhielten. Ein indogermanisches Reitervolk, kriegerische Streitaxtleute, unterwarf die eingesessenen bewaffneten Bauern. Die Sieger vermischten sich mit den Besiegten.

Ob sich die Bewohner unseres Venkigaus an der berühmten Schlacht am Teutoburger Wald im Jahre 9 nach Chr. beteiligt haben, wissen wir nicht, weil nicht bekannt ist, ob sie zu den Brukterern oder zu den Ampsivariern zählten. Diese Vernichtungsschlacht hat sich neueren Forschungen zufolge wahrscheinlich in Kalkriese im Altkreis Bersenbrück zugetragen. Die im heutigen Westfalen wohnhaften Brukterer hatten sich an dem Kampf beteiligt und sogar einen römischen Legionsadler erobert.

Weitgehend im Dunkel der Geschichte liegt die Landnahme der Sachsen. In unsere Heimat drangen sie gegen 500 n. Chr. ein. Mit dem Sachs, einem einschneidigen Schwert, verschafften sie sich auch in unserem Venkigau Respekt.

Drei Jahrhunderte später unterwarf der Frankenkönig und spätere Kaiser Karl in einem großangelegten und grausam geführten Krieg das Land der Sachsen. Unsere Vorfahren setzten in diesem langen Volkskrieg ihrer

Unterwerfung erbitterten Widerstand entgegen, mußten sich aber schließlich der Übermacht beugen.

Volkskriege dieser Art fanden in dem folgenden Jahrtausend bei uns nicht mehr statt. Sie wurden abgelöst durch Herrschaftskriege, Überfälle, Durchzüge von Kriegstruppen und Besetzungen.

Um 855 n. Chr. überfielen Normannen in ihren Drachenbooten Elbergen und Heitel und zerstörten alles, was sie nicht gebrauchen konnten.

In den jahrzehntelangen Herrschaftskämpfen zwischen dem Tecklenburger Grafenhaus und den Bischöfen von Münster und Osnabrück lebten die Soldaten von Abgaben, Raub und Brandschatzungen.

Auch die Kämpfe der reformierten Oranier und katholischen Spanier um Stadt und Grafschaft Lingen haben die Landbewohner hart getroffen.

Die Bevölkerung litt wieder unter der Soldateska im Dreißigjährigen Krieg.

Im Siebenjährigen Krieg (1756 - 1763) besetzten französische Truppen mehrmals die Grafschaft Lingen. Ungeheure Summen wurden erpreßt, Furage-Lieferungen (Viehfutter) aus den Dörfern herausgeprügelt.

In den Befreiungskriegen gegen Napoleon desertierten viele Männer unseres Kirchspiels über die Grenze nach Holland.

1870/71 fielen im Krieg gegen Frankreich aus Spelle, Varenrode und Venhaus vier Männer.

Ganz andere, bis dahin nicht gekannte Dimensionen hatte der Erste Weltkrieg. Vernichtungswaffen und Vernichtungsstrategien forderten einen ungeheuren Blutzoll von den Völkern. Jedes Dorf, jede Bauernschaft, die meisten Familien hatten am Ende gefallene, verwundete oder verkrüppelte Männer zu beklagen.

Eine ganz schlimme spätere Folge dieses verlorenen Vielvölkerkrieges war die Machtergreifung Adolf Hitlers, der den Zweiten Weltkrieg herbeiführte. In der Schlußphase des wahnsinnigen Völkermordens rückten die feindlichen Heere über die deutschen Grenzen in unser vom Bombenkrieg schon zerstörtes Land ein. Das Kampfgeschehen des Kriegsschauplatzes Europa spielte sich auf deutschem Boden ab. Auch Spelle und seine Umgebung waren davon betroffen.

Inzwischen sind nun fast 50 Jahre seit dem Ende des zweiten Weltkrieges vergangen. Angeregt durch viele Mitbürger und den Speller Heimatverein, aber auch aus eigenem Bedürfnis heraus, möchte ich zusammentragen und aufschreiben, was sich in Spelle und in unserer heimatlichen Umgebung in den Jahren etwa von 1943 bis zur Währungsreform am 21. Juni 1948 zugetragen hat.

Die Erinnerungen an diese bedeutungsvolle Zeit werden immer spärlicher und ungenauer. Nach dem nächsten Generationenwechsel wird es kaum noch möglich sein, alles zu rekonstruieren.

Vielen Mitbürgern muß ich sehr dafür danken, daß sie weder Zeit noch Mühe gescheut haben, mir bei meiner Arbeit durch Erzählungen, Hinweise, Auskünfte und Bildmaterial zu helfen.

Die offiziellen Quellen aus jener wirren Zeit sind verständlicherweise sehr spärlich. Um so wertvoller ist es, daß sich einige Mitbürger sehr viel Arbeit gemacht haben, Forschungen und Befragungen durchzuführen, zu ordnen und aufzuschreiben.

Die Kriegsereignisse in unserer weiteren Heimat sind, mit genauen Quellenangaben versehen, im Buch „Das Kriegsende zwischen Ems und Weser 1945" von Günter Wegmann, Osnabrück, dargestellt. Viele Informationen dieses Buches basieren somit auf den Nachforschungen des Autors.

Ich will mich jedoch auf Spelle und seine nähere Umgebung beschränken. Um so mehr können persönliche und ortsgebundene Eindrücke eingebracht werden, die aber sicherlich auch für andere Orte, in denen 1945 der Krieg tobte, typisch sind.

Es ist sehr wertvoll und interessant, daß mein im Jahre 1973 verstorbener Vater Gerhard Rekers - in Spelle und Umgebung allgemein „Timmergerd" genannt - zeitlebens alles aufgeschrieben hat, was er für die Nachwelt erhaltenswert hielt. So ist es nicht verwunderlich, daß er auch über die letzten Kriegsjahre Aufzeichnungen machte, seiner ganzen Art entsprechend sehr präzise, mit genauen Zeit- und Ortsangaben. Am 31.Jan. 1994 wäre er 100 Jahre alt geworden.

Für die Erforschung der militärischen Ereignisse in der engeren Umgebung von Spelle ist eine weitere wichtige und aufschlußreiche Quelle vorhanden: Band 3 des Buches „Die Geschichte des Panzerkorps Großdeutschland", geschrieben von Helmuth Spaeter. Er wohnt heute in Eching /Ammersee, wo er mir bei einem Besuch großzügig Unterlagen, teilweise im Original, zur Verfügung stellte.

Gerhard Rekers (Timmergerd)
(Bild 1)

Auf dem Umschlag dieses Buches ist eine Karte abgedruckt, deren Eintragungen wenige Jahre nach dem Krieg von Major Spaeter eingebracht wurden. Sie entsprechen genau den ihm vorliegenden Unterlagen und den Angaben der überlebenden Soldaten.

Major Helmuth Spaeter (Jahrgang 1918) ist Ritterkreuzträger, wurde 6-mal verwundet und war zuletzt Offizier im Generalstab der Div. „Brandenburg" des

Panzerkorps „Großdeutschland".

Dieses Buch wird Band 5 der „Speller Schriften". Helmut H. Boyer (Jahrgang 1929), Schulleiter und Heimatforscher in Spelle, begann diese Reihe vor einigen Jahren. Leider starb er viel zu früh im Jahre 1993, kurz nachdem er den Band 4 der „Speller Schriften" veröffentlicht hatte.

Major Helmuth Spaeter
(Bild 2)

Zwei britische Archive waren für die Aufklärung der Geschehnisse vor 50 Jahren sehr wertvoll:

1. das „Imperial War Museum" mit vielen Fotos und Büchern,

2. das „Public Record Office" mit Originalen der Tagebücher,

    beide in London.

Spelle, im Herbst 1994

Das „Imperial War Museum" in London. Viele werden es besucht haben. Nur wenige wissen, daß dem Museum ein Fotoarchiv und eine Bibliothek angeschlossen sind.
(Bild 3)

Vorgeschichten
1

Von Spelle nach Abtenau

Am 6. Juni 1944, von General Eisenhower "D-Day" genannt, begann die Invasion der Westmächte in der Normandie. Ich war damals 14 ½ Jahre alt. Das Gymnasium Dionysianum, dessen Schüler ich war, befand sich in Abtenau im Salzkammergut (Österreich). Kinderlandverschickung (KLV) nannte man das. Sinn der Sache war es, wegen der pausenlosen Luftangriffe einen einigermaßen geordneten Unterricht zu ermöglichen.

Unser Lagerleiter ließ uns alle antreten und teilte uns die Neuigkeit mit, noch nicht genau wissend, wo denn die westlichen Truppen gelandet waren. Er

KLV-Lager „Roter Ochs"
Hier waren wir mit 70 Schülern untergebracht. ImVordergrund Schneeberge.
Abtenau liegt 732 m hoch.
(Bild 4)

vermutete, daß es in Holland sei. So meinte er, daß alles unter Wasser gesetzt werde. Die Invasion sei zum Scheitern verurteilt. Heimlich hoffte ich jedoch, daß der Krieg nun bald zuende sein würde.

Einige Mitschüler redeten noch von Geheimwaffen und wundertätigen, bisher noch unbekannten Fähigkeiten unseres "herrlichen Führers". Die meisten aber, so auch ich, glaubten nicht mehr an den "Endsieg". Viele sorgten sich um das Schicksal ihrer Väter und Brüder an der Front. Immer wieder trafen Todesnachrichten ein, und so erhielt auch ich im März 1944 in Abtenau die schreckliche Nachricht, daß mein Bruder Alois im Alter von 19 Jahren bei Narva in Estland gefallen sei.

Wir meinten, die Besetzung Deutschlands durch Engländer und Amerikaner könne so schlimm nicht sein; wenn nur die Russen nicht kämen. So freute ich mich, daß die in der Normandie gelandeten westlichen Truppen nach anfangs sehr harten Kämpfen schnell vorankamen. Am 25. August 1944 wurde Paris befreit, nachdem General von Choltitz es verstanden hatte, Hitlers Zerstörungsbefehl nicht auszuführen. Der Eiffelturm wurde nicht gesprengt!

Das letzte Bild meines Bruders Alois; er fiel am 1.3.1944, 19 Jahre alt, bei Narwa /Estland.
(Bild 5)

Die westlichen Truppen standen im Dezember 1944 etwa entlang der deutschen Westgrenze. Auch die von deutscher Seite mit viel Aufwand im Dezember durchgeführte Ardennen-Offensive war im Januar 1945 gescheitert.

Wie sehr aber die Goebbels-Propaganda damals auf die Jugendlichen wirkte, mag aus einem Brief meines Mitschülers Willi Kaiser, damals 12 Jahre alt, hervorgehen, den er am 7.6.1944 an seine Mutter schrieb:

..... Als ich heute morgen aus der Schule kam, erfuhr ich, per „Zufall", daß die Tommies in Frankreich gelandet wären. Endlich ist nun die Invasion angefangen. Hoffentlich ist sie im Herbst zu Ende, daß wir bald nach Hause kommen. Überhaupt, hier wird viel über das „Nach-Hause-kommen" gesprochen.

Heute um 4 Uhr war hier Brandalarm. Ein Bauernhof ¾ Stunden außerhalb brannte. Du hättest mal sehen sollen, wie langsam und unbeholfen die „Feuerwehr" war. (Schreibe morgen weiter, muß ins Bett).

So, jetzt ist schon der 7. Juni. Gestern abend mußte ich aufhören, weil wir ins Bett mußten. Eben erfuhr ich, daß neue Engländer

Das Grab meines Bruders Alois auf dem Soldatenfriedhof in Jeve /Estland. Nach dem Krieg ebneten die Russen den Friedhof ein und überbauten ihn mit einer Parkgarage und einem Einkaufszentrum. Die Esten errichteten in diesem Jahr neben den Gebäuden ein Denkmal.
(Bild 6)

bei Calais und Dünkirchen gelandet seien. Hoffentlich kriegen die Tommies die Hosen vollgehauen. Als wir gestern erfuhren, daß die Engl. gelandet seien, freuten wir uns alle, daß diese Mörderbanden endlich von uns gefaßt werden. Aber Du hättest mal die Bevölkerung sehen sollen. Man sagt, die Westfalen seien stur, aber gegen diese Bevölkerung sind sie gar nicht stur. Die Leute aus dem Dorf freuten sich nicht, sie sagten nur: „Hoffentlich kommen die Tommies nicht bis nach Deutschland", oder: „Hoffentlich hält der Atlantikwall sie auf". Sie standen da und machten besorgte Gesichter, anstatt sich zu freuen, daß die Engl. von uns nun mal endlich gefaßt werden. So ein stures Volk, diese Einheimischen!

Du wirst mich ja wohl verstehen. Wenn man bei uns in ein Geschäft kommt, und man sagt: Guten Tag, Frau ..., so geben sie bestimmt zur Antwort: Guten Tag, Kurt. Aber hier: Sagt man „Heil Hitler", so sagen sie „guten Tag"! Immer geben sie einen anderen Gruß zur Antwort oder überhaupt keinen! Dieses sture Volk!! .....

In den Herbstferien wurden immer mehr meiner Mitschüler von ihren Eltern abgeholt. Alle konnten irgendwelche Gründe vorbringen, die mehr oder weniger zwingend die Rückkehr nach Rheine erforderlich machten.

In Wirklichkeit waren die Eltern um ihre Kinder sehr besorgt, weil keiner wußte, wie der Krieg nun bald enden würde. Ein weiterer wichtiger Grund war aber, daß wir immer wieder von den Nazis genötigt wurden, uns freiwillig zur Waffen-SS zu melden. Eines Tages mußte unser Lager, es hieß "Roter Ochse", zum nahegelegenen Ort Bad Abtenau marschieren und dort antreten. Mehrere Offiziere der SS hielten eine anfeuernde Rede, der Endsieg sei uns sicher, es sei die größte Ehre, für das Vaterland zu kämpfen.

Anschließend sagten sie, es sei doch wohl selbstverständlich, daß jetzt alle vorträten, sich in die bereitgelegten Listen eintragen zu lassen. Keiner trat vor. Dann wurden wahllos einige Schüler aufgefordert, nach vorn zu kommen. Vor versammelter Manschaft mußten sie sagen, warum sie sich nicht melden wollten. Die meisten gaben zur Antwort, sie müßten erst ihre Eltern fragen. Ich will nicht beschreiben, wie sie daraufhin öffentlich "fertiggemacht" wurden.

Schüler des Lagers „Roter Ochse" bei einer Bergwanderung
auf der Zwieselalm, im Hintergrund das Tennengebirge.
Wir sollten uns damals freiwillig zur Waffen-SS melden.
(Bild 7)

Um den Aufforderungen zur Teilnahme an Nazi-Lehrgängen zu entgehen, meldete ich mich zum 2.8.1944 zu einem Bergsteigerlehrgang. Es ging zur 2242 m hohen Rudolfshütte in den Hohen Tauern. Der Lehrgang war sehr gefährlich, und ich wäre um Haaresbreite tödlich verunglückt. Wir sollten unter anderem das Bergen aus Gletscherspalten lernen. Dabei riß ein Seilring. Ich hing hilflos etwa 20 Minuten lang an einem Hilfsseil, bis ein Ausbilder sich abseilen ließ und mich wieder herauszog. Hier eine Schilderung, die ich im Frühjahr 1948 für das Buch „Kriegschronik des Gymnasiums Dionysianum Rheine", von Studienrat H. Rosenstengel verfaßt, schrieb:

In der Gletscherspalte, ein Erlebnis im Bergsteigerlehrgang in der Gegend der Rudolfshütte:

..... Am anderen Tage begann das Abseilen. Zuerst war es für uns sehr schwierig, mit waagerechter Körperlage am senkrechten Fels rückwärts „herunterzugehen". Als wir die erste Angst beim Abseilen an

Diese Hütte mußte später einem Stausee des Kapruner Kraftwerkes weichen.
Eine andere, größere Rudolfshütte ist in der Nähe neu erbaut.
Sie ist über eine Seilbahn erreichbar.
(Bild 8)

ungefährlichen Stellen verloren hatten, mußten wir uns an einer Felswand von etwa 36 m Höhe mit teils überhängenden Felsen abseilen. In Wirklichkeit war es aber nicht so schwierig, wie es vorher aussah.

Einer von uns fünf Jungen aus Abtenau verlor beim Abseilen den Halt und schlug mit dem Gesicht gegen einen Fels, wobei ihm ein Zahn abbrach. Für ihn war der Lehrgang sofort zuende.

Als wir das Abseilen genügend gelernt hatten, ging es an einem anderen Tag wieder zum Sonnblick-Gletscher. Wir sollten das Bergen aus Gletscherspalten lernen. Dabei sollten wir selbst der Reihe nach in die Gletscherspalten hinabgelassen, um dann wieder „geborgen" zu werden.

Als der Ausbilder fragte, wer zuerst in die Spalte wolle, meldete ich mich, da ich mir sagte: Einmal bist du ja doch dran. Wir waren bereits angeseilt. Schnell ließ man mich hinab. Aber bereits in vier Metern Tiefe ging es nicht weiter. Die beiden Wände der Spalte waren durch Schnee und Eis brückenartig verbunden. Da rief der Ausbilder, ich solle etwas zur Seite gehen, und als ich dieses tat, brach plötzlich das Eis unter meinen Füßen weg. Als ich etwa 2 m tief gefallen war, hielt das Seil mich wieder mit einem Ruck fest.

Vor Staunen beim Anblick meiner Umgebung vergaß ich alles andere. Während man mich immer tiefer hinabließ, sah ich mich im Kreuzungspunkt zweier Spalten. Die glatten, hellgrünen Eiswände hatten etwa zwei Meter Abstand voneinander. Wie Spinngewebe verbanden hier und dort dünne Eisschichten die Wände. Die Spalten mochten etwa 50 Meter tief sein. Sie wurden unten nur wenig enger. Auf dem Boden standen Eiszapfen, die wie Spieße nach oben gerichtet waren.

In diese unterirdische Welt wurde ich immer tiefer hinabgelassen. Schließlich ging es nicht weiter, das Seil war wohl zuende. Aber warum zog man mich denn nicht sofort wieder hoch? Meine Kameraden dort oben mußten sich doch denken können, daß das Seil langsam an meiner Haut brannte. Da, endlich begannen sie mit ihrer Bergungsarbeit. Ich wurde etwa zwei Meter nach oben gezogen, dann wieder einen Meter nach unten gelassen, dann wieder zwei Meter nach oben, einen Meter nach unten usw.

Plötzlich gab es einen Ruck. Sofort sauste ich den Eiszapfen unten in der Spalte entgegen. Dann wieder ein stärkerer Ruck, und während ich wieder an dem Seil von einer Wand zur anderen baumelte, sah ich, daß ich wieder genau so tief wie eben war. Ich rief nach oben, bekam aber keine Antwort. Ich hörte nur schnelle Schritte und Rufe zur anderen Gruppe. Man wollte einen Seilring haben. War denn der Seilring gerissen, der das Seil über der Mitte der Spalte von der Eiswand abhielt? Ich zog mich für einen Augenblick an dem Seil hoch, um von dem Brennen des Seiles an meiner Haut befreit zu werden.

Schließlich begann man, mich in demselben Tempo wie vorher aufzuziehen. Bald kam ich wieder zu der Stelle, wo ich vorher eingebrochen war. Zu meinem Entsetzen mußte ich nun feststellen, daß sich das Seil in das Eis eingefressen hatte. Schon beim nächsten Zug mußte der Knoten des Seiles ein weiteres Aufziehen verhindern.

Werden die fünf Jungen dort oben das Seil zerreißen, wenn es nicht mehr weiter kann? Sie ziehen ja mit einem Flaschenzug. Ich rief laut, daß sie aufhören sollten zu ziehen. Sie mußten es wohl gehört haben, und im gleichen Augenblick zeigte sich oben am Rand der Spalte das Gesicht des Ausbilders. Er erkannte sofort meine Lage und ließ sich ebenfalls mit einem Pickel abseilen. Beim Entfernen des Eises paßte er sorgfältig auf, daß er nicht das Seil zerschlug. Schließlich stand ich wieder unter wolkenlosem Himmel auf dem Gletscher. .....

Als ich am 13.8.1944 nach Abtenau zurückkam, lag ein Einberufungsbefehl zu einem Segelfluglehrgang bei der Post. Ich überlegte, wie ich dem entgehen könnte.

Meine Mutter war damals an Venenentzündung leicht erkrankt. Ich schrieb nach Hause, man möge mir ein Telegramm schicken, daß meine Mutter lebensgefährlich erkrankt sei. Ich müsse sofort für einige Wochen nach Spelle kommen.

Am 17.8.1944 schrieb mein Vater an meinen Bruder Anton, der verwundet im Lazarett lag. Er hatte durch einen Granatsplitter das rechte Auge verloren, bei den Kämpfen in den Karpaten, am Dukla-Paß.

..... Karl haben wir ein Telegramm geschickt, daß er sofort kommen soll, da er einen Segelfluglehrgang mitmachen soll. Ich bin gespannt, ob er in den nächsten Tagen ankommt. Ich schreibe dann sofort.....

Am Tag zuvor war abends das Telegramm tatsächlich angekommen. Meine beiden Holzkoffer hatte ich inzwischen längst gepackt. Nur das Wichtigste nahm ich mit. Ich ging sofort zum Lagerleiter, der mir Reiseerlaubnis unter der Bedingung gab, daß ich nach etwa 3 Wochen wieder zurückkommen würde.

Am folgenden Tag war alles klar. Ich hatte als nächstmögliche Fahrgelegenheit den Zug um 15.45 Uhr von Golling über Salzburg nach München ausfindig gemacht. Es war mittags 1 Uhr. Leider fuhr gerade kein Omnibus zu dem etwa 20 km entfernten Golling. So setzte ich mich in der Mitte des Marktplatzes auf meine beiden Holzkoffer, um irgendeine Fahrmöglichkeit nach Golling ausfindig zu machen.

Ich saß dort gerade, als ein 6-Zylinder-Wanderer vorgefahren kam, mit offenem Verdeck. Ein herrliches Auto! Zwei hohe Offiziere saßen darin. Ich hatte wohlweislich mein Hitlerjugend-Braunhemd angezogen, was mir sicher bei der Frage half, ob ich bis Golling mitfahren dürfe. Ich erzählte die Story von meiner todkranken Mutter. Die Offiziere waren äußerst freundlich und boten mir an, einzusteigen. Sie würden aber nicht direkt nach Golling fahren, weil sie einige Sägewerke zu besuchen hätten. Bis zur Abfahrt des Zuges seien sie aber sicher am Bahnhof.

Das sollte mir recht sein! In einem so schönen Auto zum Abschluß auch noch die interessante Gegend zu sehen, besser ging es doch nicht! Wir fuhren bald ab, jedoch in die entgegengesetzte Richtung, nämlich nach Annaberg, schließlich bis Bischofshofen.

Die Aufenthalte bei den Sägewerken dauerten mir doch ziemlich lange. Nach meiner Kalkulation konnten wir nicht mehr pünktlich in Golling sein. Das merkten die beiden Offiziere dann auch inzwischen, und sie gaben Gas, was das Zeug hielt. Es ging um Kurven und über Bergkuppen. Schließlich waren wir um 16.05 am Bahnhof, 20 Minuten zu spät!

Der Bahnsteig stand voller Leute. Das ließ mich hoffen, daß der Zug Verspätung haben könnte. So war es auch. Ich stieg in den bald eintreffenden Zug und bedankte mich herzlichst bei den beiden freundlichen Offizieren.

Spät abends kam der Zug in München an. Ich stieg aus und sah nach den Abfahrten der nächsten Züge. Hinter meinem Rücken stand gerade ein abfahrbereiter Zug, der mit Schildern nach Hamburg über Hannover markiert war. Ich stieg in den überfüllten Zug ein, der sofort abfuhr. Mit meinen beiden Holzkoffern erkämpfte ich mir einen kleinen Platz im Seitengang. Ich war zufrieden.

Als ich mich umsah, merkte ich, daß nur Soldaten, teilweise verwundet, im Zug waren. Ein sehr junger Soldat neben mir gab mir die Auskunft, es handele sich um einen Urlauberzug nur für Soldaten.

Bald kamen auch Feldjäger durch den Waggon. Mir kam es wieder zustatten, daß ich immer noch mein Hitlerjugend-Braunhemd anhatte und sagte meine

Story wieder auf. Natürlich durfte ich unter solchen Umständen im Zug bleiben.

Ohne Belästigung durch Bombenangriffe und Tiefflieger kam ich schnell über Hannover nach Rheine und war innerhalb von 30 Stunden in Spelle. Mein Vater schrieb am Freitag, dem 18.8.1944, an Anton:

..... Gestern abend ½ 8 Uhr kam Karl plötzlich in Urlaub. Er sieht gut und frisch aus und hat bis zum 2. Sept. Urlaub. Ob er dann wieder hingeht, ist noch nicht ganz sicher. Möglich ist auch, daß die Schule inzwischen wieder verlegt wird .....

Ich dachte nicht daran, wieder nach Abtenau zu fahren. Das war auch gut so, denn es hat dort keinen weiteren Schulunterricht gegeben. Alles hat sich nach dem späteren Einzug der Amerikaner in abenteuerlicher Weise aufgelöst.

Mein früherer Mitschüler Hermann Schnieders, jetzt Lehrer i.R. in Salzbergen, blieb bis zum Schluß, bis Ende August 1945, in Abtenau und berichtet über die letzten Kriegstage:

Wir sollten (wollten?) noch zum „Endsieg" beitragen.

Es war der 20. April 1945 - „Führers Geburtstag". Der ganze Standort war auf dem Abtenauer Marktplatz angetreten. Wir waren Jungen vor allem aus Rheine, aber auch aus Osnabrück und Bremen.

Der Gebietsführer der HJ aus Salzburg rief uns auf, uns freiwillig für ein Panzerjagdkommando zu melden. Nach anfänglich recht zögernden Freiwilligenmeldungen kamen, nachdem der HJ-Führer uns stärker unter Druck setzte, doch noch weitere Freiwillige dazu. Ich meldete mich auch. Bereits zwei Tage später erhielten wir den Befehl, uns in Puch-Oberalm (bei Hallein) zu melden.

Wir waren mit den „gezogenen" einheimischen Jungen eine Truppe von etwa 40 Jungen. Man steckte uns in eine khakifarbene Uniform des Afrikakorps. Den auf dem Ärmel angebrachten SS-Adler mußten wir abtrennen. Dafür zierte nun das Ärmelband „Volkssturm" unseren Ärmel.

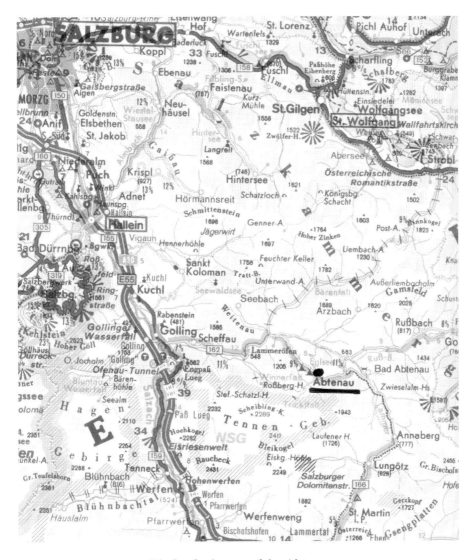

Die Straßenkarte, auf der Abtenau
und die anderen Orte des Geschehens zu finden sind.
(Bild 9, Shell-Atlas)

Ausgebildet wurden wir 14- und 15-jährigen Jungen nun von zwei SS-Unterscharführern. Ein Leutnant war unser Zugführer. Wir lernten, mit der

Panzerfaust, mit dem Karabiner und mit der Maschinenpistole umzugehen, und wie wir uns im Nahkampf zu verhalten hätten. Unsere Aufgabe sollte es sein, den Paß Lueg südlich von Golling zu verteidigen.

Die Front war schon zu hören, als wir uns auf den Weg zum Paß machen sollten. Es war der 6. Mai 1945, ein sehr warmer Tag. Jeder von uns hatte ein Fahrrad, das mit unserem „Kriegsmaterial" voll bepackt wurde.

Während wir noch unsere Marschverpflegung holten, haben sich wohl zurückgehende Landser mit einem Teil unserer Fahrräder - nachdem sie unser „Kriegsmaterial" auf die Erde gelegt hatten - auf und davon gemacht. Mein Fahrrad hatten sie auch „organisiert".

Die noch ein Fahrrad besaßen, fuhren mit dem Leutnant zum Paß. Wir mußten den Weg zunächst bis Hallein schwer bepackt zu Fuß zurücklegen. In Hallein erhielten wir von den beiden SS-Unterscharführern den Befehl, uns an den Straßenrand zu setzen und zu warten, bis sie von einer Erkundungstour zurück seien.

Nach einiger Zeit kamen zwei Männer in kurzen Lederhosen, einen Seppelhut auf dem Kopf, mit einer Heugabel und einem Heurechen „bewaffnet" auf uns zu. Erst als sie fast vor uns standen, erkannten wir, daß es unsere beiden SS-Unterscharführer waren.

Sie verkündeten uns, der Krieg sei doch bald aus, und wir sollten sehen, nach Hause zu kommen. Sie wollten ebenfalls versuchen heimzukommen. Sie verteilten noch großzügig Bonbons und wollten unsere Karabiner (es waren italienische Stutzen) unbrauchbar machen.

Nach einigem Betteln erreichten wir, daß jeder fünfte seinen Karabiner behalten durfte, wir hatten ja noch soviel Munition! Die restlichen Karabiner und alle Maschinenpistolen wurden zerstört.

Nun machten wir uns auf den Weg nach Abtenau. Die Feldjäger ließen uns die Straßensperren problemlos passieren. In Golling nahm uns ein LKW der Wehrmacht bis nach Abtenau mit. Am Abend des 6. Mai waren wir wieder „zu Hause".

Doch die Kameraden, die noch zum Paß Lueg gefahren sind, gerieten dort noch kurz in amerikanische Gefangenschaft, wurden aber als Kinder laufen gelassen. Sie kamen ein paar Tage später nach Abtenau zurück.

Als ich zum ersten Mal den Film „Die Brücke" sah, stand plötzlich die Vergangenheit zum Fassen nah vor mir. Gott sei Dank gab es bei unserem Kriegseinsatz kein blutiges oder gar tödliches Ende.

Die Bevölkerung im Salzburger Land war überhaupt nicht von irgendwelchen Verteidigungsanstrengungen begeistert. Dort war es ähnlich wie in unserer Heimat auch. Man wehrte sich wütend.

Ein Bericht von Albin Gladen, Bevergern, der für das Buch von Studienrat Rosenstengel geschrieben wurde, mag das zeigen. Hier ein Auszug:

..... Dann erreichen wir kurz nach Mitternacht Golling. Wir belegen die Schule der Kirche gegenüber. Hier gibt es am Morgen neue Waffen. Die Karabiner werden zerschlagen. Dafür erhalten wir entweder italienische MP oder deutsche Sturmkarabiner. Am Mittag haben wir eine Gefechtsübung am Gollinger Steinbruch.

Am nächsten Morgen wird es gefährlich. Eine große Anzahl Männer und Frauen versammelt sich vor der Schule. Unsere Wache wird belästigt. Die gerufenen Offiziere erscheinen mit entsicherter Pistole. Auch die Wache entsichert. Doch die Menge tobt. Sie fordert, daß wir das Dorf verlassen. Unsere Offiziere sagen zu, und allmählich verläuft sich das Volk.

Am Nachmittag verlegen wir das Quartier auf den Gutshof Kuchlbach (bei Scheffau an der Straße Abtenau - Golling). Von hier aus soll in der Nacht ein Spähtrupp nach Hallein unternommen werden.

Doch der Alkohol, der im Überfluß zur Verfügung steht, macht dieses unmöglich. Am nächsten Morgen aber soll der Spähtrupp ausgeführt werden. Ich bin dabei. Um 8.30 Uhr erhalte ich den Bescheid, mich sofort fertig zu machen. Bewaffnung: Sturmkarabiner und Pistole.

Zwei Motorräder rasen los. Auf dem ersten Motorrad sitzen Oberleutnant Gruber und Uffz. Schulz, auf dem anderen ein Salzburger und ich, die entsicherte Pistole schußbereit in der Hand. Inzwischen besetzen andere Truppen die bereitgestellten Panzersperren.

Dieselben sollen, sobald wir zurück wären, gesprengt werden. Wir fahren schnell. In Golling jubeln uns die Osnabrücker und Bremer Jungen zu. In Kuchl feindliche Gesichter. Männer schütteln drohend ihre Fäuste. Die Stadt selbst glänzt im Schmuck der Salzburger Farben (rot-weiß), wovon die größte Fahne stolz an der Fahnenstange auf dem Marktplatz weht.

Wir fahren weiter. Plötzlich stehen vor uns Panzer. Sie stehen vor der gesprengten Brücke, die die Straße Golling - Hallein über den kleinen, aber tiefen und reißenden Fangl-Bach führt. Schnell kehren wir um. Man hat uns nicht bemerkt. Wir fahren auf einen Bauernhof. Der Bauer wehrt ab, doch er muß. Der Salzburger bleibt zurück. Er muß die Maschinen zum sofortigen Abfahren bereithalten; wir anderen gehen in Reihe, Deckung suchend, vor.

Wir sind dicht an den Panzern, es sind sieben. Die Besatzungen sind im Wirtshaus und singen. Da kommt einer herausgestürzt, sucht etwas. Aber schon schleichen wir weg. Die ersten Schüsse fallen, wir rennen, zwischen den Bäumen Schutz suchend, schießen aber nicht zurück, um uns nicht zu verraten.

Ein wahrer Kugelregen ergießt sich über den Wald, in dem wir noch soeben waren. Schnell sitzen wir auf und rasen ab. In Kuchl auf dem Marktplatz halten wir. Die herbeistürzenden Bauern werden durch Schreckschüsse ferngehalten. Das Seil der stolzen Salzburger Fahne wird zerschnitten. Schnell wird das Tuch aufgerollt. Dann geht es fort. Steine fliegen hinter uns her. Aber wir sind schon weg.

Als wir in Golling ankommen, sind die amerikanischen Schützenwagen schon da. Sie führen eine weiße Flagge. Wir stoppen. Hohe deutsche Offiziere nehmen uns vor. Man beschimpft uns. Es ist der 8. Mai 45, etwa 11 Uhr morgens.

Die Amerikaner sind sehr freundlich. Sie bieten uns Zigaretten an. Dann sagt man uns: „Um 12 Uhr ist Waffenruhe, wenn dann noch Widerstand geleistet wird, kommt unsere Luftwaffe".

Dann schickt man uns fort, um das Kriegsende bekanntzugeben. Die Panzersperren werden nicht gesprengt. Der Krieg ist aus. Auf dem Gutshof wird noch schnell die Salzburger Fahne versteckt. Dann werden Konserven, Süßigkeiten und Zigaretten verteilt. Abends müssen wir, die wir aus Abtenau waren, unsere Räder abgeben. Die Einheimischen gehen in der Morgenfrühe über das Fenssengebirge nach Werfen.

Wir müssen noch die Waffen verstecken und eine große Anzahl Benzinkanister vergraben. Dann sind auch wir entlassen. Unterwegs halten wir einen alten Karren an, unseren Marsch zu erleichtern. So kehren wir nach diesem Abenteuer wieder glücklich nach Abtenau zurück.

Hermann Schnieders beschreibt dann noch, wie es nach dem Krieg in Abtenau weiterging:

Mit dem Einmarsch der Amerikaner am 9. Mai 1945 - einen Tag nach der Kapitulation - gab es für uns keinen Unterricht mehr. Es gab auch keinen Drill mehr, denn einen Lagermannschaftsführer (HJ-Führer) gab es erst recht nicht mehr.

Nun hatten wir viel Zeit und Freiheit. Eine unserer Hauptbeschäftigungen bestand jetzt darin, unsere nun noch karger werdende Verpflegung durch Hamstern (Betteln) von Brotscheiben bei den umliegenden Bauern aufzubessern. So hatten z.B. ein Klassenkamerad und ich an einem Tag 16 Scheiben Brot erbettelt. Das war ein Rekord! Das bedeutete aber auch für zwei Tage „hamsterfrei".

Für Butterbrote arbeiteten wir auf dem Bau oder auch in der Heuernte beim Bauern, bis wir merkten, daß man uns ausnutzte. Am einträglichsten war es, bei den Amis in der Küche zu arbeiten.

Doch herumgestrolcht sind wir auch, und natürlich im Sommer zum Baden ins Abtenauer Freibad gegangen. Wir waren sicherlich nicht immer die Bravsten!

Gegen Ende August kamen Eisenbahner aus Rheine, Väter und Brüder von in Abtenau lebenden Schülern, um etwa 50 Jungen zurückzuholen. Jeder Eisenbahner nahm ungefähr acht Jungen mit.

Herr Pelster aus Spelle - er wohnte in dem zur Molkerei gehörenden Wohnhaus - nahm außer seinem Sohn auch mich und weitere sechs Jungen mit. Nach einer vier Tage dauernden, recht abenteuerlichen Fahrt im Güterwagen durch das zerstörte Deutschland trafen wir glücklich in Rheine ein.

Vorgeschichten

2

Ein notgelandeter Bomber in Listrup

Bei meiner Suche nach Bildunterlagen fand ich bei Karl Muer das Foto des unten auf dieser Seite abgebildeten feindlichen Bombers. Keiner konnte sich erinnern, wo und wann hier in der Nähe das Flugzeug gelegen haben könnte. Schließlich erinnerte sich mein Bruder Hubert, daß in Holsterfeld irgendwann ein Flugzeug notgelandet sei, das er besichtigt habe. Er konnte sich noch erinnern, daß er mindestens zehn Maschinengewehre gezählt habe.

Dann erinnerten sich auch andere Zeitzeugen an solch ein Flugzeug:

Die Absturzstelle dieses feindlichen Bombers ist bis jetzt noch unbekannt.
Nach Angaben von Horst A. Münter ist es eine zweimotorige britische Wellington mit der typischen vorderen Drehkanzel. Diese Bomber flogen nur bis 1943.
(Bild 10, von Familie Karl Muer erhalten)

Löcken Jungens hätten sogar danach getrachtet, mindestens eins der Maschinengewehre auszubauen und zu erbeuten, wozu auch immer. Das wäre eine enorme Trophäe für Jungen unseres Alters gewesen.

Ich selbst konnte mich überhaupt nicht an die Notlandung eines Flugzeuges erinnern, es mußte also in meiner Abtenauer Zeit vom 20. 1. bis zum 15. 8. 1944 gewesen sein. Als Jungen des Alters von acht bis 15 Jahren fuhren wir stets schnellstens zu Absturzstellen von Flugzeugen, gleich, ob es ein deutsches oder ein feindliches war. Meistens hatte deutsches Militär bereits einiges abgeriegelt, aber wenigstens irgendwelche Bruchstücke lagen noch herum. Alles, was irgendwie verwertbar erschien, wurde mitgenommen.

Ich erinnere mich an den Absturz einer englischen Spitfire im Speller Moor. Zwei andere Flugzeuge der Gruppe kreisten ganz niedrig über der Absturzstelle, um nach dem Schicksal ihres Kameraden zu sehen. Als sie eindeutig feststellten, daß er tot sein mußte, drehten sie Richtung Westen ab. Wir Jungen sausten natürlich sofort mit dem Fahrrad zum Moor. Das Flugzeug hatte sich tief ins Erdreich eingebohrt, überall lagen Trümmer herum. Ich nahm mir ein Stück Dur-Aluminium der Tragfläche mit. Zuhause hielt ich die Schweißflamme daran. Es brannte so hell wie die Christbaum-Bomben, die bei Bergeshövede und Ladbergen den Kanal beleuchteten.

Eine britische Vickers Wellington
(Bild 11, von Horst A. Münter erhalten)

Zu anderer Zeit kam plötzlich nach einem Luftkampf ein Fallschirm aus den tiefhängenden Wolken: Sofort auf's Fahrrad und Richtung Bahnhof! Es stellte sich heraus, daß es ein deutscher Ritterkreuzträger war. Er war mit seinem Fallschirm genau in die Hopstener Aa geraten und total naß geworden. Sein Flugzeug war bei dem Luftkampf abgeschossen worden, er selbst schien aber unverletzt geblieben zu sein. Bernard Krone brachte ihn mit dem Auto nach Rheine.

Die aufbewahrten Briefe meines Vaters gaben Aufschluß über das in Listrup notgelandete Flugzeug. Am 29.2.1944 schreibt er an seine drei Söhne:

..... Neues aus der Heimat.

Am vorgestrigen Sonntag waren Hubert, Gertrud, Klara und ich nach Listrup, um den im Laufe der vorigen Woche dort niedergegangenen feindlichen viermotorigen Bomber zu sehen. Er lag ziemlich gut erhalten auf freiem Feld. Wir konnten nahe herankommen und auch einen Blick in das Innere tun. Etwa zwölf MG (Maschinengewehre) guckten nach allen Richtungen aus dem Inneren. Gegen Dunkelwerden waren wir mit unseren Rädern wieder zu Hause. Außer zwei Toten ist die ganze aus zehn Mann bestehende Besatzung gefangengenommen worden. Nach einigen ruhigen Tagen war hier heute wieder rege feindliche Lufttätigkeit. Bomben sind in der Umgebung nicht gefallen, doch hat die Flak heftig geschossen.- .....

So wußte ich, wo weiter nachgeforscht werden konnte. Auf einer Geburtstagsfeier unseres Nachbarn Heinrich Schlichter fragte ich Hedwig Schlichter, die aus Listrup stammt, ob sie sich an einen notgelandeten Bomber erinnern könne. Sie war damals noch sehr jung, wußte aber noch, daß dort „etwas heruntergekommen sei". Sie und viele andere Mädchen ihres Alters hätten plötzlich schöne Kleidchen aus weißer Seide von Fallschirmen genäht bekommen! Auch habe es lange Zeit ein oder zwei englische Soldatengräber mit einem Birkenkreuz gegeben. Das Flugzeug habe irgendwo auf dem Kamphook gelegen und Gerhard Wobbe, Jahrgang 1928, müsse Genaueres wissen.

So war es auch. Ich suchte Herrn Wobbe auf und erfuhr, daß er mit einigen Nachbarn zusammen als erster beim Flugzeug gewesen sei. Ich zeigte ihm das Foto des abgeschossenen Bombers, wobei er aber zweifelte, daß es das

Listruper Flugzeug sei. Jedenfalls müsse die Aufnahme mindestens vier Wochen nach dem Absturz gemacht worden sein, nachdem zwei Spitfire das sehr gut erhaltene Wrack in Brand geschossen hätten.

Im Heimatbuch „1100 Jahre Listrup 890 - 1990" beschreibt Hans-Peter Tewes den Vorgang auf Seite 199 wie folgt:

..... Am 21.2.1944 mußte ein großer amerikanischer Bomber in Klümpers Talgte, östlich von Wobbe, notlanden. Heinrich Kamping, Bernhard Wobbe und Bernhard Berger, der seinerzeit Verwalter auf Schulte van Werdes Vorwerk war, eilten als erste zu dem Flugzeug, nicht ohne sich zuvor ausreichend mit Jagdflinten und ähnlichem zu bewaffnen. Sie kamen noch gerade zur rechten Zeit, denn der überlebende Teil der Besatzung war damit beschäftigt, aus einem ausgerollten Fallschirm eine Lunte zu legen zu einem der Benzintanks in den Flügeln. Bernhard Berger gab mit seiner Jagdbüchse ein paar Warnschüsse ab, und sechs Flieger hoben die Hände und ergaben sich.

Die ausgebaute Panzerplatte dient noch heute auf dem Hof Gerhard Wobbe als Abdeckplatte
(Bild 12)

Der Pilot war tot und der Copilot am Gesäß verletzt, beide von dem gleichen Geschoß getroffen. Ein weiteres Besatzungsmitglied war in seiner MG-Kanzel tödlich verletzt worden. Bald erschien Major Bär mit einem „Fieseler Storch", einem einmotorigen kleinen Flugzeug, ordnete die Bewachung des Flugzeugs durch die Landwacht und die Suche nach den weggelaufenen Besatzungsmitgliedern an und nahm den verletzten

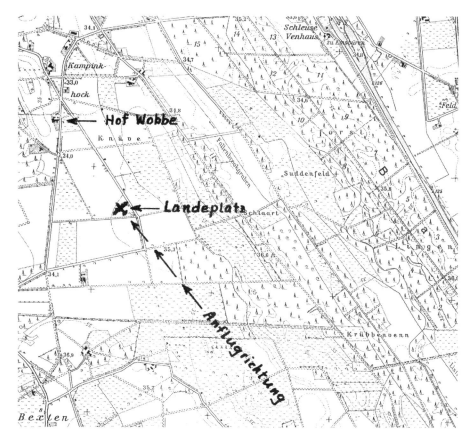
Der Landeplatz in Listrup
(Bild 13)

Copiloten mit nach Rheine. Er behauptete, er habe den Bomber mit seiner „Messerschmitt" beschossen und zur Notlandung gezwungen.

Am folgenden Tag erschienen sieben Soldaten vom Flugplatz Plantlünne und bewachten das Flugzeug Tag und Nacht. Sie wurden in verschiedenen Häusern im Kamphok einquartiert. Noch bevor sie erschienen, kam Berger Bernd mit Pferdewagen und Jauchefaß und pumpte Flugbenzin aus dem Flieger ab, um aber bald festzustellen, daß es für hiesige Zwecke ungeeignet war.

Das Verhältnis zu den Wachsoldaten war so gut, daß sie ihren Wirten sogar beim Ausbau brauchbarer Teile aus dem Flugzeug behilflich waren. So kam Wobbe an das Hinterrad des Bombers sowie zwei Panzerplatten, die die

Die Spur im Getreidefeld entspricht der Anflugrichtung des Bombers.
Das Foto wurde genau dort aufgenommen, wo der Bomber zum Stillstand kam.
(Bild 14)

Rücken der MG-Schützen in den Kanzeln schützen sollten. Während das Rad, weil es letztlich viel zu groß und breit war, bald nach dem Krieg bei irgendeinem Schrotthändler landete, ist mindestens eine Panzerplatte heute noch bei Wobbe vorhanden.

Einige Wochen nach der Notlandung jagten zwei englische „Spitfire"[1] im Tiefflug über Listrup weg und schossen den Bomber in Brand. Übrig blieb nur ein Haufen ausgebrannter Schrott, der noch lange an den Besuch der Amerikaner erinnerte.

Herr Wobbe führte mich zu der Stelle, an der der große Bomber bei seiner Notlandung zum Stillstand kam. Sein Vater und die ganze Familie hatten den Vorgang vom Hof her genau beobachtet. Das riesige Flugzeug kam genau auf das Haus zugeflogen, und alle stürmten seitlich vom Haus weg, weil es so aussah, als ob das Haus das Angriffsziel sei.

---

[1] Nach Angaben von Joachim Eickhoff waren es, entsprechend britischen Quellen, zwei „Mustangs".

Zu diesem Foto aus dem Bundesarchiv gibt es folgenden Text:
Der damalige Major Heinz Bär besichtigt eine von ihm abgeschossene *Fortress* der 91. Bombergruppe. Bär errang 220 Luftsiege - darunter 21 schwere Bomber - und überlebte den Krieg. 1957 verunglückte er tödlich mit einem Sportflugzeug. Hinter Bär steht sein Rottenflieger Leo Schuhmacher, der eine erbeutete amerikanische Fliegerjacke trägt.
(Bild 15, von Bernhard Grothues, Salzbergen, erhalten, Original im Bundesarchiv)

Sofort liefen Gerhard Wobbe und sein Vater querfeldein auf das Flugzeug zu. Links oben in der Pilotenkanzel entdeckten sie ein kleines Einschußloch. Die Kugel hatte den Körper des Piloten diagonal durchdrungen und den anderen Piloten am Gesäß verletzt.

Wie schon berichtet, landete der Jagdflieger Major Bär unmittelbar darauf direkt nebenan mit einem „Fieseler Storch". Gerhard Wobbe berichtet, daß der verwundete amerikanische Pilot von Major Bär kameradschaftlich begrüßt und in sein Flugzeug geladen wurde. Beide flogen nach Rheine und kümmerten sich kaum um die anderen Besatzungsmitglieder.

Major Bär war mit 220 Abschüssen Nr. 9 der deutschen Luftwaffen-Asse. Erster war Erich Hartmann mit 352 Abschüssen, unübertroffene Weltspitze.

Der nicht mehr so gut erhaltene Bomber nach dem Beschuß durch die beiden englischen Spitfire.
Vor dem Wrack Frau Kohstall, Salzbergen, mit zwei Söhnen.
(Bild 16, von Familie Kohstall erhalten)

Major Heinz Bär (Jahrgang 1913) erhielt später das Eichenlaub mit Schwertern und flog den ersten Düsenjäger der Welt, die Me 262, mit dem er 16 Abschüsse erzielte. Er selbst wurde 18 mal abgeschossen.

An den folgenden Tagen ergab sich eine regelrechte Völkerwanderung zu dem Bomber. Die Eltern machten sich Sorgen, daß die Kinder und Jugendlichen die auf dem Flugzeug aufgemalte „MISS QUACHITA" sahen. Das war etwas ungewöhlich für die fromme hiesige Bevölkerung.

Doch einige Leute in Listrup wußten Rat: Sie hängten über das „schamlose Bild" ein Tuch aus Sackleinen. Schon am Sonntag, dem 27. Februar, war von der „MISS QUACHITA" nichts mehr zu sehen, es sei denn, mutige oder neugierige Leute lüfteten kurz das Tuch.

Gerhard Wobbe berichtet, daß täglich Gruppen von Piloten der umliegenden Flugplätze Plantlünne, Dreierwalde und Rheine/Bentlage an das Flugzeug herangefahren wurden. Sie wurden an dem guterhaltenen Wrack instruiert, aufgeklärt über verwundbare Stellen usw. Das ging solange gut, bis die beiden Mustangs den Vorführungen ein Ende machten.

Rektor Kohstall aus Salzbergen kam ebenfalls mit einem Teil seiner Familie zur Besichtigung und machte das auf der vorigen Seite abgebildete Foto, offensichtlich nach dem Mustang-Einsatz.

Die ganze Sache hatte dann noch ein interessantes Nachspiel:

Zu der zehnköpfigen Besatzung gehörte auch der damals 28-jährige Flugnavigator Morris J. Roy. Er blieb bei der Notlandung unverletzt und versuchte zunächst zu flüchten. Dabei warf er seine Brieftasche in den Graben, was zunächst unbemerkt blieb.

Karl Kleinhölter fand die Unterlagen und schloß sie zuhause zu anderen Dokumenten ein. Den weiteren Gang der Dinge beschreibt am besten ein Artikel der Lingener Zeitung vom 18. Januar 1975:

„Wie ein Stück aus der Erinnerungskiste ..."

Die Geschichte der „Heimkehr der Personalpapiere" eines 1944 über Bexten abgeschossenen amerikanischen Fliegers.

Salzbergen - Bexten (jhd).-

„Es ist wie ein Stück aus einer Erinnerungskiste", meinte Oberstleutnant a.D. Morris J. Roy in Miami (USA), als er vor kurzem zu seiner Überraschung nach einunddreißig Jahren ein Bündel Personalpapiere, Lichtbilder und Notizzettel über das Rote Kreuz via Lingen - München - New York zurückerhielt.

Für den ehemaligen Navigator, der während des zweiten Weltkrieges in der 91. amerikanischen Bombergruppe flog, wurde mit dieser Sendung aus Old Germany ein Kapitel Kriegsgeschichte lebendig, das mit der Notlandung einer schwer angeschlagenen „fliegenden Festung" bei Bexten im Kreis Lingen begann. Hier nun die Story der heimgekehrten Papiere.

Im Sommer vergangenen Jahres erscheint auf der Geschäftsstelle des DRK-Kreisverbandes in Lingen Reinfried Kleinhölter aus Bexten und übergibt dem Roten Kreuz die Papiere des Leutnants Morris J. Roy, geboren am 20.12.1915. Er hat das „Souvenier" nach dem Tode seines Onkels im Erbnachlaß gefunden. Reinfried Kleinhölter weiß aufgrund von Aussagen seiner älteren Verwandten und von Dorfbewohnern dem DRK zu berichten, daß während des Krieges - vermutlich im Jahre 1944 - ein amerikanischer Bomber in Bexten-Listrup notlanden mußte. Auf dem Weg zum Hof habe dann wohl einer der Flieger die in einer Plastikhülle befindlichen von seinem Onkel verwahrten Papiere verloren.

Reinfried Kleinhölter als Überbringer der möglicherweise schicksals-aufklärenden Papiere bittet ebenso wie der DRK-Kreisverband Lingen, der die „Fundsache" an den DRK-Suchdienst München weiterleitet und die von dort dem amerikanischen Roten Kreuz zugeht, um Nachricht, welches Ergebnis die Nachforschungen erbringen.

Einige Monate vergehen, da trifft in Bexten bei Reinfried Kleinhölter ein Brief aus Miami (Florida) ein. Absender: Morris J. Roy. Freude spiegelt sich in seinen Zeilen. „Nach 31 Jahren habe ich den Inhalt meiner Brieftasche erhalten. Ich finde das beinahe unglaublich und danke Ihnen für Ihre Freundlichkeit und Mühe. Es fällt mir schwer, Ihnen meine Aufregung und Freude beim Auspacken zu beschreiben. In 1945, nach meinem eineinhalbjährigen Aufenthalt im STALAG Luft 1, bin ich nach Amerika zurückgekehrt, wo ich weiterhin bei der Luftwaffe tätig war."

Morris J. Roy berichtet weiter, daß er nach 24-jährigem Dienst bei der amerikanischen Luftwaffe pensioniert wurde, mit seiner Familie - Frau, Tochter und Sohn - nach Miami verzog und seitdem dort bei einer privaten Fluggesellschaft tätig ist. Morris J. Roy's Sohn, 24 Jahre alt, Medizinstudent und über gute Deutschkenntnisse verfügend, wird im März oder April, so heißt es in dem Schreiben aus Miami weiter, eine Spezialschule in Nürnberg besuchen.

Eine B-17-Flying Fortress („fliegende Festung")
4 Doppelstern-Triebwerke je 1200 PS, Spannweite 31,64 m, 10 Mann Besatzung, Fluggewicht 25 t, max. 480 km/h in 9150 m Höhe, Reichweite 2960 km, 13 Maschinengewehre 12,7 mm, Bombenlast max. 7850 kg
(Bild 17, aus dem Buch „Weltkrieg II - Flugzeuge")

Er hoffe, die Gelegenheit zu haben, Sie zu besuchen," So wird Roy jun. also jenes Dorf kennenlernen, in dem sein Vater nach der Notlandung der „fliegenden Festung" den Weg in die Gefangenschaft antrat. ...

Der „Personalpapierfund aus Bexten" des Reinfried Kleinhölter fand übrigens auch seinen Niederschlag im „Miami Herald". Unter der Überschrift „Eine aufgewärmte Kriegsepisode" heißt es da:

„Sie gehörten zu den Besatzungen der großen B-17-Bomber, die gegen Ende des Krieges in Massen über Deutschland flogen, durch Flakfeuer und Schwärme von Messerschmitt 109 und Focke-Wulf; und viele von Ihnen starben. Dreißig Jahre sind vergangen. Die Überlebenden haben graue Haare bekommen; ihre Erinnerungen sind verloschen wie alte Feuer. Eine ganze Generation ist herangewachsen, die noch nie eine Flying Fortress (Fliegende Festung) gesehen hat."

```
                            14624 S. W. 83 Court
                            Miami, Florida
                            U.S.A.
                            12. November 1974


An Herrn
Reinfried Kleinhölter
4441 Bexten/Kreis Lingen
Haus 14
Germany

Sehr geehrter Herr Kleinhölter!

    Nach 31 Jahren habe ich den Inhalt meiner Brieftasche erhalten. Ich
finde das beinahe unglaublich, und danke Ihnen für Ihre Freundlichkeit und
Mühe. Es fällt mir schwer, Ihnen meine Aufregung und Freude beim Aus-
packen desselben zu beschreiben.

    In 1945, nach meinem 1-1/2 jährigen Aufenthalt im Stalag Luft #1, bin
ich nach Amerika zurück gekehrt, wo ich weiterhin bei der Luftwaffe tätig
war.

    Nach 24 Jahren bei der amerikanischen Luftwaffe, bin ich in 1965
pensioniert worden. Im selben Jahr bin ich mit meiner Familie nach Miami,
Florida, umgezogen. Hier fand ich wieder Betätigung bei der Eastern Air
Lines, eine Fluggesellschaft, wo ich auch noch heute beschäftigt bin.

    Meine Frau, die ich in 1938 kennenlernte und heiratete, und ich,
haben zwei Kinder; eine 26-jährige Tochter und einen 24-jährigen Sohn,
der im Juni 1975 sein Medizin Studium absolviert. Wir sind alle gesund
und im grossen Ganzen geht es uns gut.

    Mein Sohn kann Deutsch schreiben, sprechen und lesen. Nächstes Jahr,
im März oder April, wird er eine Speziellschule in Nürnberg besuchen. Er
hofft die Gelegenheit zu haben, Sie zu besuchen. Er war auch mit mir als
ich das Päckchen beim Roten Kreuz abholte.

    Nochmals vielen Dank!

                                            Hochachtungsvoll!

                                            Morris J. Roy

CC: Deutsches Rotes Kreuz
    Lingen (Ems) Branch
    Munich Search Service
    German Red Cross Branch NDS.-Abt. LAND
    Hannover
```

Der Dankesbrief von Morris J. Roy
(Bild 18, aus dem Archiv des Heimatvereins Salzbergen)

Morris J. Roy, der Mann, der den Abschuß seines Bombers am 21. Februar 1944 überlebte, so berichtet die amerikanische Zeitung weiter, schrieb ein Buch „Hinter Stacheldraht" und flog nach seiner Rückkehr in Düsenbombern vom Typ B 47 und B 52 des Strategischen Luftkommandos. Gern erinnert er sich noch an die Haltbarkeit der B-17-Bomber: „Ein phantastisches Flugzeug. Es konnte in Stücke zerschossen werden und dennoch in der Luft bleiben ..."

Der letzte Flug der B 17:

„Die Zehn-Mann-Besatzung", so schildert Morris J. Roy der Zeitung den letzten Flug der Maschine, *„hatte vorher nur drei Einsätze geflogen. Ihr Bomber für diesen Einsatz war ein altes Wrack. Es war schon so oft zusammengeschossen und wieder zusammengeflickt worden, daß es nur noch aus Teilen vieler verschiedener B-17-Bomber bestand. Dies sollte ihr letzter Einsatz sein.*

Dieses schöne Haus fand ich unter der Anschrift:
14624 S.W. 83 Court, Miami, Florida.
Hier wohnte Morris J. Roy im Jahre 1974.
(Bild 19, am 9. Sept. 1994 aufgenommen)

Sie startete mit hunderten von Bombern von England aus mit dem Ziel Leipzig. Aber unterwegs wurde der Bomber von den anderen getrennt und von ungefähr 15 deutschen Jagdflugzeugen angegriffen.

Der Ingenieur wurde getötet, das Flugzeug durchlöchert, zwei Motoren kaputtgeschossen; das Sauerstoffsystem fiel aus. Drei Bordschützen sprangen mit dem Fallschirm ab. Der Bomber sank bis auf Wipfelhöhe und ging auf Heimatkurs. Wieder griffen sechs deutsche Jagdflugzeuge an. Der Kopilot wurde getötet. Der Kommandant - schwer verwundet - machte eine Notlandung in einem Feld."

Leutnant Roy war der einzige Unverwundete. Die fünf übriggebliebenen Besatzungsmitglieder gerieten in Gefangenschaft. Als sie abgeführt wurden, warf Leutnant Roy seine Identitätspapiere an den Straßenrand. „Ich nehme an", so M. J. Roy, „daß der Bauer sie dort gefunden hat."

Für die Rotkreuzmitarbeiterin Macdonald", berichtet der „Miami Herald" weiter, „war es ein seltener Suchfall. Das Rote Kreuz in Miami hat oft mit Anfragen nach Vermißten zu tun, besonders auch mit Flüchtlingsfällen aus Europa und Rußland." Barbara Macdonald war es übrigens, die M. J. Roy telefonisch vom Fund des Reinfried Kleinhölter in Bexten verständigte. Die Reaktion des Angerufenen: Er war sprachlos - und die Rotkreuzmitarbeiterin mußte fragen: „Herr Roy, sind Sie noch am Apparat?"

Soweit die Nachgeschichte. Der in deutscher Sprache von Herrn Roy geschriebene Brief ist in Bild 18 dargestellt.

Alle Versuche, über unsere Tochter Gudrun, seit 11 Jahren in den USA wohnhaft, Herrn Roy telefonisch ausfindig zu machen, scheiterten. Sein Name stand nicht in den Telefonbüchern.

Am 9. September 1994 hatte ich Gelegenheit, nach Miami zu fliegen. Einem Taxifahrer zeigte ich die Anschrift. Er hatte keine Schwierigkeiten mit der für uns Deutsche etwas eigenartigen Anschrift und fuhr sofort los. Unterwegs schilderte ich ihm kurz mein Anliegen, was ihn sehr begeisterte. Er werde alles tun, mir beim Auffinden von Herrn Roy zu helfen.

Bald stand ich vor dem Haus mit der richtigen Anschrift und drückte die Klingel. Es erschien die Hausfrau, der ich mich vorstellte. Ein Herrn Roy oder dessen Familie waren ihr unbekannt, sie wohnten auch erst seit einem Jahr in dem Haus. Aber der Nachbar, dem das Haus gehöre, sei seit Jahrzehnten ortsansässig.

Also ging ich zum Nachbarhaus der Familie Menzel. Ein älterer Herr öffnete die Tür und war sehr interessiert, nachdem ich mich vorgestellt hatte, von der Notlandung zu hören. Sie hätten ihren Nachbarn Roy sehr gut gekannt, er habe oft von seinen Erlebnissen in Deutschland erzählt, sei aber leider vor einigen Jahren verstorben. Sein Sohn, inzwischen Doktor der Medizin, lebe in Californien, und man gab mir seine Anschrift.

Die Bewohner des Hauses hätten in den letzten Jahren mindestens fünfmal gewechselt. Kein Wunder, daß die jetzigen Bewohner mit dem Namen Roy nichts anfangen konnten. Wir Deutschen können uns gar nicht vorstellen, daß die Amerikaner durchschnittlich alle 2 ½ Jahre umziehen.

Frau Menzel, die auch gleich an dem Gespräch teilnahm, kommt übrigens aus Löhne /Westfalen und sprach noch einwandfrei deutsch, obwohl sie schon vor dem letzten Krieg ausgewandert war.

Nach Hause zurückgekehrt, rief ich bei dem in Californien lebenden Sohn Dr. Douglas P. Roy an und erfuhr, daß sein Vater 1987 im Alter von 69 Jahren an einem Gehirnschlag gestorben sei. Er habe noch wenige Kopien des 1946 geschriebenen Buches „Hinter Stacheldraht" und werde mir eine davon zuschicken. Ein Kapitel beziehe sich auf die Notlandung in Listrup.

Gerhard Wobbe wurde vor einigen Wochen von Horst A. Münter, Geschichtsforscher für Aeronautik, Dortmund, aufgesucht. Mit einem Suchgerät fand er an der Landestelle noch einige Metallteile.

Horst A. Münter gelang es, unglaublich exakte Einzelheiten der Notlandung zu erforschen, bis hin zu den zehn Namen der Besatzungsmitglieder!

Major Bär flog übrigens nicht eine Me 109, sondern die Focke Wulf 190. Ihm standen sogar zwei Flugzeuge dieses Types zur Verfügung, damit eines zwischendurch aufgetankt und neu mit Munition versehen werden konnte.

Diese Abbildung stellte Horst A. Münter, Dortmund, zur Verfügung.
Sie zeigt die furchterregende Ausstattung der B 17 mit Bord-MGs.
(Bild 20, Privat-Archiv Münter)

Mit seiner freundlichen Genehmigung sei hier ein Teil seines Archivblattes abgebildet:

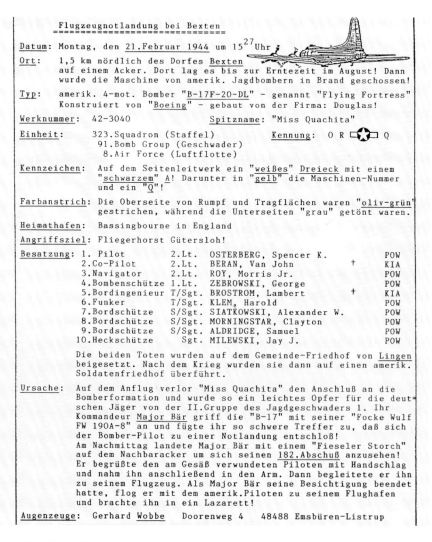

```
         Flugzeugnotlandung bei Bexten
         ===============================
Datum:   Montag, den 21.Februar 1944 um 15²⁷Uhr
Ort:     1,5 km nördlich des Dorfes Bexten
         auf einem Acker. Dort lag es bis zur Erntezeit im August! Dann
         wurde die Maschine von amerik. Jagdbombern in Brand geschossen!
Typ:     amerik. 4-mot. Bomber "B-17F-20-DL" - genannt "Flying Fortress"
         Konstruiert von "Boeing" - gebaut von der Firma: Douglas!
Werknummer:  42-3040           Spitzname: "Miss Quachita"
Einheit:     323.Squadron (Staffel)         Kennung:  O R ⬛ Q
             91.Bomb Group (Geschwader)
             8.Air Force (Luftflotte)
Kennzeichen: Auf dem Seitenleitwerk ein "weißes" Dreieck mit einem
             "schwarzem" A! Darunter in "gelb" die Maschinen-Nummer
             und ein "Q"!
Farbanstrich: Die Oberseite von Rumpf und Tragflächen waren "oliv-grün"
              gestrichen, während die Unterseiten "grau" getönt waren.
Heimathafen: Bassingbourne in England
Angriffsziel: Fliegerhorst Gütersloh!
Besatzung:  1. Pilot          2.Lt.  OSTERBERG, Spencer K.         POW
            2.Co-Pilot        2.Lt.  BERAN, Van John            †  KIA
            3.Navigator       2.Lt.  ROY, Morris Jr.               POW
            4.Bombenschütze   1.Lt.  ZEBROWSKI, George             POW
            5.Bordingenieur   T/Sgt. BROSTROM, Lambert          †  KIA
            6.Funker          T/Sgt. KLEM, Harold                  POW
            7.Bordschütze     S/Sgt. SIATKOWSKI, Alexander W.      POW
            8.Bordschütze     S/Sgt. MORNINGSTAR, Clayton          POW
            9.Bordschütze     S/Sgt. ALDRIDGE, Samuel              POW
           10.Heckschütze     Sgt.   MILEWSKI, Jay J.              POW
            Die beiden Toten wurden auf dem Gemeinde-Friedhof von Lingen
            beigesetzt. Nach dem Krieg wurden sie dann auf einen amerik.
            Soldatenfriedhof überführt.
Ursache:    Auf dem Anflug verlor "Miss Quachita" den Anschluß an die
            Bomberformation und wurde so ein leichtes Opfer für die deut-
            schen Jäger von der II.Gruppe des Jagdgeschwaders 1. Ihr
            Kommandeur Major Bär griff die "B-17" mit seiner "Focke Wulf
            FW 190A-8" an und fügte ihr so schwere Treffer zu, daß sich
            der Bomber-Pilot zu einer Notlandung entschloß!
            Am Nachmittag landete Major Bär mit einem "Fieseler Storch"
            auf dem Nachbaracker um sich seinen 182.Abschuß anzusehen!
            Er begrüßte den am Gesäß verwundeten Piloten mit Handschlag
            und nahm ihn anschließend in den Arm. Dann begleitete er ihn
            zu seinem Flugzeug. Als Major Bär seine Besichtigung beendet
            hatte, flog er mit dem amerik.Piloten zu seinem Flughafen
            und brachte ihn in ein Lazarett!
Augenzeuge: Gerhard Wobbe    Doorenweg 4    48488 Emsbüren-Listrup
```

Das Datenblatt aus dem Privatarchiv von Horst A. Münter, Dortmund
(Bild 21)

Vorgeschichten
3

Zum Schanzen nach Elbergen

Nach der Rückkehr aus Abtenau betrachtete ich mich zunächst als in Schulferien befindlich. Die beschäftigungslose Zeit dauerte jedoch nicht lange, denn Jungvolk, Hitlerjugend und die älteren Männer, der spätere Volkssturm, wurden zum Arbeitseinsatz herangezogen.

Es war viel Aktionismus im Spiel, keiner konnte sich so richtig vorstellen, daß der Ausbau einer sogenannten Ems-Stellung einen Sinn haben würde. Aber die Parteileitung wollte es so.

Der Panzergraben ist heute noch im Elberger Feld zu erkennen.
(Bild 22, aus dem Buch „1100 Jahre Elbergen")

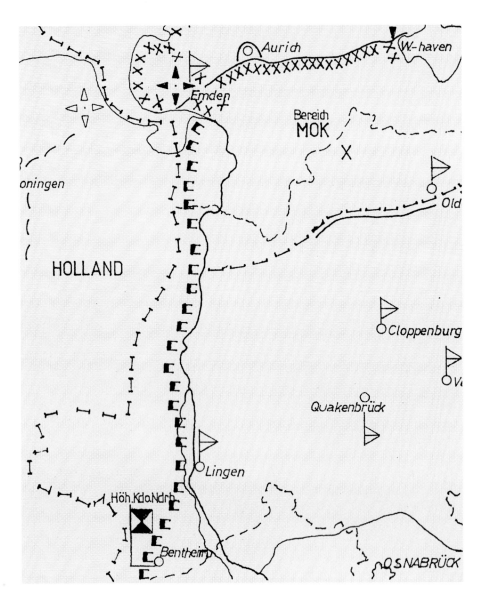

Ems-Stellung, Ausbau ab 1.9.1944
(Bild 23, aus dem Buch „Das Kriegsende zwischen Ems und Weser", Günter Wegmann)

Wir mußten zwischen Elbergen und Nordhorn schanzen, also Schützen- und Panzergräben ausheben. Nicht wie heute unter Mithilfe von Baggern und Planierraupen, sondern mit Spaten und Schiebkarre. So hatten unsere Großväter um die Jahrhundertwende auch den Dortmund-Ems-Kanal ausgegraben.

Jungvolk und Hitlerjugend aus Spelle übernachteten in Elbergen beim Bauern Mönnich auf der "Hiele", im Heu also.

Die genaue Anschrift war für die damalige Zeit typisch. Sie lautete:

Fronthelfer Karl Rekers
H.J. Bann 148 Lingen /Ems
Lager 1, Unterkunft 8

Es war sehr kalt, und viele hatten Frostbeulen an den Händen. Die älteren "Schanzer" fuhren täglich von Spelle her an, auf dem offenen Anhänger unseres Betonwerkes, vom Trecker der Bezugs- und Absatzgenossenschaft gezogen. Fahrer war Wilhelm Schlichter. Er und die anderen älteren Leute ermahnten uns Jüngere, doch nicht so viel zu tun, wir würden ja nur den Bauern die Äcker kaputtgraben. Sie waren auch überhaupt nicht vom Wert unserer "Erdbaumaßnahmen", insbesondere des Panzergrabens, überzeugt.

Im Heimatbuch "1100 Jahre Elbergen" von Leo Mönnich wird auf Seite 487 beschrieben:

Ab Sommer 1944 entstand im Elberger Feld eine Verteidigungslinie. Man baute einen breiten Panzergraben von Bernte nach Lohne mit einzelnen Betonbunkern und zahlreichen Laufgräben im Hinterland, die sich z.T. durch die Eschländereien bis hin zur Ems erstreckten. Alle Häuser unseres Dorfes waren vollgepfropft mit dienstverpflichteten Schanzern und Arbeitern best. Betriebe, z.B. der Organisation Todt, und der Reviernähstube. Auf allen Bauernhöfen waren Schulklassen 14jähriger Jungen aus Lingen und anderen Orten mit je einem Lehrer untergebracht, die beim Schanzen mithelfen sollten; ebenfalls Mitglieder des Volkssturms aus den Kreisen Bersenbrück und Rheine. Die zum Schanzen verpflichteten Männer des Volkssturms aus der näheren Umgebung kamen täglich hierher. Außerdem wurden in Klüseners Saal und im Schulgebäude 200

1939, vor dem Krieg, mußte unser Henschel-Diesel zum Westwall nach Landau.
Anfang des Krieges mußten wir das Fahrzeug endgültig an das Militär abgeben.
Oben auf der Holzladung von links nach rechts:
Bernhard Fenbers, Bernhard Schwis und Gerhard Senker, etwa 1937
(Bild 24)

Holländer als Zwangsarbeiter untergebracht und zum Schanzen eingeteilt. Einige dieser Holländer waren noch vor einigen Jahren in Elbergen, um sich für die zusätzliche Verpflegung zu bedanken, die sie von den Elberger Bauern erhalten hatten.

Ende 1944 waren die Schanzarbeiten beendet. Schulunterricht in Rheine gab es nicht. Sowohl mein Vater als auch ich waren der Ansicht, daß ich die Zeit nutzen und einer geeigneten Beschäftigung nachgehen sollte. Meinen Neigungen entsprechend bewarb ich mich beim Elektro-Installationsgeschäft Josef Altendeitering in Spelle als "Volontär", besser gesagt als Lehrling. Wer wußte schon, ob man jemals wieder ein Gymnasium würde besuchen können.

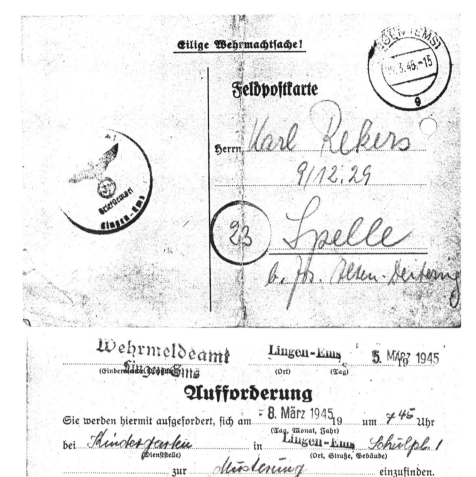

Der Musterungsbefehl für einen 15-jährigen Jungen
(Bild 25)

Am 6. März 1945 bekam ich aus Lingen, gerade 15 ¼ Jahre alt, den Musterungsbefehl. Ich war der einzige meines Jahrganges 1929, der aufgerufen wurde. Dabei bin ich im Dezember geboren, war also der Jüngste des Jahrganges in Spelle. Mein Vater war sehr böse und vermutete, wohl nicht ganz zu unrecht, eine Schikane der Nazis, weil er niemals der NSDAP beigetreten und als Nazi-Gegner bekannt war. In unserem Baugeschäft erhielten wir keine Rüstungsaufträge, unsere Fahrzeuge waren alle eingezogen worden, unser Lastwagen wurde schon vor Kriegsbeginn zum Bau des Westwalles in Landau/Pfalz „requiriert".

Mein Bruder Alois war am 1. März 1944 bei Narva /Estland gefallen, mein Bruder Anton mußte schwer verwundet ohne das rechte Auge wieder an die Ostfront. Es gab eine schwere Auseinandersetzung mit dem Ortsvorsteher Kösters und Lehrer Weber in unserem Kontor.

Es half alles nichts, ich mußte nach Lingen und wurde sofort KV (kriegsverwendungsfähig) erklärt. Am Tag darauf traf der Einberufungsbefehl zum RAD (Reichsarbeitsdienst) ein. Ich mußte nach Wagenfeld bei Diepholz. Jeder wußte, daß man damals sofort an Gewehr und Panzerfaust ausgebildet und in den letzten Kriegstagen entsprechend zum Einsatz kommen sollte. Ich hatte mir auf einer Autokarte schon die Straßenverbindungen nach Wagenfeld genau durchstudiert, weil nur das Fahrrad als Beförderungsmittel zur Diskussion stand.

Mein Chef, Josef Altendeitering, hatte großes Verständnis für die Lage in unserer Familie und fuhr sofort zu den Behörden nach Lingen, mich zu reklamieren. Es seien kriegswichtige Arbeiten auf den Flugplätzen in Dreierwalde und Plantlünne auszuführen, ich sei unabkömmlich. Es half aber nichts, ich sollte los zum Einsatz.

Glücklicherweise bekam ich eine fiebrige Erkältung, und Dr. Hellmich aus Schapen verordnete mir Bettruhe. Ein Attest ging nach Lingen, mein Vater ließ mich nicht aus dem Haus. Unmittelbar vor dem Einrücken der Engländer, die Artillerie beschoß bereits Rheine, kam noch eine schriftliche Rückfrage aus Lingen, ob ich wieder gesund wäre. Mein Vater beschloß, darauf nicht mehr zu reagieren und behielt mich zuhause.

Vorgeschichten
4

Vom Einsatzflugplatz in Plantlünne

Umfangreiche und sehr genaue Einzelheiten sind im Buch „Lünne" von Heinz Kreimeyer ab Seite 634 nachzulesen. Die Autoren

>Prof. Wilhelm Brachem,
>Joachim Eickhoff,
>Karl-Ludwig Galle und
>Heinz Kreimeyer

haben höchst interessante Schilderungen verfaßt, die durch die Berichte meines Vaters nur noch ergänzt werden können.

Im Jahre 1982 gab Lehrer Hermann Brinkmann der Klasse 9 (Realschule) für den Wahlpflichtkurs Geschichte das Thema

>„Lünne zur Zeit des 2. Weltkrieges"

woraufhin sich die Schüler

>Stefan Ester,
>Michael Gladen,
>Stefan Hüsing,
>Markus Jörlemann,
>Franz Otting,
>Robert Peschel,
>Bernd Rolink und
>Klaus Vennemann

eifrig an die Arbeit machten. Sie befragten ältere Mitbürger und trugen Ortsangaben in Meßtischblätter ein. Hier einige Auszüge aus dieser Arbeit:

..... Plantlünne hatte vor dem zweiten Weltkrieg 315 Einwohner, Altenlünne 400.

Die Bürger ahnten schon, daß der Krieg bevorstand, weil Munitionslager und der Feldflugplatz gebaut wurden. Ein Munitionslager stand in der Blankemaate. Später, während des Krieges, hat man das Munitionslager gesprengt. Zwei weitere Munitionslager standen in Wesel und Brümsel.

Der Lünner Feldflugplatz lag in nördlicher Richtung von Plantlünne zwischen Bramsche und Plantlünne. Er gehörte zur Gemeinde Bramsche, wurde aber „Plantlünner Feldflugplatz" genannt. Er hieß so, weil man die Post nur von Lünne aus zustellte.

Das gerodete Holz des Flugplatzes wurde verbrannt oder ist verkauft worden. Danach pflügte und düngte man kräftig die Fläche, damit eine feste Grasnarbe entstand. Die Bürger aus der Plantlünner Umgebung halfen mit, um den Flugplatz zu bauen.

Im Krieg flogen hauptsächlich Kampfflugzeuge und Bombenflugzeuge, die Einsätze in den Nachbarländern England und Holland hatten, von Lünne aus los bezw. machten Station auf dem Rückflug (zum Auftanken, zu Reparaturen, zur Proviantaufname usw.).

Die Offiziere kamen häufig aus Bayern. Drei Leuchttürme standen um den Flugplatz herum, damit die Flugzeuge schneller wußten, wo sie zu landen hatten. Der Flugverkehr war auch schon vor dem 2. Weltkrieg sehr stark. Der Flugplatzkommandant hieß Brachem. In den Lingener Staatsforsten wurden Straßen gebaut, damit die Flugzeuge zur Tarnung im Wald untergestellt werden konnten.

Als der zweite Weltkrieg begann, baute man mehrere Flakstellungen. Zwei dieser Flakstellungen standen auf dem Esch. Während des Krieges wurde ein Flakturm so beschädigt, daß er abgerissen werden mußte. Der andere Flakturm steht heute noch auf dem Esch und dient als Aufenthalt für Schulklassen oder Pfadfindergruppen. Weitere Flakstellungen standen beim Feldflugplatz an der Venhauser Straße, in Wesel und in der Nähe von Hesselte. Diese Flakstellungen wurden alle abgerissen.

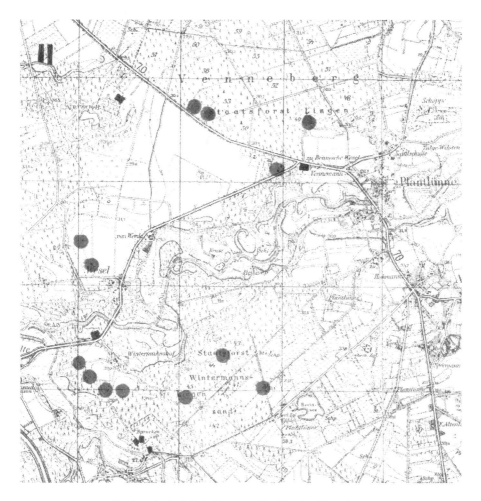

Kreise sind Flakstellungen, Rechtecke Baracken.
(Bild 26, Wahlpflichtkurs Klasse 9)

Bei Flugzeugangriffen wurden alle Kinder, die alten Leute und das Vieh in Sicherheit gebracht. Das Vieh mußte in die Weiden der Blankemaate getrieben werden, weil dort die wenigsten Luftangriffe durchgeführt wurden. Die Kinder und die alten Leute sind in Kellern und Bunkern untergebracht worden.

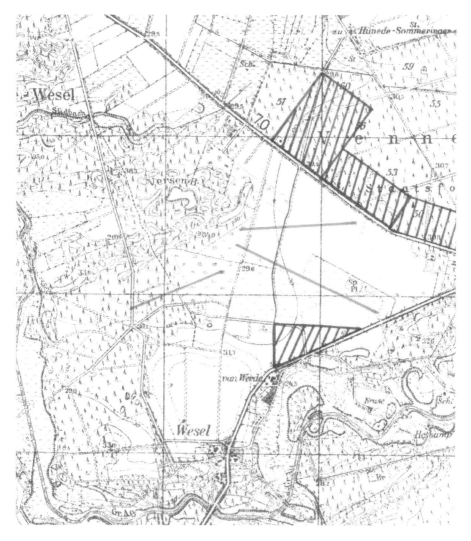

Lage der Landebahnen und der Schutzstellungen für die Flugzeuge
(Bild 27, Wahlpflichtkurs Klasse 9)

Wilmes hatte einen Bunker. Er baute den Bunker mit Nachbarn und Bekannten vor dem Krieg. In Heitel gab es keine Bunker, deshalb mußten alle Leute in die Keller gehen, damit sie bei Luftangriffen in Sicherheit waren. .....

Als der Feind kam.

Am 8. April 1945 wurde die weiße Fahne gezogen, weil der Feind kam und die deutschen Kompanien vorher Lünne verlassen hatten. Deutsche Soldaten sprengten die Brücke über die Aa, indem sie an jeder Ecke der Brücke 15 Sprengsätze befestigten.

Der alte Herr Lammers, der das Geschehen mitangesehen hatte, wollte die Brücke retten und riß das Kabel an einer Ecke der Brücke von 15 Sprengsätzen ab. Doch die Brücke explodierte, aber ein Ende der Brücke blieb stehen. Die Häuser, die in der Nähe der Brücke standen, bekamen Risse. .....

Jörlemann's Oma (86) erzählt:

Eines Nachts fielen in unserer Umgebung Bomben. Eine fiel bei Helming, eine bei Kotte und eine bei uns. Noch eine Bombe fiel beim Lehrer Kreye und riß eine Ecke des Hauses ab. Die Familie Kreye ist dem knappen Tod noch einmal entgangen. .....

Gustav Hüsing (76) erzählt:

..... Zu der Zeit standen viele Flugzeuge getarnt in den Tannen, aber der Feind hatte nicht zwei Augen, er hatte bestimmt vier. Er fand selbst die so gut getarnten Flugzeuge, die in den Tannen standen. Es sind fast alle Flugzeuge zerstört worden. Zuletzt griff der Feind immer öfter an, so daß die restlichen Flugzeuge auch noch zerstört wurden. .....

Frau Hüsing (71) erzählt:

Ich wollte meinem Mann Gustav, der auf dem Lünner Feldflugplatz als Schuhmacher arbeitete, etwas zu Essen bringen. Dabei beobachtete ich, wie sich zwei Deutsche im Tiefflug gegenseitig beschossen. Beide merkten nicht, daß sie gar nicht verfeindet waren.

Sie schossen so lange, bis sie beide abstürzten. Ein Deutscher überlebte diesen unsinnigen Kampf. Erst später merkte der Pilot, daß er einen Kameraden abgeschossen hatte.

Ein Bericht von Sofia Berger (Heitel) und Theo Wintermann (Lünne, heute Heitel):

Am 1. September 1939 fuhr der Bürgermeister Heinrich Hermes mit dem Fahrrad durch das Dorf und verkündete, daß der Krieg ausgebrochen sei. Die Leute waren sehr aufgeregt und ließen die Arbeit liegen. Wehrpflichtige Männer wurden eingezogen. Mit den direkten Kriegsereignissen kam die Bevölkerung noch nicht in Berührung. Dies änderte sich jedoch, als mit dem Bau des Flugplatzes in Lünne begonnen wurde. Ein großes Heidegebiet zwischen der Hesselter Straße und der B 70 machte man mit Tellereggen urbar und säte es dann mit Gras neu ein. Es wurden Start- und Landevorrichtungen, Flakstellungen und Unterkünfte für Soldaten gebaut.

Durch feindliche Luftangriffe auf den Flugplatz wurde die Bevölkerung stark gefährdet. Bei Robben (Heitel) ging eine Bombe ganz nahe am Wohnhaus nieder. Jeder Hof hatte einen eigenen Unterschlupf aus Baumstämmen, Grasplaggen und Erde als Schutz gegen Bombensplitter. Es kam auch vor, daß die Leute nicht mehr bis zu ihrem Unterschlupf kamen. Dann mußten sie sich flach auf den Boden legen. Als Ersatz für die eingezogenen Männer kamen Gefangene auf die Höfe.

Bei Fortdauer des Krieges bekamen viele Familien die traurige Nachricht, daß einer ihrer Angehörigen gefallen war. Auch in der Nähe von Lünne gab es Todesfälle. Zwei Angestellte von Cordesmeier (Rheine) wurden bei einem Fliegerangriff auf der B 70 (bei Vennemann) in ihrem LKW erschossen.

Ein französischer Gefangener wollte elf Schulkinder, darunter auch Theo Wintermann, in einer gelben Kutsche von Lünne nach Wesel heimbringen. Zwei englische Tiefflieger, die meinten, es handele sich um einen Tankwagen, der zum Flugplatz wolle, beschossen die Kutsche und töteten dabei den Franzosen. Die Kutsche war stark beschädigt. Den Kindern ist allerdings nichts geschehen. In der Straße konnte man sehr viele Einschüsse sehen.

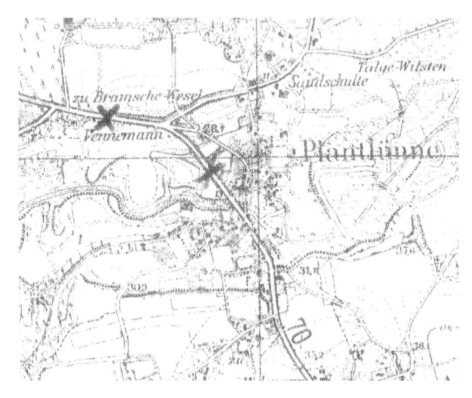

Die gelbe Kutsche wurde bei Plantlünne beschossen,
die Fahrer der Fa. Cordesmeier kamen bei Vennemann ums Leben.
(Bild 28, Wahlpflichtkurs Klasse 9)

Gegen 5.00 Uhr morgens stürzte ein amerikanisches Flugzeug in die Speller Aa. Schüler wollten wissen, was dort passiert sei und mußten eine schreckliche Entdeckung machen. Körperteile der amerikanischen Piloten hingen noch in den Bäumen.

Die toten Feinde wurden erst an Ort und Stelle vergraben. Nach dem Krieg wurden sie auf Soldatenfriedhöfe umgebettet.

Gegen Ende des Krieges war der Feldflugplatz so stark durch Bombenangriffe zerstört, daß ein Starten und Landen nicht mehr möglich war. Alle wichtigen Brücken wurden gesprengt. Ottings (Heitel) gaben den

Soldaten ein Stück Schinken. Die Soldaten sprengten die Brücke nicht und zogen wieder ab.

Durch den Krieg kam für die Bevölkerung eine schlechte Zeit. Es gab Lebensmittelmarken und Bezugsscheine für Bekleidung. Aus den zerstörten Städten kamen die Leute auf die Dörfer und bettelten um Lebensmittel.

Besondere Erlebnisse von Frau Sofia Berger:

Einem Funker, der zur Flakabteilung auf Bergers Hof gehörte, wurde ein Teil aus seinem Funkgerät gestohlen. Die Vorgesetzten meinten, es handele sich hier um Sabotage, und wollten ihn deshalb vor das Kriegsgericht in Freren stellen, wo er mit der Todesstrafe rechnen mußte.

Alois Berger erklärte dem Funker, daß auf der Strecke zwischen Lünne und Beesten eine sehr scharfe Kurve sei, und daß der LKW dort abstoppen müsse.

Das machte der Funker sich zu nutze. Er sprang nachts an der ihm genannten Kurve vom LKW und konnte fliehen. Er kam allerdings noch einmal nach Heitel zurück, um sich zu bedanken. Er verweilte die Nacht bei Berger, bis er dann tags drauf nach seiner Heimatstadt Essen wanderte.

Von Berger (Heitel) wurden sieben Pferde für den Krieg eingezogen. Berittene Soldaten, die von Spelle nach Leschede wollten, kamen an Bergers Hof vorbei.

Ein Pferd wollte auf den Hof und mußte mit Gewalt weitergetrieben werden. Es stellte sich heraus, daß es eines der sieben eingezogenen Pferde von Bergers war.

Bericht von August Evers (Spelle):

Ich war im Alter von 16 Jahren in der Zeit von 1942 bis zum 31.12.1944 als Flakwehrmann auf dem Lünner Feldflugplatz stationiert. Ich war zusammen mit Paul Hoffrogge (am 15.8.1944 gefallen) einer der jüngsten

Im Vordergrund: Ignatz Heskamp und Kommandeur Brachem.
Dahinter Maria Focker, Mathilde Unkenholz und Elisabeth Rickling
(Bild 29, Wahlpflichtkurs Klasse 9)

Ein typisches Foto aus guten Tagen des Krieges.
Ein Akkordeon mußte dabei sein, auch die Mädchen sind glücklich!
Bild 30, Wahlpflichtkurs Klasse 9)

auf dem Platz. Der Vater von Paul Hoffrogge war Polizist und hat am 31.12.1944 eine Verlegung der jüngeren Flakhelfer nach Brümsel eingeleitet. Außer Paul Hoffrogge ist noch Haverkamp aus Wesel im Alter von 60 Jahren gefallen. .....

..... Ein schweres Unglück hat sich auf einem Flakturm bei der Schleuse Venhaus zugetragen: Deutsche Soldaten haben sich versehentlich

Die „Große Verbundenheit mit dem Volk", Flakhelferinnen an einem Militärflugzeug. Nach Auskunft von Joachim Eickhoff war es ein Schulflugzeug der Flugzeugführerschule A/B 33 aus Quakenbrück.
Viele Mädchen im Fronteinsatz waren begeistert.
(Bild 31, Wahlpflichtkurs Klasse 9)

gegenseitig erschossen. Die beiden Flaktürme standen dicht beieinander, und die Flugzeuge flogen so tief, daß die Kanone des einen Turmes die Leute auf dem anderen Turm traf.

Etwa 1942 muß es gewesen sein, daß in der „Deutschen Wochenschau" ein Bericht über den Lünner Flugplatz gezeigt werden sollte. Dafür wurde eine ganze Reihe positiv wirkender Fotos gemacht, von denen ich nur drei in diesem Buch abbilden möchte.

Sie sollten die schöne Seite des Krieges darstellen, den guten Kontakt mit der ortsansässigen Bevölkerung und das, was die Amis als „in the mood", „in guter Laune", bezeichnen würden (Siehe Bilder 29, 30 und 31).

Notizen
1

Die ersten Bomben auf Spelle

Gerhard Rekers, auch "Timmergerd" genannt, wurde am 31.1.1894 in Spelle geboren.

Sein Vater Hermann Rekers wurde am 2.10.1863 ebenfalls in Spelle geboren und stammt aus dem Hause des Kötters Rekers an der Aa. Schon mit 23 Jahren machte er sich als Bauunternehmer und Zimmermann selbständig und baute um die Jahrhundertwende in Spelle und Umgebung zahlreiche Häuser, die teilweise heute noch stehen und bewohnt sind. Im Sommer 1892 kaufte er das Heuerhaus des Bauern Bernhard Seybering aus Listrup, das in der Nähe der heutigen Speller Turnhalle stand.

Allzu früh, am 12.2.1916, im ersten Weltkrieg, starb er an Krebs. Seine Frau Theresia, geborene Hölscher, konnte das Bauunternehmen nicht weiterführen, zumal sechs Kinder und die kleine Landwirtschaft zu versorgen waren.

Mein Vater war im 1. Weltkrieg vier Jahre lang als Richtkanonier bei der Artillerie in Rußland, hauptsächlich in der Ukraine, in den Pripjet-Sümpfen, etwa dort, wo sich vor einigen Jahren das Unglück im Kernreaktor in Tschernobyl ereignet hat.

Nach dem Ersten Weltkrieg machte er sich am 31.1.1919 selbständig und gründete das heutige Betonwerk Rekers. In der Inflationszeit baute er sich das Haus an der Hauptstraße und heiratete am 31.1.1923 Johanna Frankmölle, ebenfalls aus Spelle.

Wie vielen in Spelle und Umgebung bekannt, beschäftigte er sich neben seiner beruflichen Tätigkeit mit der Heimatgeschichte. Ich erinnere mich, daß er sich oft tagelang in Osnabrück im Staatsarchiv aufhielt, um die Geschichte unseres Dorfes Spelle zu erforschen.

Zur Erinnerung an die 14-wöchige Dienstzeit in Quakenbrück.
Gerhard Rekers (rechts) hinter einem "Wanderer".
Man beachte die abgedunkelten Scheinwerfer!
(Bild 32)

Kurz vor Beginn des Zweiten Weltkrieges wurde er, obwohl schon 45 Jahre alt, zur Luftwaffe eingezogen und mußte zum Militärflugplatz nach Quakenbrück, wurde aber nach 14 Wochen wieder entlassen. Das Geschäft ging stark zurück, weil unsere Arbeiter zum Militär eingezogen und die Fahrzeuge für den Militäreinsatz requiriert wurden. Rüstungsaufträge erhielten wir nicht, zumal mein Vater sich stets weigerte, der NSDAP beizutreten. Wie oben schon erwähnt, war er bei den Behörden in Lingen als Nazigegner bekannt.

Er betrachtete die Kriegsereignisse mit erfahrenen Augen und schrieb alles auf, was ihm irgendwie bedeutend erschien. Außer der Kirchenchronik dürften es in Spelle die einzigen schriftlichen Aufzeichnungen jener verhängnisvollen Tage sein, genau mit Ort und Datum versehen.

Obwohl er sonst viel fotografiert hat, sind leider nur wenige Fotos aus der Kriegszeit und vom Kriegsende zu finden. Die meisten Kriegsfotos in diesem Buch stammen daher aus britischen Archiven, insbesondere dem "Imperial War Museum" in London. Hätte doch Mitte April 1945, nach der Eroberung, wenigstens irgendeiner einige Aufnahmen gemacht; ein einziger Film hätte genügt! Nur einzelne Bilder sind aufzutreiben und natürlich in diesem Buch verwendet.

Hier diese Aufzeichnungen meines Vaters:

8.3.1944 (Mittwoch)

Am 8. März 1944 fielen die ersten[1] Bomben auf Spelle. Kurz nach Mittag war Vollalarm, und bald darauf erschienen feindliche Fliegerverbände. Ich stellte am Radio den Drahtfunk[2] ein und hörte, daß sich auch der Stadt Münster aus westlicher und nordwestlicher Richtung feindliche Flieger näherten.

Gleich darauf erschienen aus westlicher Richtung etwa 60 viermotorige Bomber, die in vier Verbänden flogen.

Die Flak[3] eröffnete auf diese Bomber ein heftiges, gut gezieltes Feuer. Die Sprengpunkte lagen zum Teil mitten zwischen den Bombern.

Gerade wollte ich den anderen Hausgenossen in den Keller folgen, als ich bemerkte, daß ein Bomber, fast senkrecht über uns, eine Rauchfahne zeigte.

---

[1] Vorher fielen mehrere Bomben nachts in das Waldgebiet "Speller Sand", wahrscheinlich ein Notabwurf. Einige Trichter sind heute noch zu sehen. Am 15.7.1941 fielen sieben Spreng- und mehrere Brandbomben östlich der Bahn in Höhe des Betonwerkes. Im Hafen Venhaus wurde bei einem anderen Abwurf ein Kanalschiff getroffen.

[2] Auf dieser Wellenlänge konnte man jederzeit genaue Informationen über feindliche Flugzeuge abhören. Die zugehörige Karte, in Planquadrate eingeteilt, ist auf der folgenden Seite abgebildet. Der Name „Drahtfunk" ist daraus abgeleitet, daß die Nachrichten sich auch wegen der großen Wellenlänge entlang Strom- und Telefonleitungen übertragen ließen. Somit gelangten sie ohne eine Antenne in Bunker und Unterstände.

[3] Die Flakstellungen befanden sich hauptsächlich in Holsterfeld, etwa zwischen den Gutshöfen Holsterfeld und von Gescher. Die kurz vor dem Krieg auf dem Speller Esch aufwendig ausgebauten Flakstellungen mit Mannschaftsbunkern wurden niemals mit Geschützen besetzt. In den Bunkern wohnten nach dem Krieg viele Flüchtlinge.

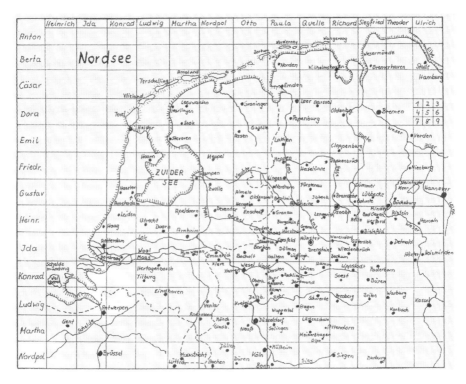

Die „Drahtfunk-Karte". Wenn es z.B. hieß: „Bomberverbände über Gustav Nordpol in östlicher Richtung", dann wußten wir, daß sie bald über unserem Gebiet sein würden.
Spelle lag im Planquadrat „Gustav Paula 9".
(Bild 33, Archiv des Heimatvereins Salzbergen)

Er war von einer Flakgranate getroffen und ließ seine ganze Bombenladung fallen. Ich flüchtete sofort in den Keller und hörte gleich darauf draußen zahlreiche Explosionen. Sofort ging ich nach draußen und mußte feststellen, daß ringsherum Bomben eingeschlagen waren.

Ich war bestürzt, als ich um unsere Lagergebäude herum mehrere Feuer brennen sah, die von explodierten Phosphorbomben herrührten. Diese Feuer hatten einen Durchmesser von etwa acht Meter und brannten mit etwa einem Meter hoher Flamme.

Unser Lagerschuppen mit dem Einschlagloch des Blindgängers.
Nebenbei: so sahen unsere "Produktionshallen" damals aus.
(Bild 34)

Als ich nach Schütte-Roling[4] hinüberblickte, sah ich eine Rauchwolke über dem Haus. Nachdem ich mich überzeugt hatte, daß keines unserer Gebäude brannte, eilte ich sofort hin und half löschen.

Eine Brandbombe hatte Dach und Eisenbetondecke des Wohnhauses durchschlagen und war bis in den Keller gefallen. Die entstandenen Brände auf dem Dachboden und im Keller wurden ziemlich schnell gelöscht.

Als ich nach Hause zurückkam, hörte ich, daß unser letzter Schuppen auch von einer Brandbombe getroffen war; sie war aber nicht explodiert und hatte nicht gezündet. Ein großes Loch im Dach, etwa 100 zertrümmerte

---

[4] Der Hof ist besser unter dem Namen "Lienkemper" bekannt.

Dachziegel und ein durchschlagener Sparren bezeichneten den Weg der Bombe. Dieselbe lag zerbrochen im Raum auf dem Betonfußboden.

Der Zündstoff, eine nach Benzin riechende, gelatine-artig verdickte Masse, war herausgelaufen. Der Zünder war nicht aufgeschlagen und unversehrt geblieben. Wäre die Bombe explodiert, so wäre der Schuppen sicher abgebrannt.

Wie ich gegen Abend hörte, sind an folgenden Stellen Brandbomben gefallen:

> *1 auf Aftings Kamp bei der Wachtmeisterwohnung*
> *2 auf Niehaus Marschwiese, (neben Alois Rekers)*
> *1 in unserem Schuppen (Blindgänger)*
> *1 bei Fenbers Schuster*
> *1 bei Dr. Samson*
> *1 auf Schütte-Roling's Kamp*
> *1 in Schütte-Roling's Haus*
> *1 auf Wobben (Ginten) Toschlag*
> *1 bei Henneker*
> *1 in Strickers Haus*
>   *einige an der Straße nach Schapen*

Drei Sprengbomben mittleren Kalibers fielen auf die Schapener Straße. Eine davon war ein Blindgänger und eine fiel nahe vor das Haus des Hermann Sloot, das beschädigt wurde. Rechts von der Straße nach Schapen fielen weitere acht Sprengbomben: Auf Jungehüser's und Schröer's Grundstücke.

Der ganze Vorgang dauerte nur ein bis zwei Minuten. Mehrere Schauer Flaksplitter sausten durch die Luft. Man hörte sie auf die Ziegeldächer aufschlagen. Einige größere Splitter schlugen in den Erdboden.

Am 6. Juni 1944 landeten die Westmächte in der Normandie, die Invasion begann. Das Attentat auf Hitler am 20. Juli 1944 war erfolglos, und alles wurde nur noch schlimmer als vorher. Von Goebbels wurde der "Totale Krieg" ausgerufen. Im Berliner Sportpalast schrie er: "Wollt ihr den totalen Krieg?". Das ganze dort versammelte Volk brüllte "Jaaaaa!".

Thunderbolt Jagdbomber, USA
2535 PS, 686 km/std, 8 MGs 12,7 mm, 1175 kg Bombenzuladung
Zum Vergleich: Die deutsche Me 109 hatte 1435 PS, 684 km/std.
(Bild 35, aus dem Buch „Die Weltkrieg II - Flugzeuge" von Kenneth Munson)

Dabei möge man bedenken:

Bis zum Attentat kamen in fast fünf Jahren 2,8 Millionen Deutsche ums Leben,
in den kaum zehn Monaten bis zum Kriegsende waren es zusätzlich 4,8 Millionen.
Bei den Zerstörungen war das Verhältnis noch viel größer:
In den paar Monaten des Jahres 1945 fielen mehr Bomben als im ganzen Krieg zuvor!

Am 4. August 1944 erfolgte dann ein schwerer Tiefflieger-Angriff auf den Flugplatz in Plantlünne. Im Buch über Lünne von Heinz Kreimeyer schreibt dazu Prof. Wilhelm Brachem (Jahrgang 1926) auf Seite 654:

Der schlimmste Tieffliegerangriff überhaupt war der Jaboangriff (Jagdbomber) am Freitag, dem 4.8.1944, abends von 18 - 19 Uhr.

67 Thunderbolds kreisten um den Flugplatz, bis alles Gegenfeuer schwieg. Eine Bombe brachten die Vögel mit und dann ran mit der Bordkanone!

An jenem Abend wollte ich nach Rheine fahren, um meine Monatskarte auszunutzen. Jupp Deing fuhr den Bus, einen Kürdelgasvergaser, auf Hochdeutsch: Holzgasvergaser. Statt Benzin, das es zu der Zeit nur noch selten gab, lief der Motor mit Kohlenmonoxyd (CO). Ein giftiges Zeug! In Varenrode ging dem Bus die Puste aus, und Jupp befahl mir, nachzustochern. Oben auf den Gepäckablage lag ein Sack mit Birkenholz. Und ehe ich den Ofen gefüllt hatte, fuhr Jupp ohne mich ab. Kaum konnte ich abspringen, da drehten die Thunderbolds über uns Richtung Plantlünne. In Varenrode war es ungefährlich, einige Neugierige erlebten ein dramatisches Schauspiel.

Mein Vater sah den Angriff von Spelle aus und schreibt darüber wie folgt:

Bericht über den Angriff englisch-amerikanischer Flieger auf den Flugplatz Plantlünne am Freitag, dem 4.8.1944:

Am 4.8. abends 7.15 Uhr wurde Fliegeralarm gegeben. Bald erschienen die ersten feindlichen Flieger in der Nähe und kurvten in der Umgebung unseres Ortes in beträchtlicher Höhe. Der Drahtfunk meldete Anflüge aus Richtung Zuidersee und weiter südlich. Höchste Vorsicht sei geboten.

Gleich darauf gingen einige Jäger zum Sturzflug über und schossen in Richtung Plantlünne mit ihren Bordwaffen. Die leichte Flak antwortete zunächst. Immer mehr feindliche Jäger stellten sich ein, und man konnte öfter etwa 25 Stück zugleich sehen, die in Gruppen zu drei bis fünf Stück und auch einzeln immer wieder dem Flugplatz zusteuerten, mit Bordwaffen schossen und auch leichte Bomben warfen.

Ich holte mein Fernrohr, um noch besser sehen zu können. Wir hatten uns alle vor den großen Holzschuppen gestellt, um besser sehen zu können. Bald stiegen vom Flugplatz dunkle Rauchwolken auf, die immer dichter wurden. Das reizte die Flieger nur noch zu intensiveren Angriffen. Wie ein Bienenschwarm umflogen sie den Platz, manchmal bis nahe über uns fliegend. Immer wieder gingen sie ganz niedrig herunter. Es waren auf dem Flugplatz etwa 20 Flugzeuge abgestellt, und in den letzten Tagen hatte man immer wieder Waggons mit Benzin usw. hingefahren.[5]

Diese ununterbrochenen Angriffe dauerten etwa ¾ Stunde, ohne daß sich auch nur ein einziger deutscher Jäger zur Abwehr einfand. Wie im Frieden kurvten die Jäger, da auch die Flak das Feuer längst eingestellt hatte. Ein feindlicher Jäger, der in Richtung Salzbergen einen Abstecher geflogen hatte, wurde von der dortigen leichten Flak heftig beschossen. Bald fing die Maschine Feuer, und wie man tags darauf hörte, ist das Flugzeug an der holländischen Grenze abgestürzt. Die Piloten seien tot gewesen.

Endlich entfernten sich alle Flugzeuge ohne Verluste, bis auf das eine erwähnte. Dicke Rauchwolken stiegen immer noch auf, ein Zeichen von großen Bränden.

Nachdem wir uns bei dem schönen warmen Wetter eine Weile in den Garten gesetzt hatten, bekam ich plötzlich Nachricht, daß die Feuerwehr Spelle alarmiert sei. Ich zog sofort meine Feuerwehr-Uniform an und begab mich zum Spritzenhaus, wo die Motorspritze schon abfahrbereit stand. Wöhlen Bulldog-Trecker war schon davorgespannt. Da Spritze und Trecker schon voll besetzt waren, fuhr ich mit dem Rade.

Bei Stilling traf ich Heinrich Krone, und wir fuhren nun gemeinsam hinter der Spritze her zum Flugplatz, von dem immer noch Rauch aufstieg. Auch ein Munitionslager brannte, denn man hörte immer Explosionen und raketenähnliche Geschosse in buntem Farbenspiel emporsteigen.

---

[5] Hinter dem Speller Bahnhof hatte das Militär ein Anschlußgleis gebaut. Es war so eingerichtet, daß ein Eisenbahnwaggon, mit Benzin oder Munition beladen, auf ein Straßenfahrzeug mit mindestens 32 gelenkten Vollgummirädern gerollt werden konnte. Wir nannten es „Kulimeier". Es wurde durch eine Zugmaschine nach Lünne oder Dreierwalde gezogen, für uns Kinder immer ein großes „Spektakel"! Die „steinerne Brücke" nach Dreierwalde wurde verstärkt. - Nach dem Krieg entstand hier der Gleisanschluß der Fa. Krone.

Von Varenrode ab konnten wir der Spritze nicht mehr folgen, denn auf der glatten Teerstraße fuhr dieselbe bedeutend schneller. In Plantlünne standen viele Leute draußen auf der Straße. Sie hatten die gefährliche Lage im Keller überstanden. Außer in Rottum-Sommeringen war kein Haus abgebrannt.

Wir beide fuhren langsam, immer der Hauptstraße nach, über den Flugplatz. Gleich am Rande des Platzes begegnete uns ein frisch am Kopf verbundener Unteroffizier, der von einem Bordwaffengeschoß verwundet war. Weiter links, über den Flugplatz hinweg, sahen wir die brennenden Munitionsbestände. Es war in der anbrechenden Dunkelheit ein leider nicht ganz harmloses Feuerwerk. Man hörte Detonationen und aufsteigende raketenartige Geschosse. Der Feuerschein war farbig, das ganze von dichten Rauchwolken überlagert.

Links, nahe der Straße, standen zwei unversehrte zweimotorige Flugzeuge. Rechts von der Straße, etwas weiter ab in den Kieferbeständen, brannte es noch lichterloh. Man sagte, daß etwa 20 Flugzeuge verbrannt seien, zum Teil noch brannten. Entsprechend unserer Anweisung fuhren wir langsam über den Flugplatz, Richtung Bramsche.

Unterwegs begegneten wir mehreren Feuerwehren: Aus Baccum, Lingen, Salzbergen usw., aber keiner konnte uns sagen, wo sich die Speller mit ihrer Motorspritze befanden. Auch den Kreisbrandmeister Flender trafen wir auf der Straße, aber auch er hatte die Speller Feuerwehr nicht gesehen.

Bei der Wirtschaft Junghülsing in Bramsche sahen wir im Halbdunkeln etwa acht Feuerwehrautos und Fahrzeuge. Wir konnten aber auch hier die Speller nicht finden[6]. Dann fuhren wir denselben Weg zurück; die Brände hatten inzwischen etwas abgenommen. 12 ½ Uhr nachts war ich wieder zuhause.

Am Sonntag, dem 6. August, wurde während des Hochamtes, (gerade unter der Wandlung) Vollalarm gegeben. Der Pastor brachte das Hochamt

---

[6] So, wie ich die Speller Feuerwehr seit Jahrzehnten kenne, wird sie sicherlich nicht untätig gewesen sein. Irgendwo wurde ein Brand gelöscht! Beteiligte leben nicht mehr, ein genauerer Bericht muß daher fehlen.

abgekürzt zuende, und dann gingen die Leute schleunigst aus der Kirche und zerstreuten sich. Angriffe in der Nähe wurden nicht unternommen.

15.8.1944
(Dienstag)

Angriffe auf die Flugplätze Plantlünne und Dreierwalde.

Bisher habe ich wenig über die Angriffe auf Flugplätze und Züge sowie andere Ziele in der näheren Umgebung aufgeschrieben. Aber in Zukunft will ich das öfter tun.

Heute Mittag wurde auch wieder kurz vor 12 Uhr Vollalarm gegeben. Wir können das seit diesem Frühjahr immer gut hören, da wir anstelle der Blashörner und kleinen Syrenen jetzt eine große Syrene auf dem Wohnhause des Molkereimeisters erhalten haben. Auch des Nachts hört man diese besser; leider gar zu oft, denn es vergeht kaum eine Nacht ohne Syrenengeheul und Fliegergebrumm.

In Lünne noch erhaltener Flakturm.
Der Turm ist für Wohnzwecke umgebaut. Statt des Daches hatte er oben eine etwa 1,4 m hohe Brüstung und war entsprechend höher. Es gab in Lünne mindestens fünf solcher Türme, je mit einer 2 cm-Vierlingskanone bestückt.
(Bild 36)

Die von den feindlichen Jagdbombern so gefürchtete
Vierlings-Flak
(Bild 37, im Imperial War Museum aufgenommen)

Punkt 12.00 Uhr erschienen heute auch schon die Bomber, begleitet von Jägern. Wohl 15 bis 20 Verbände von je 10 bis 20 Bombern flogen über uns hinweg. Plötzlich sah man über dem Plantlünner Flugplatz einen raketenartigen Körper zur Erde sausen, der eine steile Rauchfahne zurückließ. Gleich darauf erfolgten drei sogenannte Teppichwürfe; jedesmal dann, wenn sich ein feindlicher Bomberverband über dem Flugplatz befand.

Auch über dem Dreierwalder Flugplatz löste ein Verband seine Bomben, so daß unsere Fenster und Türen ordentlich zitterten.

Bei diesem Angriff kam Paul Hoffrogge aus Varenrode, damals noch nicht 16 Jahre alt, ums Leben. Josef Schütte (Jahrgang 1928) berichtet, daß „Teppichalarm" gegeben war, wobei alle Flakhelfer schnellstens die Türme zu verlassen hatten, um in Erdlöchern Schutz zu suchen.

Paul Hoffrogge gelang es nicht, schnell genug vom Flakturm ins Schützenloch zu eilen und wurde fünf Meter neben Josef Schütte von einem Bombensplitter tödlich getroffen. Die Flak-Geschütze wurden damals von 16-jährigen Jugendlichen bedient, ferner von ausländischen Hilfswilligen.

Nur ein Flak-Soldat war den Geschützen zugeteilt. Auch die Schüler der Gymnasien waren Flakhelfer und erhielten zwischendurch Schulunterricht.

Notizen
2

... und immer mehr Bomben

Neben den großen Städten werden konsequent und prinzipiell Flugplätze, Bahnhöfe und Kanäle bombardiert. Schwer leidet Salzbergen mit dem Ölwerk. Hier die weiteren Aufzeichnungen meines Vaters:

17.9.1944 (Sonntag)

Gelegentlich eines Bombenangriffes auf den Flugplatz Dreierwalde fiel eine schwere Bombe, etwa 150 m von unserem Hause entfernt, auf das Grundstück des Kötters Fischer zwischen Göke und Schlichter. Unser Haus wurde beschädigt; es wurden Fensterscheiben, Dachziegel und Türen zerstört.

Anschließend fielen etwa 12 Bomben jenseits der Bahn in die Wiesen bei Kötter B. Brüggemann. Der Bombentrichter bei Göke-Schlichter hatte einen Durchmesser von 13 m.

Über denselben Vorgang schrieb mein Vater am 20.9.1944 an Studienrat Helming /Papenburg:

..... Doch - auch in der Heimat wird es schlimmer. In der Nacht auf Sonntag, den 17.9. waren hier zwei schwere Angriffe. Das Ziel können Sie sich denken, aber viele Bomben fielen weitab vom Ziel in bedenkliche Nähe. Alles ging überraschend schnell. Noch waren wir kaum im Keller, als die erste schwere Bombe ganz nahe niederging. Fensterscheiben klirrten, Dachziegel rasselten, Fenster und Türen sprangen auf.

Wir rannten die Kellertreppe herunter, aber Bombe auf Bombe sauste mit furchtbarem Krachen hernieder. Wir drückten uns eng an die Kellermauern, das Schlimmste befürchtend. Doch dann fielen die Bomben etwa 4 km weiter ab, aber so zahlreich, daß man die einzelnen Einschläge kaum noch hören konnte. Aber nicht allzu lange dauerte dieser Lärm. Das Summen und Pfeifen in der Luft wurde weniger, um nach etwa 10 Minuten ganz aufzuhören. Auch die Leuchtzeichen waren vom Himmel verschwunden, und die Lichtblitze hörten auf. Ich ging ums Haus herum und zu den Nachbarn, fand aber außer zerbrochenen Fensterscheiben und Dachziegeln nichts.

Erst am Sonntagmorgen fanden wir etwa 100 m von unserem Hause einen riesigen Sprengtrichter von 13 m Durchmesser und 4 m Tiefe. Ähnliche Trichter sah man bei der Bahn und weitere in den Wiesen, nicht weit rechts von unserem Busch. Gleich von der ersten Bombe wurde die Überlandleitung getroffen, so daß das Licht gleich erlosch.

Nun sind wir seitdem am Reparieren. Die Fensterscheiben sind fast alle wieder drin und das Hausdach ist wieder in Ordnung. Die Dächer auf den

Das ist der Bombenkrater auf „Mitten Höggel", ca.13 m Durchmesser; etwa dort, wo sich heute der Aldi-Markt befindet. Am Kraterrand von links nach rechts: Der Grundstücksbesitzer Franz Fischer („Mitten Franz"), Gertrud Rekers, Maria Stappers, Hubert, Klara und Karl Rekers.
Die Bombe fiel genau auf die Hochspannungsleitung, wodurch ganz Spelle sofort ohne Strom war.
(Bild 38)

Schuppen werden bis morgen mittag auch wieder fertig sein. Unsere Nachbarhäuser hatten ähnliche Schäden. (Göken, Schlichter, Schwis, Brüggemann-Siepels.) Menschen sind nicht zu Schaden gekommen. Über unser Haus hinweg waren dicke Erdklumpen geflogen, hatten Äste aus den Bäumen gerissen und eine Bank umgeworfen.

Soeben erhalten wir eine Karte von Onkel Heinrich aus Münster: Alles verloren. Ich bin gesund. Droste-Hülshoff-Allee 14.

An meinen Bruder Anton an der Ostfront ging am 21.9.1944 folgende Schilderung:

..... In der Nacht zum Sonntag, dem 17.9., sind hier auch viele Bomben gefallen, die Dreierwalde zugedacht waren. Einzelne Flugzeuge lösten aber zu früh aus, und so bekamen wir etwas von dem Bombensegen ab. Zwischen Göken und Schlichters fiel eine schwere Bombe, und in einem Zuge auch hinter der Bahn bei Brüggemanns an der Aa. Rechts von unserem Busch

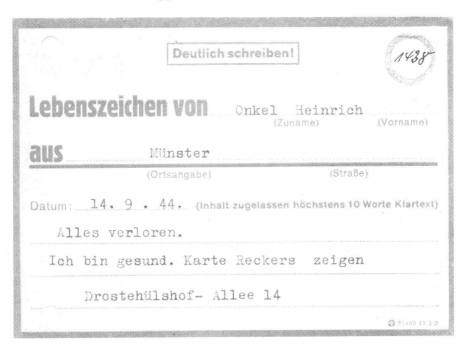

Die Mitteilung von Heinrich Kampel aus Münster
(Bild 39)

auch wieder eine ganze Reihe und hinter der Dosenbrücke noch viel mehr. Wir hatten 34 Fensterscheiben und eine Anzahl Dachziegel kaputt, sonst sind wir mit dem Schrecken davongekommen. Schlichters, Göken, Brüggemanns und Schwis bei Theising erging es ebenso.

Hier ist man auch schon der Meinung, daß wir wohl besetztes Gebiet werden können. Doch gehen die Leute ruhig ihrer Arbeit nach und meinen, daß uns hier nicht viel passieren könne.

Das eine ist jedoch sicher, die Postverbindung zwischen uns und Dir wäre sofort unterbrochen. Nun, wir woll'n mal die Sache in Ruhe abwarten, es kann uns ja nicht schlimmer gehen als anderen auch. .....

Wir konnten nicht ahnen, daß unser Anton genau zur selben Stunde, als unsere ganze Familie von den Bomben hätte ausgelöscht werden können, das rechte Auge verlor, schwer verwundet wurde und zunächst verschüttet war. Wenn es das Schicksal gewollt hätte, wäre unsere ganze Familie ausgelöscht worden!

Anton hat nach seiner späteren Rückkehr immer wieder versucht, seinen Kameraden im Schützenloch ausfindig zu machen, der ihn unter ständigem Feuer der Russen ganz einfach ausgegraben hat. Das waren Kameraden!

Nicht Hitler war ein Kamerad, der niemals im zweiten Weltkrieg, den er entfesselt hat, im Schützengraben gekämpft hat. Im Führerbunker in Berlin heiratete er eben noch Eva Braun und nahm sich am 30.4.1945 dort einfach das Leben, als ob nichts gewesen wäre! Einen Dreck hat er sich um seine tapferen Soldaten gekümmert!

2.11.1944 (Donnerstag)

Ein feindlicher Flieger beschoß einen Zug hier am Bahnhof. Ferner wurden bei dem Hause Schwis drei Bomben geworfen. Der Zug konnte seine Fahrt nach Rheine fortsetzen.

> Auf Grund des Erlasses des Führers vom 18. Okt. 1944 werden Sie hiermit zum
>
> **„Deutschen Volkssturm"**
>
> einberufen. Zwecks V e r e i d i g u n g haben Sie sich
>
> am Sonntag, dem 12. November 1944
>
> um *11* Uhr *bei Frankmölle, Spelle*
>
> einzufinden.
>
> Für die Richtigkeit
>
> *Unterschrift*
> Kompanieführer
>
> Heil Hitler!
> Der Kreisleiter des Kreises Lingen
> gez.: B r u m m e r l o h
> Abschnittsleiter

Das war die Einberufung zum Volkssturm.
(Bild 40)

12.11.1944 (Sonntag)

Am heutigen Sonntag müssen alle männlichen Speller zu Frankmölle, um für den Volkssturm vereidigt zu werden. Alter 16 bis 60 Jahre. In Spelle wurde eine Volkssturm-Kompanie gebildet.

17.12.1944 (Sonntag)

Am heutigen Sonntag fiel bei Kötter Kük in Varenrode eine schwere Bombe. Beträchtliche Schäden am Hause Kük.

1.1.1945 (Montag)

Bei Gerhard Senker am Flöttegraben wurden auf engem Raum etwa 300 kleinere Brandbomben abgeworfen.

14.1.1945 (Sonntag)

Auf der Strecke Spelle-Beesten wurde im Moor ein Personenzug von einem Flieger beschossen. Keine Menschenverluste.

11.2.1945 (Sonntag)

Angriff englischer Jagdflugzeuge auf den Bahnhof Spelle.

Vormittags um 10.00 Uhr, ich war gerade im Hochamt, hörte man plötzlich Fliegergebrumm. Das war an sich nicht ungewöhnlich, denn in den letzten Tagen verging kaum eine Stunde ohne Fliegertätigkeit, geschweige denn ein ganzer Tag.

Doch die Leute in der Kirche fuhren erschrocken auf, als ganz in der Nähe heftiges Bordwaffenfeuer losging. Dieses war um so überraschender, als kein Fliegeralarm gegeben war. Endlich hörte die Schießerei auf, und die Leute beruhigten sich allmählich wieder.

Doch bald darauf ging eine Beunruhigung durch die unteren Bänke. Viele gingen aus der Kirche hinaus; man hörte Geflüster. Plötzlich sagte mir jemand über die Schulter hinweg: "Die Feuerwehr muß sofort herauskommen, es brennt der Bahnhof!"

Rasch ging ich nach Hause, zog meine Feuerwehruniform an und wollte zum Bahnhof. Doch da kam bereits ein Feuerwehrmann zurück und sagte, ich solle ruhig zuhause bleiben, das Feuer sei bereits gelöscht.

Der Angriff hatte sich folgendermaßen zugetragen:

Eine Anzahl feindlicher Jäger, vier bis sechs Stück, hatten über unserem Ort und dem Bahnhof gekreist. Plötzlich sind zwei heruntergestoßen und haben im Tiefflug den Bahnhof beschossen.

Doch der Hauptangriff galt wohl den beiden Güterzügen, insbesondere deren Lokomotiven, die aus verschiedenen Richtungen her angegriffen wurden. Sie wurden so schwer beschädigt, daß sie nachher abgeschleppt werden mußten.

Während die eine Lokomotive in der Nähe des Bahnhofsgebäudes stand, befand sich die andere unmittelbar neben den Häusern Bernh. Schwis und Dirkes. Dadurch kam es, daß beide Häuser viel Feuer bekamen. Während bei Dirkes hauptsächlich das Dach beschädigt wurde, erhielt Schwis' Haus von zwei Seiten her Treffer, hauptsächlich ins Mauerwerk.

Etwa 100 Geschosse durchschlugen Mauerwerk, Fenster und Türen. Die oben im Haus wohnende Frau Nyenhuis, deren Mann sich an der Ostfront befindet, eilte sofort mit ihren vier Kindern nach unten, um im Keller Schutz zu suchen. Dabei hatte sie die beiden jüngsten Kinder auf den Arm genommen.

Auf der zweituntersten Stufe angelangt, erhielt die kleine Anna auf dem rechten Arm ein Explosivgeschoß in den Hals und das Kinn. Das Kind war sofort tot. Die Mutter ließ es im Flur liegen und flüchtete mit dem noch lebenden Kind, einem fünfjährigen Knaben, in den Keller.

Gleichzeitig war in das Bahnhofsgebäude eine Brandbombe, von einem anderen Flugzeug geworfen, eingeschlagen. Das Dach wurde schwer beschädigt, und eine hohe Flamme schlug empor; es handelte sich um einen sogenannten Benzinbehälter.

Einige Zimmer, in denen die Familien Schwert und Verst wohnten, fingen Feuer. Frau Schwert trug erhebliche Brandwunden an Kopf und Armen davon. Dem Kind der Frau Verst, deren Mann in Amerika in Kriegsgefangenschaft ist, brannten die Haare fast vollständig vom Kopf.

Um das Bahnhofsgebäude herum gab es unzählige Einschläge: In Lambers Haus, die Fuhrwerkswaage, das Konsumlager, die Apfelbäume am Bahnhof und einen Anhänger. Unter dem Anhänger hatte Bernard Krone mit seinem vierjährigen Sohn vor dem überraschenden Angriff Schutz gesucht. Sieben Geschosse durchschlugen den Anhänger, doch kamen beide unverletzt davon.

Nach Aussage von Herrn Bernard Krone Jun. war damals auch Richard Endemann in der Nähe. Er weigerte sich, unter dem Anhänger in Deckung zu gehen! Wahrscheinlich war er zu sehr begeistert und neugierig, diesen Angriff zu sehen. Er wollte nichts verpassen, wobei er die riesige Gefahr offensichtlich nicht erkannte.

Die Flugzeuge hatten ihr Ziel aus verschiedenen Richtungen angeflogen, was aus den überall herumliegenden leeren Patronenhülsen hervorging. Zwei Flugzeuge waren bereits über unserem Hause zum Schuß gekommen, denn auch bei uns lagen leere Hülsen.

Den ganzen Tag über waren die Flieger rege tätig, überall hörte man Bordwaffengeknatter. In der Nähe unseres Hauses hörten wir nachmittags um 3.00 Uhr einen sehr scharfen Knall. Leute haben gesehen, wie ein Flugzeug eine kleine Bombe abwarf, die unter grellem Lichtschein explodiert sei.

So war der Angriff, so bedauerlich die Opfer desselben auch sind, doch einigermaßen glimpflich verlaufen. Auch die Brandbombe war günstig gefallen, so daß ein rasches Löschen möglich war.

In Nortrup (bei Quakenbrück) ist der Bahnhof am gleichen Tag durch eine gleiche Brandbombe vollständig ausgebrannt; vor dem Bahnhof Spelle lagen zwei weitere Brandbomben.

Notizen
3

Salzbergen verwüstet

Die ersten Bomben in der weiteren Umgebung fielen bereits in der Nacht zum 20. Mai 1940 in Salzbergen. Die Engländer versuchten, das Ölwerk zu treffen. Neugierige, aber auch Experten, kamen von nah und fern, um sich die Wirkung von Fliegerbomben anzusehen.

Kein Vergleich zu dem späteren Angriff, den mein Vater nachfolgend beschreibt:

7.3.1945 (Mittwoch)

Heute gegen Mittag, da ich dieses schreibe, ist wieder Vollalarm. Bei etwas aufgeklärtem Himmel ziehen feindliche Jäger- und Bomberverbände hoch oben gegen Osten. Es kann heute noch wieder recht lebhaft werden. Wir müssen mal abwarten.

Vorgestern, montagabend, rief hier der Bürgermeister an, er hätte gerade von Lingen telefonischen Bescheid bekommen, daß für unseren Karl sofort eine Stammrollen-Aufzeichnung[1] mit zwei Lichtbildern angelegt werden müsse. Dieselbe müsse morgen (also gestern) schon in Lingen beim Landratsamt sein.

Da Karl der einzige in Spelle war, der eine solche Aufforderung erhielt, war uns die Sache unerklärlich. Die Post am gestrigen Vormittag brachte uns Klarheit: Sie brachte uns einen Musterungsbefehl für Karl (15 Jahre alt), wonach er schon morgen nach Lingen zur Musterung muß.

---

[1] Die Stammrolle diente der Erfassung Wehrpflichtiger.

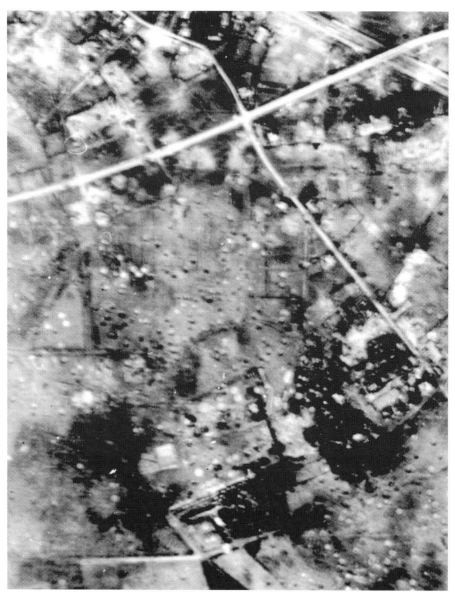

Am 14. März 1945 gemachte Luftaufnahme des Ölwerkes Salzbergen.
Von links nach schräg oben die B 65, die Straße nach Neuenkirchen kreuzend.
(Bild 41, Archiv des Heimatvereins Salzbergen)

Nach dem Angriff am 6. März 1945 sah es im Ölwerk Salzbergen schlimm aus.
(Bild 42, Archiv des Heimatvereins Salzbergen)

Aber die Post brachte noch mehr Unangenehmes. Eine Karte von Anton vom 22.2.1945 und einen Brief vom 21.2.1945, wonach Anton trotz seiner schwachen Gesundheit und seiner Blindheit auf dem rechten Auge auf dem Weg zur Ostfront war. Die Karte hatte er bereits aus Halle geschrieben.

Anton hatte noch nicht auf Linksschießen umgelernt, hatte überhaupt noch keine praktische Ausbildung seit seiner Verwundung gehabt.

Kaum hatten wir uns von der ersten Bestürzung erholt, als auch schon der Bürgermeister und Lehrer Weber mit dem Formular ankamen, um für Karl die nötigen Aufzeichnungen zu machen.

Nachmittags fuhr Altendeitering nach Lingen, um für Karl zu reklamieren.

Es hat Tage gedauert, bis die Brände gelöscht waren
(Bild 43, Archiv des Heimatvereins Salzbergen)

Gestern mittag, kurz nach 12 Uhr, tauchten trotz bedecktem Himmel plötzlich feindliche Bomber auf. Unmittelbar darauf fielen eine Reihe Bomben, so daß unsere Fenster und Türen bebten. Als wir nach draußen eilten, sahen wir in Richtung Salzbergen riesige Rauchwolken emporsteigen.

Gleichzeitig fielen dauernd ganze Bombenteppiche, man konnte die einzelnen Einschläge nicht mehr unterscheiden. Dann schoß eine große Stichflamme zum Himmel empor.

Eine schwere Flakgranate krepierte in der Nähe als Aufschlag. Nach etwa 20 Minuten hörte das schwere Bombardement auf, und wir konnten aus dem Keller herauskommen.

Wir zweifelten nicht daran, daß die Ölfabrik in Salzbergen bombardiert war, die bei dem letzten Angriff vor 3 Wochen nicht viel gelitten hatte. Den ganzen Nachmittag stiegen dichte Rauchwolken auf, und als es abends dunkel war, war der Himmel rot erleuchtet.

Gestern nachmittag kamen auch einige Sanitätsautos hier vorbei, die zu unserem Krankenhaus fuhren. Sie hatten Verwundete gebracht. Eine Frau war schon unterwegs gestorben, eine andere starb bald nach der Einlieferung in unser Krankenhaus. In dieser Nacht starben noch zwei weitere Personen an den schweren Verwundungen.[2]

Inzwischen hörten wir auch einige Einzelheiten über das schwere Unglück, das über Salzbergen hereingebrochen war. Das ganze Dorf ist so gut wie zerstört, und über 100 Personen sollen zu Tode gekommen sein. Ferner ist die Kirche, außer dem Turm, zerstört, ebenfalls der Bahnhof.

Die Ölfabrik ist vollständig vernichtet; die Öltanks brennen auch jetzt noch, 24 Stunden nach dem Angriff. Das ganze Gebiet des Dorfes und der Ölfabrik ist von großen Bombentrichtern übersät. Man spricht davon, daß etwa 6000 Bomben gefallen sind, also im Durchschnitt pro Sekunde etwa acht Bomben. Ganze Familien sollen umgekommen sein, so auch eine Familie mit sieben Kindern. Doch muß man erst einmal genauere Angaben abwarten.[3]

9.3.1945 (Freitag)

Gestern, am 8.3., abends, waren die Ölbehälter in Salzbergen noch nicht gelöscht. Vorgestern abend hörte man auch Genaueres über die Verluste. Es sind an die 50 Tote, wovon 30 bereits aus den Trümmern geborgen sind. Die Zerstörungen sind furchtbar. Im Dorf selbst steht kaum noch ein Haus. Die schöne Kirche hat vor dem Altar einen Volltreffer bekommen.

---

[2] Das Sterberegister der kath. Kirchengemeinde Spelle verzeichnet folgende Personen:
    Stephan Strauß, polnischer Zivilarbeiter, 29 Jahre alt.
    Johannes Albers, Schuhmachermeister, 60 Jahre alt.
Beide wurden zunächst auf dem Speller Friedhof beerdigt.

[3] Insgesamt gab es etwa 60 Tote unter den Einwohnern Salzbergens. Die NSDAP veranstaltete eine große Trauerfeier zur Ehrung der Bombenopfer. Für die Betroffenen war das kaum ein Trost.

Die Trauerfeier für die Opfer der Luftangriffe auf Salzbergen
(Bild 44, Archiv des Heimatvereins Salzbergen)

Die Verluste wären noch viel größer gewesen, wenn die Salzbergener nicht seit längerer Zeit stets bei Vollalarm geflüchtet wären, besonders diejenigen, die in der Nähe der Ölfabrik wohnen.

Heute vormittag war wieder ein größerer Angriff auf die Gegend von Rheine, wahrscheinlich auf den Rangierbahnhof. Es standen zahlreiche Abwurfzeichen am Himmel, von den Bombern geworfen. Ich habe dieselben photographiert[4].

---

[4] Leider sind diese Fotos heute nicht mehr auffindbar.

Notizen
4

Das Nahen der Kriegsfront

22.3.1945 (Donnerstag)

Feindliche Fliegerverbände bombardierten die umliegenden Flugplätze. Auf dem Flugplatz Dreierwalde gab es etwa 70 Tote, viel Bordwaffenbeschuß. Der Rangierbahnhof Rheine ist auch bombardiert worden.

24.3.1945 (Samstag)

Heute erreicht die feindliche Fliegertätigkeit ihren Höhepunkt. Viele Bomben wurden auf folgende Flugplätze geworfen:

Der Bahnhof Rheine nach dem großen Bombenangriff am 9. März 1945.
Ganz rechts im Bild das Bahnhofsgebäude und die Unterführung.
(Bild 45, aus dem Buch „fünf vor null" von Helmut Müller)

Dreierwalde
Achmer
Fensterberg bei Fürstenau
Plantlünne
Klausheide
Rheine-Bentlage

Die Fenster und Türen zitterten den ganzen Vormittag. Es gingen Gerüchte um über feindliche Luftlandungen und Rhein-Überquerungen. Der Volkssturm wurde in Alarmzustand versetzt.

Inzwischen begann am 23./24. April 1945 die letzte große Offensive der Westmächte. Der Rhein wurde an vielen Stellen überschritten, insbesondere auch im Raum Wesel. Die Aktion „Plunder" begann.

25.3.1945 (Sonntag)

Nur geringe Fliegertätigkeit. Wir hörten, daß Coesfeld durch feindliche Flieger in mehreren Angriffen total zerstört sei. Über meinen Bruder Karl, der dort wohnt, war nichts zu erfahren. Wir sind beunruhigt über sein Schicksal.

Der Überlandstrom ist meistens gestört. Über das Vordringen der feindlichen Truppen gehen die unterschiedlichsten Gerüchte um.

26.3.1945 (Montag)

Schon seit Mitte voriger Woche bauen wir zwei Panzersperren, die eine bei Schütte-Muer und die andere unmittelbar vor der Aa-Brücke links der Aa.

Kiefernstämme (ca. 25 cm Durchm.) wurden 1,10 m tief in den Boden eingegraben, an jeder Seite der Straße, (Siehe Skizze). Sie ragen 1,90 m aus dem Boden heraus. Der Innenraum wurde mit Sand ausgefüllt. Im Ernstfall werden 10 bis 15 cm starke Kiefernstämme eingelegt, um so die Straße abzusperren.

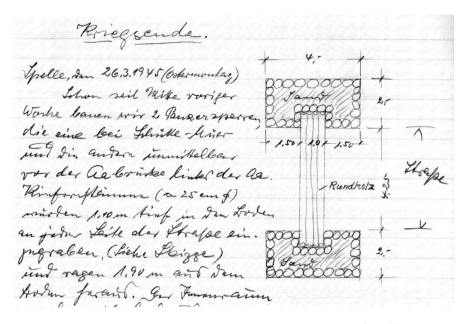

Das ist ein typischer Ausschnitt aus den Aufzeichnungen meines Vaters.
In die Sütterlinschrift sind Lateinbuchstaben eingestreut.
(Bild 46)

Auch in den umliegenden Dörfern werden ähnliche Sperren errichtet. Der Wert dieser Sperren wird von der Bevölkerung sehr angezweifelt, ja man macht sich sogar lustig darüber.

Es gibt niemand, der an die Widerstandskraft dieser Sperren glaubt, zumal es ja auch genügend Ausweichmöglichkeiten gibt. Das Holz wurde im Speller Sand (Staatsforsten) gefällt, und die Bauern mußten es anfahren.

Gestern abend mußte die Volkssturm-Kompanie Spelle-Venhaus vor dem Hof Wöhle (auf dem Osterbrink) antreten.

Es sollte ein Major kommen, eine Ansprache halten und den neuen Dienst regeln. Er kam aber nicht, und ein Oberleutnant von der Flak vertrat ihn. Dieser gab bekannt, daß wir von nun an der Flak unterstellt seien und gegebenenfalls den Kanal von der Venhauser Brücke bis Hanekenfähr mit der Flak zusammen verteidigen müßten.

In den nächsten vier Wochen solle in jeder Woche vier Stunden Dienst an MG, Gewehr und Panzerfaust gemacht werden, und zwar an zwei Abenden je Woche von 6.00 bis 8.00 Uhr. Im ganzen also 16 Stunden

28.3.1945 (Gründonnerstag)

Heute waren unser Kriegsgefangener Remo (Raymond) und ich zu unserem Busch gegangen, um an der Einfriedigung zu arbeiten.

Plötzlich kam Tochter Klara mit der Nachricht, daß Remo sofort nach Hause kommen müsse. Er müsse für sieben Tage Verpflegung mithaben und sofort mit den anderen Gefangenen abtransportiert werden.

Als ich zu Hause ankam, war auch schon die Nachricht da, daß die Hitlerjugend, sofern älter als 13 ½ Jahre, sich ebenfalls abends um 6.00 Uhr bei der Schule zum Abtransport versammeln müsse.

Alle Eltern waren darüber äußerst erbost. Auch wußten manche nicht, wo sie die Verpflegung hernehmen sollten, da auch diese Jungen (Kinder) für drei Tage Verpflegung mitbringen mußten. Zuletzt wurde beschlossen, alle Jungen hierzubehalten.

Herbert Jörgens berichtet, daß auch er als 14-jähriger mit einem Rucksack losgezogen sei. Sein Vater hatte ihm vorher empfohlen, sich als Ortskundiger beim Marsch durch das Moor nach Möglichkeit abzusetzen, um dann zuhause versteckt zu werden.

Hans Roelfes und August Vehr verwickelten den HJ-Führer aus Bexten, der die Gruppe nach Freren bringen mußte, in eine Diskussion, wobei sie einen „Berechtigungsschein" sehen wollten, daß er überhaupt ermächtigt sei, den Trupp zu führen. Sie machten sich dann an Schusters (Brüggemann) Hecke entlang aus dem Staub und versteckten sich.

Bei Ibbenbüren in Gefangenschaft geratene Soldaten, von den Engländern photographiert. Wären die Speller Kinder auch dabeigewesen?
(Bild 47, Imperial War Museum, London)

Die Väter erreichten schließlich nach erregter Diskussion, daß alle Speller Kinder hierblieben. Sie sollten am Abend noch bis nach Freren und von dort am anderen Morgen um 6.00 Uhr mit einem LKW weitertransportiert werden.

Hans Roelfes kann sich erinnern, daß diejenigen aus anderen Orten, die wirklich losgegangen sind, in Ibbenbüren zum Einsatz gekommen sind.

29.3.1945 (Karfreitag)

Heute wurde in der Nacht zum Karfreitag plötzlich um 1.00 Uhr nachts hart an unsere Tür geklopft. Als ich aufmachte, kamen fünf Soldaten herein, die bereits einige Lastwagen auf unseren Hof gefahren hatten.

Sie legten sich in unserer Stube auf den Fußboden und schliefen. Sie erzählten, daß die Engländer bereits bis Coesfeld vorgerückt seien.

Am Karfreitag war alles verhältnismäßig ruhig. Wir hatten das ganze Haus voll Soldaten. Draußen standen zahlreiche Lastwagen herum. Auf dem einen lag noch ein toter deutscher Soldat, der bei einem Lastwagenunglück in Wettringen umgekommen war.

30.3.1945 (Karsamstag)

Heute zersägten die Lastwagenfahrer unser trockenes Brennholz sämtlich zu Tankholz (Brennstoff für die Militärlastwagen). Wir erhielten dafür 60,00 RM.

Es gehen Gerüchte um, daß der Engländer bereits bei Elte und Wettringen sei. Der Volkssturm mußte die Panzersperren bewachen, andere waren weg zum Gefangenentransport.

Auf den umliegenden Flugplätzen sind Sprengkommandos tätig. Startbahnen, Gebäude usw.

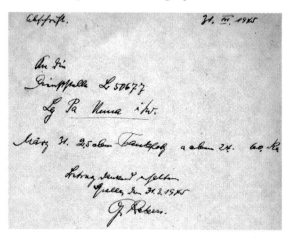

Die Quittung für „Tankholz". Alle Lastwagen fuhren mit Holzgas.
(Bild 48)

werden in die Luft gesprengt. Die ganzen Ostertage über in einem fort schwere Sprengungen, die auch nachts weitergehen.

Ich fühlte mich den ganzen Tag über sehr müde und abgespannt, abends merkte ich, daß ich Fieber hatte (38,8 Grad) und meldete mich beim Kompanieführer des Volkssturmes krank.

1.4.1945 (Ostersonntag)

Heute wurde morgens bekannt, daß Neuenkirchen besetzt sei. Auch bis in die Nähe von Ibbenbüren soll eine Panzerspitze vorgestoßen sein. Alle waren in Spannung.

Stürmisches Wetter mit Regen verdarb den letzten Rest der Osterstimmung. Trotzdem hatte der Osterhase im Garten noch einige Ostereier gelegt. Die Kleinen freuten sich sehr.

Ich mußte den ganzen Tag das Bett hüten. Gegen Abend zogen die Lastwagen weiter; das gab etwas Platz im Hause. Der Bataillonsstab, der sein Geschäftszimmer in unserer besten Stube hatte, machte sich fertig zum Abmarsch.

2.4.1945 (Ostermontag)

An Grippe erkrankt liege ich zu Bett, ich schreibe dies im Bett. Die Engländer stehen dicht vor Rheine. Es wird gesagt, daß Rheine bis auf's äußerste verteidigt werden soll.

Die Artillerie beschießt bereits Rheine. Beide Emsbrücken sind gesprengt, ebenfalls die Eisenbahn-Kanalbrücke und die Straßenbrücke etwa 200 m kanalaufwärts.

Am Abend wurde gemeldet, daß Rheine links der Ems besetzt sei, ohne große Verluste und Zerstörungen.

3.4.1945 (Dienstag)

Es wird gesagt, daß Rheine ganz besetzt sei und die Panzerspitzen bei Rielmann am Kanal stünden. In der Nacht seien ziemlich schwere Häuserkämpfe, besonders in der Gegend der Basilika, gewesen.

Abends standen die Engländer an der Kanalbrücke bei der v. Gescher'schen Gutsverwaltung.

Die schweren Sprengungen dauern Tag und Nacht immer noch an. Die kleine Kanalbrücke (alte) wurde gesprengt. Auch in der Gegend von Mettingen ist der Feind vorgedrungen. Ibbenbüren ist besetzt, Osnabrück erreicht.

5.4.1945 (Donnerstag)

Ich bin immer noch grippekrank, stand aber um 10.00 Uhr vom Bett auf. Der Appetit ist noch schlecht, und ich habe soeben nur wenig gegessen.

Draußen ist es so ganz anders als sonst. Der Himmel ist bedeckt, und zeitweise fällt etwas Staubregen nieder.

Von Dreierwalde her hört man die englische Artillerie. Soeben kam durch einen Kurier die Nachricht, daß Dreierwalde besetzt sei. Die Leute sind hier voller Erwartung. Kein Mensch läßt sich draußen sehen. Jeder ist im Haus oder in der Umgebung seines Hauses. Wird der Feind in Richtung Hopsten weiter vorgehen oder zu uns kommen?

In der Stube nebenan, in unserer Küche und Waschküche und auf dem Platz befinden sich überall deutsche Soldaten. Sie sind von der 55. Division Großdeutschland[1] und gehören zum Troß und zur Feldküche. Die Fahrzeuge stehen in der Durchfahrt und auf dem Platz.

---

[1] Es muß ein Hör- oder Schreibfehler gewesen sein: Es handelte sich um die 15. Panzergrenadierdivision, der das Großdeutschland-Regiment Wackernagel unterstellt war.

So sahen unsere schönen Aa-Brücken nach der Sprengung aus. Wahrscheinlich zeigt dieses Foto die Brücke in Venhaus im Zuge der heutigen Dorfstraße.
(Bild 49)

Vorige Nacht war es sehr lebhaft, ich habe nur sehr wenig geschlafen. Die deutsche Artillerie, rings um unser Dorf aufgestellt[2], schoß viel. Auch wurden noch schwere Sprengungen ausgeführt. Gestern fühlte der Feind den ganzen Tag über gegen den Kanal vor; in der Gegend der Altenrheiner Schleuse fanden ziemlich schwere Kämpfe statt, in denen es allerhand Verluste gab. Einige Trupps Gefangene, im ganzen etwa 25 Mann, kamen hier gegen Mittag vorbei. Die Bauern mußten gestern Verwundete und Munition fahren. Der Venhauser Brückenkopf wechselte mehrmals den Besitzer. Im Laufe des gestrigen Vormittags hörte man in Richtung Lingen schweren Kanonendonner. Es wird gesagt, daß Lingen zum größten Teil besetzt sei.

---

[2] Schwere Artillerie stand im Ortsteil England, hauptsächlich auf dem Hof Hubert Reker. Kleinere Geschütze befanden sich aber auch an vielen anderen Stellen, hauptsächlich im Gebiet Wällkenstraße.

Vor zehn Minuten, am 5.4. um 1.50 Uhr, flog die schwere, erst 1927 neu erbaute Eisenbetonbrücke in die Luft.

Gleich darauf setzte Artillerie-Feuer auf unseren Ort ein. Etwa 15 Granaten, Kaliber etwa 15 cm. Sie gehen bei Bernh. Lemkers, Aftings Garten, Muer, Ww. Fleege und auf dem Kirchhof nieder. Bei Fleege ist eine Frau[3] verwundet, bei Muer eine Kuh tot. Fleegens Haus und Scheune sind schwer beschädigt.

Bald darauf heftiges Artillerie-Feuer auf Dreierwalde. Vorher viel MG-Feuer. Etwa eine Stunde nach diesem Angriff kommen Hunderte von Infanteristen hier an, sie werden nach Schapen beordert.

Drei Panzer, die bei Göke und Rekers (Aa) standen, wurden abgezogen, und wir rechneten mit dem sofortigen Einrücken der Engländer. Doch dann wurde das Gelände am Bahnhof neu besetzt und die Lage für uns gefährlich. Wir übernachteten im Keller.

Doch verlief die Nacht ziemlich ruhig. In Richtung Rodde-Hörstel Brände. Scheinwerfer strahlten über der Front.

---

[3] Es handelte sich um Frau Altmann. Ihr Fuß mußte amputiert werden.

Notizen
5

Drei Tage Frontlinie an der Speller Aa

6.4.1945 (Freitag)

Es war morgens zunächst sehr ruhig, dann aber in Richtung Hopsten und Plantlünne-Beesten Artillerie- und MG-Feuer. Einige sprechen davon oder

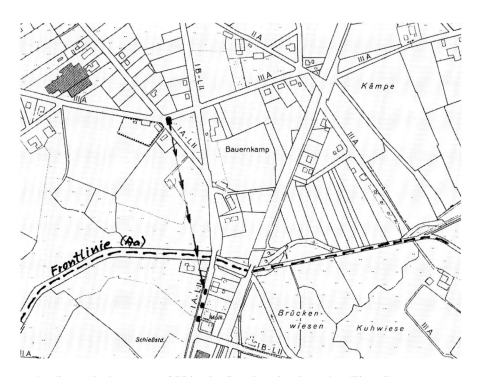

In dieser Flurkarte von 1955 ist der Standort des deutschen Tiger-Panzers vor dem Haus Aug. Göke eingetragen. Die drei englischen Panzer fuhren an der Molkerei vorbei zur gesprengten Brücke. Der deutsche Panzer hatte freies Schußfeld, das Haus Hans Krone gab es noch nicht.
Zwei der drei Panzer wurden abgeschossen.
(Bild 50)

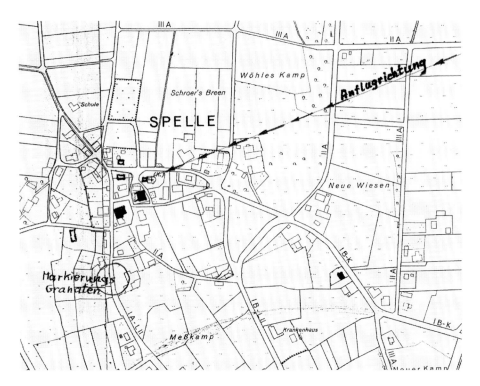

Der Jabo-Angriff am 6. April 1945.
Die abgebrannten oder beschädigten Häuser sind dunkel hervorgehoben.
(Bild 51)

vermuten vielmehr, daß wir hier wohl eingeschlossen werden könnten.

In der letzten Nacht wurde auch die Eisenbahnbrücke gesprengt. Sie liegt geknickt auf dem zerstörten Mittelpfeiler. Fußgänger können herüber gehen. Steinbrocken liegen ringsherum.

Heute Nachmittag um 1 Uhr wurden plötzlich feindliche Panzer gemeldet, die auf der Dreierwalder Straße im Anmarsch seien. Wir flüchteten sofort in den Keller. Bald MG-Feuer vom feindlichen Panzer aus.

In dem Moment, als der Panzer bei der Molkerei um die Ecke drehte, begann unser einziger Panzer, der bei Aug. Göke an der Straße Aufstellung genommen hatte, zu schießen.

Die abgebrannten Stallungen des Hauses Muer
(Bild 52, Foto von Familie Muer)

Gleich bei den ersten Schüssen war der feindliche Panzer erledigt. Aus dem Hinterteil schlugen Rauch und Flammen. Zwei weitere Panzer[1], die mitgefahren waren, drehten rasch um und entkamen.

Etwa 20 Minuten später setzte wieder wie gestern Artillerie-Feuer ein (vielleicht zur Vergeltung). Wir erhielten Einschläge vorn im Garten, neben dem Haus und in Venberts Wiese. Viele Fensterscheiben zerbrachen. Viele Granaten platzten im Dorf.

Frau Sombecke an der Straße nach Venhaus wurde durch einen Granatsplitter tödlich getroffen. Den ganzen Nachmittag lebhafte Kampftätigkeit. Auch rege Fliegertätigkeit, die deutsche Artillerie schoß lebhaft.

---

[1] Den zweiten abgeschossenen Panzer konnte man von unserem Haus her nicht sehen.

Abends um 7.00 Uhr wurde die Lage für Spelle sehr kritisch. Leichte Artillerie schoß eine größere Anzahl roter Nebelgranaten ab, die im Dorf krepierten und einen roten Schein erzeugten. Das ganze Dorf war in eine Art Rotglut gehüllt. Gleich darauf erschienen Jagdbomber, die leichte Spreng- und Brandbomben abwarfen. Gleichzeitig schossen sie mit Bordwaffen.

Es hörte sich unheimlich an, als in schneller Reihenfolge ein Bomber nach dem anderen niedersauste und im Sturzflug unter Krachen und Rattern über unser Haus flog. Wir drückten uns eng an die Kellerwände, ahnten aber nicht, was draußen vorging.

Kurz danach kam Onkel Alois zu uns in den Keller und sagte, daß im Dorf ein großer Brand entstanden sei. Bald hörten wir, daß die Häuser Frankmölle und Muer in Flammen aufgingen. Bei Vehr hatte man den Brand gelöscht. Lemkers (Roelfes) hatten auch durch die Bomben schwer gelitten.

Auch die Kirche hatte einen Treffer erhalten, und die Orgel war schwer beschädigt. In der Nacht zum Samstag, dem 7.4., hat der Feind stark mit Artillerie geschossen. Ein Treffer ging etwa 12 m neben unserem Hause in Küthen Wiese. In der Nacht waren wir immer im Keller, ebenfalls am Tag vorher.

7.4.1945 (Samstag)

Heute wieder lebhafte gegenseitige Schießerei mit Granatwerfern. Vormittags setzte ein feindlicher Flieger Evers[2] Haus in Brand. Am Bahnhof bei Aftings auch ein Brand.

Von unserer Artillerie und unseren Panzern zahlreiche Treffer in den Häusern am Bahnhof. Das Haus an der Molkerei und Krones Haus ziemlich beschädigt.

---

[2] Besser bekannt unter dem Namen "Trienen August". Das Haus wurde später wieder aufgebaut und von Pastor Nieborowski bewohnt.

Nachmittags lebhafte Tätigkeit der Scharfschützen. Man durfte sich nicht draußen sehen lassen. Den ganzen Tag über haben wir uns wieder im Keller aufgehalten, inzwischen rege Artillerie-Tätigkeit.

In unserem Kirchturm hatten die Engländer einen Beobachtungsposten entdeckt. Da der Kirchturm beim gestrigen Jagdbomberangriff nicht so recht getroffen wurde (eine Bombe fiel in den Schießstand bei Frankmölle), fuhren die Engländer hinter Lambers Kamp einige Panzer auf und erzielten zehn Treffer im Turm. Das Mauerwerk des Turmes und das Kirchendach wurden schwer beschädigt. Der Turm drohte umzustürzen.

Abends um 6.00 Uhr kam ein Melder zu uns in den Keller und sagte, daß wir das Schlimmste wohl überstanden hätten.

Wir rechneten mit einem Rückzug unserer Soldaten vom Aa-Ufer oder einem Durchbruch der feindlichen Panzer, die sich auf dem Bahnhofsgelände und hinter der Bahn zahlreich angesammelt hatten.

Sie planten scheinbar über die eingestürzte Betonbrücke hinweg einen Angriff. Wir hatten keine Panzer mehr hier, dieselben waren am frühen Morgen weggefahren.

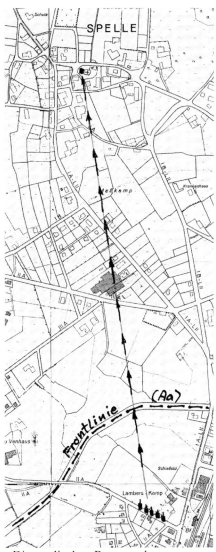

Die englischen Panzer schossen vom Wall an Lambers Kamp her auf den Turm. Damals gab es nur die Häuser Krone, Lambers, Konsum, Breukmann und den Bahnhof.
(Bild 53)

Der angeschossene Kirchturm von Muer aus gesehen. Oberhalb des Fensters sind deutlich zwei Einschüsse erkennbar. Rechts fehlt das Mauerwerk ganz, und man kann beim Schallfenster durch den Turm hindurchsehen.
(Bild 54, Foto von Familie Muer)

In der Nacht zum Sonntag lebhafte Tätigkeit der feindlichen Granatwerfer. Wir schliefen alle im Keller und ahnten nicht, daß etwa 20 Granaten nahe bei uns explodierten, außer den vielen anderen, die in der weiteren Umgebung niedergingen. Unsere Lagerschuppen hatten drei Treffer erhalten.

Notizen
6

Weißer Sonntag 1945: Einrücken der Engländer

8.4.1945 (Weißer Sonntag)

Frl. Rosemann[1] kam morgens und sagte, daß der Tommy an der Brücke stehe und unsere Soldaten abgerückt seien. Es war ruhig geworden, und kein Schuß war mehr zu hören.

Es schien aber, daß der Feind vom Abrücken unserer Truppen noch keine sichere Kunde hatte, und so bestand die Gefahr weiter, daß er noch durch Beschießung mit seiner zuletzt sehr zahlreich aufgefahrenen Artillerie und durch weitere Fliegerangriffe unser Dorf zerstören würde.

Einige gefangene Franzosen, darunter auch unser Remo, gingen daher zu den Engländern hinüber und meldeten ihnen, daß unser Dorf geräumt sei. Es war heute morgen um 10.00 Uhr, daß in Begleitung unserer Gefangener zwei Trupps Engländer in Stärke von je 10 bis 20 Mann über die Brücke kamen.

Vorsichtig nach allen Seiten spähend und hinter den Straßenbäumen oft im Anschlag kniend, näherten sie sich den einzelnen Häusern. In der Nähe unseres Hauses waren sie angesichts der zahlreichen Lagerschuppen besonders vorsichtig. Zwei Mann kamen mit angeschlagenem Gewehr durch Flur und Küche zu uns in die Waschküche, wo wir uns aufhielten.

Dann sahen sie alle Zimmer durch und fragten, ob noch Soldaten im Hause seien. Karl antwortete auf englisch, daß keine Soldaten mehr im Ort seien. Weiter fragten sie, ob wir Waffen im Hause hätten. Als die beiden dann unser Haus verließen und wir ihnen nach draußen folgten, sahen wir, daß ein Soldat mit seinem Gewehr durch die Fenster unserer besten Stube im Anschlag lag.

---

[1] Frl. Rosemann war Lehrerin in Spelle.

Das ist Raymond Leger, unser französischer Kriegsgefangener. Wir nannten ihn „Remo". Er ging mit einigen Kameraden den Engländern über die Aa entgegen, holte sie ins Dorf und hat vielleicht viel Unheil von Spelle abgewendet. Unsere ganze Familie besuchte ihn überraschend im Sommer 1976 in Mal Val (Nähe Limoges). Neulich erfuhren wir, daß er vor etwa fünf Jahren verstorben ist.
(Bild 55)

Draußen lagen hinter den Straßenbäumen und der Gartenmauer ebenfalls mehrere Soldaten mit schußfertigem Gewehr.

Dann gingen die Soldaten weiter zum Dorf, unterwegs alle Häuser kontrollierend. Wir sahen, daß aus dem Dorf eine Anzahl Speller den Engländern mit einer weißen Fahne entgegenging. Gleichzeitig passierte der zweite Trupp Engländer die Straße vor unserem Haus in Richtung Dorf.

Die Besetzung ging ohne jede Reibung vonstatten. Bald fühlten sich die Soldaten sicherer, und alles ging schneller und leichter.

Wir konnten während des ganzen Tages frei im Dorf herumgehen. Bald kamen auch einige feindliche Autos, die aber an der gesprengten Brücke umkehren mußten.

An den folgenden Tagen hörten wir, besonders in Richtung Mettingen-Halverde, immer noch schweres Geschützfeuer. Erst am Mittwoch, 11.4.1945, entfernte es sich, und nach einigen Tagen war nichts mehr zu hören.

Am Weißen Sonntag fehlte uns vieles; keine Orgel, keine Kirchenglocken mehr, kein Gottesdienst, kein Eisenbahnverkehr, keine Zeitung, kein Radio, keine Post, kein Strom, kein Licht, keine Brücken.

Gleich am Weißen Sonntag besichtigte ich mit dem Pastor Thye und dem Gemeindevorsteher Kösters die Kirche. Mühsam erkletterten wir die mit Schutt überhäuften Treppen und gelangten bis zur Orgel, die fast ganz zerstört war.

Weiter kamen wir zur Turmuhr, die ebenfalls schwer gelitten hatte. Daneben lag im Schutt die kleine Glocke; die einzige, die uns nach Abgabe der beiden größeren Glocken noch verblieben war.

Darauf begaben wir uns höher zum Glockenstuhl. Hier waren die Zerstörungen am größten. Der Turm mußte abgesichert werden, um einen Absturz zu vermeiden.

Die Abstützung wurde gleich am anderen Tage notdürftig vorgenommen. Aber der Gottesdienst durfte in der Kirche trotzdem noch nicht abgehalten werden.

13.4.1945 (Freitag)

Heute war eine Kirchenvorstandssitzung. Es wurde in Erwägung gezogen, am Sonntag (15.4.1945) den Gottesdienst in Muers Scheune abzuhalten.

Trotz aller Schwierigkeiten sollte versucht werden, einen Dachdecker, der im Turmbau erfahren ist, heranzuziehen. Es wurde damit gerechnet, daß der Turm abgebrochen werden müßte.

Es war auch immer mehr bekannt geworden, daß die Engländer 60 Panzer und etwa 30 Geschütze aufgefahren hatten, um am Sonntagnachmittag, dem 8.4.1945, Spelle zu beschießen, wenn bis dahin unsere Truppen nicht abgezogen wären. Für Spelle war also im letzten Augenblick das Schlimmste abgewendet worden.

Ansicht von Nord-Osten, Mitte April 1945, nach notdürftiger Abstützung. Beschädigungen teilweise durch Jabos, mehr aber durch Panzergeschosse.
(Bild 56, von Gerhard Rekers in der Woche nach dem Einzug der Briten aufgenommen)

Muers Scheune, wie sie auch heute noch zu sehen ist. Vier Wochen lang fand hier der Sonntagsgottesdienst statt, bis zum 10. Mai 1945 (Christi Himmelfahrt).
(Bild 57)

15.4.1945 (Sonntag)

Heute waren zwei Hl. Messen in Muers Scheune. Die Scheune bot zwar viel Platz, war aber sonst wenig geeignet. Zum Glück regnete es erst nachmittags. Das Dach der Scheune war von Granatsplittern arg durchlöchert.

Inzwischen waren wir an unseren Gebäuden immer noch mit dem Ausbessern der Dächer beschäftigt, und als es am Sonntagnachmittag regnete, zeigten sich neue Leckstellen.

In unserem Busch waren auf dem erhöhten Weg zahlreiche Schützenlöcher gegraben. Das Häuschen war aufgebrochen, ebenfalls die Gerätekiste, die dahinter stand. Fast alle Gerätschaften waren entfernt.

Den gummibereiften Schiebkarren hatten unsere Soldaten bei Aug. Schweer[2] stehenlassen, der denselben nach meiner Bekanntmachung uns zurückbrachte.

In der Gegend des Osterbruchs machten des Abends englische Offiziere Jagd auf Wild, besonders auf Rehe.

Der Flugplatz in Dreierwalde war wieder soweit instandgesetzt, daß er von den Engländern benutzt werden konnte. Vom 14.4.1945 ab herrschte reger Flugbetrieb, besonders waren viele Jäger vertreten, die zu Dutzenden in der Umgebung des Flugplatzes Übungsflüge ausführten.

21.4.1945 (Samstag)

Nachmittags um 5.00 Uhr fuhren drei Engländer mit einem Auto hier auf unseren Platz. Sie durchsuchten das neue Lager und nahmen einen Teppich mit, der den Bombengeschädigten[3] gehörte. Auch unser Radio[4] wollten sie haben; da es aber von einem Granatsplitter getroffen war und keine Röhren hatte, wurde es uns belassen.

22.4.1945 (Sonntag)

Es war wieder in Muers Scheune Gottesdienst, eine Messe um 7.30 und eine um 10 Uhr. Es war stürmisches Aprilwetter mit Regenschauern. An vielen Stellen regnete es durch das zerschossene Dach. Wie viele andere aus Spelle hielt ich in dieser Scheune in diesem Jahr meine Ostern.

---

[2] an der Schapener Straße
[3] einer Familie Emmel aus Osnabrück
[4] Ich hatte alle Röhren herausgenommen und anderswo versteckt. Funktionierende Radios waren sehr begehrt und ein kostbares Gut. Als wir nach dem 27.4.1945 wieder Strom hatten, wurden sie nur abends zum Nachrichtenhören kurz verwendet. Den Engländern sagten wir, daß die Röhren von anderen Soldaten vorher mitgenommen worden seien.

Ansicht von Nordosten (Schröer's Seite). Der Betonrahmen ist eingebracht, das Dach teilweise erneuert. Das Mauerwerk fehlt noch.
(Bild 58, von Gerhard Rekers aufgenommen)

23.4.1945 (Montag)

Ich machte die Vorbereitungen für die Stützung unseres Kirchturmes. Ich habe nunmehr geplant, den Turm in der alten Form bestehen zu lassen und zur Verankerung und Verstärkung des Mauerwerkes im Inneren des Turmes, ebenfalls des Glockenstuhles, einen Eisenbetonträger anzubringen. Er sollte an der am meisten beschädigten Ostseite des Turmes durch Eisenbetonstützen auf festem Mauerwerk ruhen. Auf diesem ringförmigen Eisenbetonbalken soll der Turm dann abgestützt werden.

Während der Beton abbindet, soll das Kirchendach wieder hergestellt werden, damit möglichst bald wieder Gottesdienst in der Kirche abgehalten werden kann.

Leider werden alle Überlegungen sehr gestört durch die unaufhörliche Sorge um unseren Anton, von dem wir nun schon seit dem 10. März ohne Nachricht sind. Vorläufig werden wir auch noch ohne Nachricht bleiben, und das ist schwer zu ertragen.

Am Dienstag, Mittwoch und Donnerstag wird am Turm und am Kirchendach gearbeitet. Die fast vollständig zerstörte Orgel nebst Gebläse wurde abmontiert.

27.4.1945 (Freitag)

Es wurde mit dem Einschalen begonnen. Da der Orgelboden auch stark beschädigt ist, trugen wir uns mit dem Gedanken, denselben weiter in die Kirche hinein zu vergrößern und in Eisenbeton auszuführen. Vorläufig ist allerdings daran noch nicht zu denken.

Heute nachmittag wollten die Engländer bei uns einen Anhänger requirieren, sind aber so wieder fortgegangen. Heute, am 27.4., erhielten wir endlich wieder elektrischen Strom.

Ansicht von Südosten (Segers' Seite). Man beachte, wie damals Gerüste gebaut wurden. Die Arbeiten wurden im „Herrendienst" durchgeführt, die Bauern gaben für die Materialbeschaffung Schinken, Speck und Eier.
(Bild 59, von Gerhard Rekers aufgenommen)

Wir hörten die so lange entbehrten Nachrichten wieder:

> *Berlin eingeschlossen und zum Teil besetzt*
> *Stettin erobert*
> *Kämpfe in Bremen*
> *Kämpfe vor Emden*
> *Brünn von den Russen besetzt*
> *die Amerikaner vor der tschecho-slowakischen Grenze*
>   *und 70 km vor München*
> *die Franzosen im Vormarsch zum Bodensee*
> *in Italien feindlicher Durchbruch usw.*

Notizen
7

Von der Besatzungsmacht zum Bürgermeister ernannt

28.4.1945 (Samstag)

Am Samstag nachmittag kam der Bürgermeister Kösters und überbrachte mir die Nachricht aus Lingen (Landratsamt), daß ich zum Bürgermeister von Spelle ernannt sei, nachdem Bern. Krone mir schon am Tage vorher gesagt hatte, daß ich wohl vielleicht als Bürgermeister in Frage käme.

An
Herrn Gerhard Rekers
in
S p e l l e

Abschrift übersende ich zur Kenntnisnahme.
Ich ernenne Sie hiermit zum kom. Bürgermeister der Gemeinde Spelle und ersuche Sie, die Amtsgeschäft sofort zu übernehmen. Die Erledigung ist mir bis zum 1. Mai 1945 mitzuteilen. Diese Ernennung ist in der Gemeinde ortsüblich bekannt zu geben.

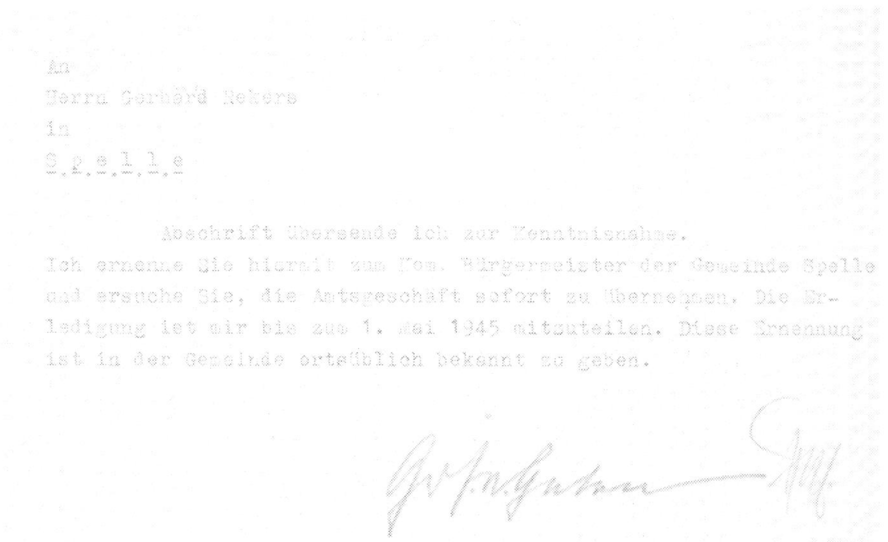

Sofort nach dem Einzug der Engländer wurde Graf von Galen zum Landrat des Kreises Lingen ernannt. Am 28. April 1945, drei Wochen nach der Befreiung von Spelle, erhielt Gerhard Rekers diese Ernennung zum Bürgermeister von Spelle.
(Bild 60, aus dem Kreisarchiv in Meppen)

30.4.1945 (Montag)

Ich war nach Lingen zum Landratsamt, um gegen meine Ernennung triftige Gründe vorzubringen.

Himmler hat ein Kapitulationsgesuch an England und Amerika gerichtet, hat aber keinen Erfolg, da es nicht auch gleichzeitig an Rußland gerichtet ist. Am Dienstag ein weiteres Kapitulationsangebot, über das zur Zeit noch nichts weiteres bekanntgeworden ist.

1.5.1945 (Dienstag)

Wir betonieren den Eisenbetonrahmen oben im Kirchturm, nachdem am Samstagnachmittag die beiden Betonpfeiler betoniert waren. Diese Eisenbetonkonstruktionen werden dem Turm wieder seine alte Festigkeit verleihen[1]. Heute nachmittag wird mit der Reparatur des Kirchendaches begonnen. Es fehlt noch an Bedachungsmaterial, das natürlich jetzt äußerst knapp ist.

Auf meiner gestrigen Fahrt nach Lingen sah ich viele Verwüstungen und Spuren des Krieges:

In Plantlünne die kleine Brücke vollständig, die große Eisenbetonbrücke über die Aa teilweise gesprengt, sonst geringe Schäden, hauptsächlich durch Brückensprengungen und einige Artillerietreffer.

Auf dem Flugplatz viele Zerstörungen, etwa 100 englische Flugzeuge parkten auf dem Flugplatz.

In Bramsche Artillerie-Treffer und Spuren des Krieges, die sich in Estringen bedeutend verstärkten.

Die Estringer Kapelle erhielt einen Treffer, eine Anzahl Häuser ist zerstört.

---

[1] Der Turm wurde am 21. Februar 1977 endgültig abgebrochen. Mein Vater erlebte es nicht mehr, er starb vier Jahre vorher.

Im Kreisarchiv in Meppen befindet sich dieses Original der Niederschrift vom 30. April 1945. Mein Vater war mit Herrn Bernard Krone sen. in Lingen. Beide machten die beschriebene Rundfahrt durch den Kreis Lingen. Weil teilweise schlecht leserlich, nachfolgend die Abschrift des Textes:
(Bild 61)

Es erscheint der Fabrikant Bernhard Krone aus Spelle und der Baustoffhändler Gerhard Rekers aus Spelle und tragen folgendes vor:
Ich, Rekers, bin als Bürgermeister der Gemeinde Spelle in Vorschlag gebracht. Das Amt kann ich aber leider nicht übernehmen, da ich seit etwa 2 Jahren kränklich bin. Der Zustand hat sich allmählich so verschlimmert, daß ich überhaupt kaum mehr Schlaf finden kann. Ich muß mich daher sehr schonen, kann keine Aufregung vertragen und muß alles tun, um zunächst eine Besserung meines Gesundheitszustandes zu erreichen. Zur Erläuterung meines Zustandes möchte ich noch bemerken, daß ich meine ganze Hoffnung auf meine beiden ältesten Jungens gesetzt habe, von denen leider der zweitälteste bereits gefallen und der älteste, obschon er bereits das rechte Auge im Felde verloren hat, z. Zt. wieder im Osten an der Front steht und ich nicht weiß, ob und wie er zurückkehren wird. Ich, Krone, erkläre hiermit, daß die Angaben des Rekers in vollem Umfange den Tatsachen entsprechen. Wir, die Unterzeichneten, können im Augenblick keinen anderen Vorschlag zur Besetzung des Bürgermeisteramtes machen, werden aber in Kürze darauf zurückkommen.

v. g. u.

B. Krone   Gerh. Rekers

Zwischen Estringen und Lingen starke Artillerie-Einwirkungen in den Tannenbeständen und an einzelnen Häusern.

In Lingen starke Zerstörungen im südlichen Stadtteil bis zum Marktplatz, dann besser, jedoch auch noch weitere Zerstörungen. Die Engländer sind mit Motorräumern und Hebekränen dabei, ganze Häuser[2] zum Straßenbau (Straße Lingen - Nordhorn) wegzutransportieren. Sonst in Lingen alles wieder einigermaßen im Fluß.

Wir fuhren weiter nach Lengerich. Unterwegs starke Artilleriezerstörungen, zerschossene und ausgebrannte Geschütze, Lastwagen und Panzer.

Brockhausen und Langen sind ziemlich beschädigt, Lengerich nach der Lingener Seite hin auch stark beschädigt. Mehrere Höfe und kleinere Häuser sind ausgebrannt, ziemlich starke Artillerie-Schäden auch an der kath. Kirche und dem Kirchturm.

Auf der Fahrt nach Freren weniger Beschädigungen. In Freren an der Straße zum Mühlberg schwere Schäden, ebenfalls die kath. Kirche ziemlich stark beschädigt, protest. Kirche weniger stark. Das Haus des Ortsgruppenleiters Eilert ist ganz ausgebrannt, das Haus des Autohändlers Staden vollständig zerstört.

---

[2] Bei den Engländern war es damals üblich, teilweise zerstörte oder auch nicht allzu stabile unversehrte Häuser abzutransportieren, um damit Löcher infolge Straßensprengungen aufzufüllen. In sehr kurzer Zeit waren die Straßen dann notdürftig wieder befahrbar. So steht im Buch "1100 Jahre Elbergen" auf Seite 489: .....*Den größten Kriegsschaden in der Gemeinde hatte Fam. Bernh. Kupers (Schneidermeister). Sie mußte ihr Haus binnen 2 Stunden räumen; dann wurde es von einem Bergungspanzer niedergewalzt und als Befestigungsmaterial für einen Weg am Ems-Vechte-Kanal entlang zur Ems benutzt. Für den Zweck rissen die engl. Soldaten auf dem Hof Richter auch die Hofmauer aus Ziegelsteinen ab..... .*
An der holländischen Grenze bei Oldenzaal waren ebenfalls Trichter in der Straße zu füllen. Dort nahm man das erstbeste Haus auf deutscher Seite der Grenze. Den befreundeten Holländern, zugleich Kampfgenossen gegen Deutschland, riß man natürlich keine Häuser ein.

Dieses Bild wurde am 8. April 1945 vom englischen Sergeanten Crocker aufgenommen. Es zeigt in Freren das Haus des Försters und Ortsgruppenleiters Eilert, eines strammen Nazis. Es wird gesagt, die Polen hätten es deswegen angezündet. Im englischen Text zu dem Bild heißt es: „Deutsche Zivilisten betrachten ihr brennendes Haus, in dem Ort Freren, nachdem es von der Gestapo angesteckt wurde". (Was sicher nicht stimmt).

(Bild 62, Imperial War Museum, London)

Unterwegs nach Messingen sind verschiedene Lastkraftwagen zerstört, sonst ist unterwegs und in Messingen selbst wenig von Zerstörungen zu sehen.

Ein Gruppenbild der hier in Spelle im Frühjahr 1945 einquartierten Engländer.
Es sind etwa 140 Soldaten auf dem Bild, also muß die Hälfte anderswo
in der Umgebung von Spelle untergebracht gewesen sein.
Auf der Rückseite des Originalfotos sind neun englische Anschriften verzeichnet.
(Bild 63, Original im Besitz der Familie Kerk)

2.5.1945 (Mittwoch)

Morgens kam durch's Radio, daß Hitler tot sei. Gegen Abend wurde durchgegeben, daß alle Truppen in Italien und West-Österreich bedingungslos kapituliert haben. Allerlei Gerüchte sind im Umlauf.

3.5.1945 (Donnerstag)

Es wurde nachmittags bekannt, daß Kerks Haus und die neue Schule geräumt werden müssen.

4.5.1945 (Freitag)

Ich sah um 11.00 Uhr vom Dach der Kirche aus, an deren Ausbesserung ich arbeitete, wie etwa 30 bis 40 englische Autos, zumeist Lastwagen, von Schapen her kommend, in unseren Ort einfuhren. Sie fuhren zum Spielplatz der neuen Schule und nahmen dort Aufstellung.

Da der Mannschaftsbestand anstelle der vorgesehenen 50 Mann etwa 70 Mann betrug, wurde außer den beiden Klassenzimmern der neuen Schule und Kerks Haus auch noch die Lehrerwohnung belegt. Lehrer Weber hatte vor dem Einzug der Engländer mit seiner Familie Spelle verlassen.

Es wurde bekannt, daß in Nordwestdeutschland, Holland, Dänemark, den nordfriesischen Inseln und Helgoland sämtliche Truppen bedingungslos kapitulieren wollten. Hamburg hat bereits kapituliert, Kiel und Flensburg sind zu offenen Städten erklärt worden.

Heute morgen wurde unser Ortsgruppenleiter Karl Rauen, Venhaus, nach Lingen befohlen, nachdem mit dem Ortsgruppenleiter B. Reker, Varenrode, dasselbe gestern abend schon passiert war. Beide sind im Amtsgerichtsgefängnis untergebracht.

Die sogenannte Entnazifizierung ging manchmal seltsame Wege. Einige wurden eingesperrt, nur weil sie irgendein Amt in der NSDAP angenommen hatten. Oft waren sie von der Bevölkerung eindringlich darum gebeten worden, nach der Argumentation: „Mach Du das doch, dann wissen wir, wen wir haben. Anderenfalls kriegen wir möglicherweise einen richtigen Nazi!"

Andere, die es eher verdient gehabt hätten, blieben ungeschoren. Alle versuchten, sich für einen „Mitläufer" auszugeben. Leider gab es zu viele Mitläufer, nur dadurch konnte Hitler an die Macht kommen.

Leute, die sich geweigert hatten, der NSDAP beizutreten, waren rar. Es war ein großes Anliegen der Westmächte, uns zur Demokratie zu erziehen. Man traute nur Leuten, die niemals in der NSDAP waren. So nahm es nicht wunder, daß mein Vater im November 1945 zum Mitglied des Kreistages ernannt wurde, dem ersten Kreistag nach dem Krieg.

```
Der Landrat                          Lingen, den 28. November 1945

An
    Herrn Kaufmann Gerhard Rekers
    in  S p e l l e


    Durch die Militärregierung 802 Lingen sind Sie zum Mitglied
des Kreistags des Kreises Lingen bestimmt worden. Die erste Sitzung
des Kreistags findet
                    am 5. Dezember 1945
in Lingen, vormittags um 10 Uhr im Sitzungssaal des Behördenhauses,
Meppenerstrasse, statt.
                    Zur Teilnahme lade ich Sie ergebenst ein.

                        gez. Graf von Galen
                              Beglaubigt!
                              K. ui
                              Kreisangestellte.
```

Die Ernennung zum Mitglied des Kreistages.
Die Parteien hatten sich noch nicht etabliert, Demokratie mußte erst gelernt
werden. Die Parlamentarier wurden von der Besatzungsbehörde ernannt!
(Bild 64, aus dem Kreisarchiv in Meppen)

Sein Gesundheitszustand hatte sich gebessert, er nahm das Amt an. Ernannter erster Landrat war nach wie vor Graf von Galen.

Nun weiter zu den Aufzeichnungen meines Vaters:

5.5.1945 (Samstag)

Wir machen wieder gute Fortschritte. Das Kirchdach ist bereits bis zum ersten Binder neu verlattet, und Montag sollen die Ziegel neu aufgehängt werden. In den nächsten Tagen wird Dachdecker Salzig aus Rheine kommen und das Schieferdach ausbessern, das durch Granatsplitter zahlreiche Leckstellen erhalten hat.

Onkel Alois und sein Sohn Paul fuhren heute morgen zusammen mit Doktor's Magd[3] um 6.00 Uhr mit dem Rad nach Coesfeld, damit wir endlich etwas über Onkel Karl erfahren. Die Bombardierung Coesfelds ist schon seit sieben Wochen vorüber.

6.5.1945 (Sonntag)

Wir warteten abends auf die Rückkehr von Bruder Alois aus Coesfeld. Endlich, um 10.30 Uhr, klopfte Paul an unser Fenster, als wir gerade die letzten Nachrichten hörten. Wir gingen sofort zu Onkel Alois und erfuhren zu unserer großen Freude, daß Karl und seine Familie selbst, sowie auch sein Haus, mit viel Glück alles gut überstanden hatten. Sonst war Coesfeld fast ganz zerstört.

7.5.1945 (Montag)

Es fand nach einer Hl. Messe in Muers Scheune die altgewohnte Bittprozession statt, die seit etwa sieben Jahren unter der Nazi-Herrschaft nicht stattfinden durfte. Vom Kirchturm aus konnten wir sehen, wie die zahlreichen Teilnehmer der Prozession auf dem gewohnten Weg durch den grünenden Esch gingen.

Wir arbeiteten vom frühen Morgen ab mit Eifer an der Fertigstellung der Kirche, denn am nächsten Fest Christi Himmelfahrt soll in der Kirche zum ersten mal wieder Gottesdienst stattfinden. Abends war das Kirchdach, zunächst mit Ziegeln, eingedeckt.

Der weniger zerstörte Teil soll vom Dachdecker Salzig, Rheine, wieder ausgebessert werden. Der Dachdecker Salzig war heute zur Besichtigung hier und will Ende der Woche zurückkommen.

Heute gegen Abend kam durchs Radio, daß Deutschland vollständig kapituliert habe, und der Krieg zuende sei. Abends war eine Gemeindeversammlung. Es müssen Anzugsgarnituren für ausländische

---

[3] Die Haushaltshilfe von Dr. Karl Samson, der von 1929 bis 1960 Arzt in Spelle war.

Arbeiter abgegeben werden. Morgen früh muß jeder Haushalt angeben, was er abgeben kann.

Notizen
8

Das Kriegsende

8.5.1945 (Dienstag)

Etwa 30 Mädchen fangen mit dem Reinigen der Kirche an. Von innen ist die Kirche so gut wie fertig.

In der kommenden Nacht um 12 Uhr tritt der allgemeine Waffenstillstand in Kraft.

Heute denken wir besonders viel an unseren lieben Anton. Wenn er noch lebt und einigermaßen gesund ist, hat er nun das Schlimmste überstanden. Wo mag er wohl sein und wie mag es ihm wohl gehen? Eine bange Frage für uns. Gott führe ihn gesund wieder zu uns zurück.

9.5.1945 (Mittwoch)

Wir stützen den Turm auf dem neuen Betonrahmen ab. Er steht nun wieder ganz fest. Im Innern der Kirche ist alles bis auf einzelne Kleinigkeiten wieder hergestellt. Heute nachmittag 5.00 Uhr wurde zum ersten Mal in der Kirche wieder Beichte gehört.

Die Kirche ist gestern nachmittag von 40 Speller Mädchen wieder gesäubert worden. Der Fußboden ist sauber geschrubbt, die Bänke sind abgewaschen. Altar, Kanzel und Beichtstuhl sind saubergemacht, nachdem wir heute die größten Schäden am Beichtstuhl wieder ausgebessert haben.

Die Kommunionbank und der Marien-Altar wurden gestern nachmittag wieder in die Kirche gebracht. Heute nachmittag wurden die Altäre mit frischen Blumen geschmückt. Alles ist für das morgige Fest Christi Himmelfahrt, das in diesem Jahr wieder genau wie vor der Nazi-Zeit gefeiert wird, auf's Beste vorbereitet.

10.5.1945 (Donnerstag)

Heute ist Christi Himmelfahrt. Der Gottesdienst war wieder in der Kirche und in derselben Weise wie früher, vor der Nazi-Zeit. Alle Leute sind froh darüber, daß jetzt wieder mehr religiöse Freiheit herrscht.

11.5.1945 (Freitag)

Es wird berichtet, daß man mit der Wiederinstandsetzung der zerstörten Eisenbahnbrücken über die Aa, den Kanal und die Ems angefangen hat. Bis aber zwischen Rheine und Quakenbrück wieder einigermaßen geregelter Zugverkehr herrschen kann, wird noch lange Zeit vergehen.

13.5.1945 (Sonntag)

Heute ist es, wie in den letzten Tagen, sehr heiß. Kurz vor dem Hochamt kamen die Engländer mit einem Lastwagen auf unseren Platz gefahren und fingen an, Holz aufzuladen.

Karl und ich gingen hin, um uns zu erkundigen. Da Karl sich einigermaßen mit den Leuten auf Englisch verständigen konnte, hörten wir, daß das Holz für eine Notbrücke über die Aa hier am Bahnhof gebraucht werden sollte.

Es wurde uns gesagt, daß wir eine Bescheinigung bekommen würden, die wir als Ausweis bei der Eingabe der Rechnung benutzen könnten. Es wurde im Laufe des Sonntags für etwa 300.-- RM Holz abgeholt.

14.5.1945 (Montag)

Die Notbrücke wurde fertig, allerdings sehr primitiv. Der Kreisbaumeister Flender kam zu mir, um den Bau einer besseren Notbrücke zu besprechen. Diese soll stromaufwärts unmittelbar neben der zerstörten Eisenbetonbrücke gebaut werden.

Das Ungewisse über das Schicksal unserer Soldaten wird, wie überall, so auch in Spelle, sehr bedrückend empfunden. Und unsere Soldaten werden über das Los ihrer Heimat und Angehörigen ebenso besorgt sein. Bisher sind noch keine Anzeichen dafür da, daß unsere Kriegsgefangenen bald zurückkehren werden.

15.5.1945 (Dienstag)

Es wird bekannt gegeben, daß jeder Bewohner (Männer, Frauen und Kinder) eine vollständige Bekleidungsgarnitur abgeben muß. Dieselbe soll auf Befehl des englischen Kommandanten den bisher in Deutschland beschäftigten Zwangsarbeitern gegeben werden. Die Aufbringung der Kleider fällt einigen Leuten, besonders den kinderreichen, schwer.

16.5.1945 (Mittwoch)

Wir sind mit der Anfertigung von fünf Kreuzen beschäftigt für fünf Gräber auf dem hiesigen Friedhof: Zwei deutsche Gefallene, ein verunglückter englischer Flieger, ein französischer und ein polnischer Kriegsgefangener.[1]

---

[1] Die beiden deutschen Gefallenen wurden u.a. von Robert Theising mit dem Handwagen von ihrem Fundort an der Hopstener Aa, gegenüber Brüggemann, zum Friedhof gebracht. Die abziehenden Soldaten der Division „Hermann Göring" hatten darum gebeten. Hubert Schwis erzählt, daß er am Sonntag mit Adolf Theising, der etwas Englisch sprach, zu den Engländern bei Brüggemann ging. Er bat um Erlaubnis für die Bergung der Gefallenen. Ein englischer Soldat ging mit, die Maschinenpistole im Anschlag, und war erst beruhigt, als die Jungen die Toten aus den Löchern zogen und er sah, daß die beiden deutschen Soldaten wirklich tot waren. Die Eintragungen im Sterberegister der kath. Kirchengemeinde Spelle:
    Erwin Reisigel, Soldat aus Viernheim bei Mannheim, 17 Jahre alt.
    Unbekannter Soldat.
Der englische Flieger war einige Wochen vorher im Moor abgestürzt, Name unbekannt.
Der Pole war am 6. März 1945 nach dem Bombenangriff auf Salzbergen im Speller Krankenhaus gestorben:
    Stephan Strauss, polnischer Zivilarbeiter, 29 Jahre alt
Der Franzose und ein Holländer kamen am Freitag, dem 6. April, auf der Englandstraße durch eine Granate um, die dicht neben ihnen auf der Straße einschlug:
    Marcelin Baspuc, Dreher in Sarcelles, geb. in L'isle-Jourdain, 43 Jahre alt.
    Hermann Ward, Kleiderreiniger in Edam, 26 Jahre alt.
Alle Gefallenen sind später umgebettet worden. Es ist unbekannt, wohin.

Gegen abend traf ganz unerwartet Pastor Hermann Rekers aus Walsum-Vierlinden ein.

17.5.1945 (Donnerstag)

Heute fuhr Pastor H. Rekers auf dem Rad, mit dem er auch gekommen war, nach Walsum-Vierlinden zurück. Gleich darauf brachte Pastors Fräulein die Nachricht, daß in Hebelermeer, das vollständig geräumt werden müsse[2], eine gut erhaltene Orgel leihweise (zunächst) für unsere Kirche zu erhalten sei. Unsere Orgel war ja bekanntlich bei der Beschießung in der Woche nach Ostern zerstört worden.

18.5.1945 (Freitag)

Wir fuhren morgens mit Deiterings Personenwagen (mit kleinem Anhänger) nach Hebelermeer. Doch konnten wir die Orgel nicht abmontieren, da der Lehrer, der uns als Fachmann helfen sollte, am Tage vorher von den Engländern aufgeholt worden war.

Auch war die Zeit viel zu kurz, denn am Samstag, dem 19.5., mußte bereits sämtliches lebendes und totes Inventar aus dem Dorf entfernt sein. Kurz nach Mittag kamen wir unverrichteter Sache zurück.

19.5.1945 (Samstag)

Da wir vorläufig mit einer sehr großen Kohlenknappheit zu rechnen haben, begann ich heute morgen mit Torfstechen.

---

[2] Die Grenze zwischen den Niederlanden und Deutschland sollte „begradigt" und nach Osten verschoben werden. Die Niederländer erwarteten einen Ersatz für die Landverluste durch Überschwemmungen, die deutsche Soldaten beim Rückzug durch Öffnen der Deiche verursacht hatten.

20.5.1945 (Pfingstsonntag)

In der schön mit Blumen geschmückten Kirche feierten wir heute wieder Pfingsten.

Nachmittags etwa 5.00 Uhr kam Onkel Karl mit dem Rad von Coesfeld. Er sah von dem vielen Erlebten mager und bedrückt aus, war aber froh, daß sein Haus zu den wenigen in Coesfeld gehörte, die nicht den Fliegerbomben zum Opfer gefallen waren. Er konnte vieles erzählen von dem schweren Bombardement in der zweiten Woche vor Ostern.

Da es am Pfingstmontag sehr schlechtes Wetter war, fuhr er erst am Dienstag, dem 22.5., wieder zurück.

22.5.1945 (Dienstag)

Ich war nach Lingen zum O.T.-Lager[3]. Es sind mir Rundeisen, Nägel, Tonrohre, Schrauben usw. zugesagt worden.

Überall in den umliegenden Dörfern und Bauerschaften hört man von Plünderungen durch Polen und Russen. Hauptsächlich werden Kleidungsstücke und Lebensmittel genommen.

23.5.1945 (Mittwoch)

Mit den Erdarbeiten zur Herstellung der Notbrücke soll morgen begonnen werden. Eine Lokomotive fuhr, von Beesten - Quakenbrück kommend, bis zur zerstörten Aa-Brücke. Man ist mit der Wiederinstandsetzung der Eisenbahnbrücke beschäftigt.

---

[3] O.T.-Lager ist die Abkürzung für ein Materiallager der "Organisation Todt". Während der Nazi-Zeit war das eine riesige Baufirma, die für den Bau von Brücken, Flugplätzen, Straßen und Bunkern zuständig war. Fritz Todt kam 1942 bei einem Flugzeugabsturz in Ostpreußen ums Leben. Sein Nachfolger wurde Albert Speer.

24.5.1945 (Donnerstag)

Heute hat Mutter Namenstag.

Die Lokomotive war wieder an der Brücke und brachte in einem angehängten Personenwagen Arbeiter und in einem Packwagen Gerätschaften zum Brückenbau mit. Seit den Tagen vor Ostern schon hatten wir keine Lokomotive mehr gesehen.

26.5.1945 (Samstag)

Heute kam Bernh. Fenbers aus der Gefangenschaft zurück. Er war in Bayern.

28.5.1945 (Montag)

Heute kam Margaretha Stappers (Moor) aus der Gefangenschaft zurück, aus der Gegend von Prag. Sie war Flakhelferin.

29.5.1945 (Dienstag)

Gestern abend und heute abend winden die meisten Speller Mädchen Kränze für das Fronleichnamsfest. Vor sechs Jahren hatten wir die letzte Fronleichnamsprozession.

Der Mann von Thea Senker kam heute aus russischer Gefangenschaft zurück.

30.5.1945 (Mittwoch)

Da kaum Aussicht besteht, für den nächsten Winter Kohlen zu erhalten, gehen wir heute morgen zum Moor, um Torf zu stechen. Heute nachmittag war ich nach Hesselte, wo passende Gitterträger[4] für unsere Notbrücke zu erhalten sind. Dann Ausschmücken der Prozessionshäuschen und Aufstellen der Bögen.

31.5.1945 (Donnerstag)

Heute feiern wir das hl. Fronleichnamsfest. Um 9.00 Uhr begann das Hochamt und anschließend die Prozession, die genau in der einstigen Form vonstatten ging. Die Beteiligung war sehr groß und die Ausschmückung der Klausen, der Kirche und der Straßen sehr gut. Viele kleine Altärchen waren vor den Häusern aufgestellt.

Weit über 100 Engelchen gingen in weißen Kleidchen blumenstreuend vor dem Allerheiligsten. Nur die älteren Schulkinder konnten sich den Hergang einer Fronleichnahmsprozession noch vorstellen, da dieselbe seit sechs Jahren nicht mehr stattgefunden hatte. Während der Prozession war schönes Wetter; die Sonne schien vom blauen Himmel. Leider war die Beflaggung der Kirche, Häuser und Straßen in diesem Jahr hier und in unserem Kreis noch verboten.

Dagegen durften im Prozessionszug Fahnen mitgeführt werden, wovon auch reichlich Gebrauch gemacht wurde. Klara und Gertrud waren auch Engelchen, während Hubert Hilfsmeßdiener war.

1.6.1945 (Freitag)

Mit dem Lastwagen waren wir zweimal nach Hesselte, um Brückenmaterial zu holen.

---

[4] Die Gitterträger waren zu Ende des Krieges eigentlich für den Bau großer Flugzeughallen vorgesehen. Sie eigneten sich bestens für den Brückenbau, wenn man jeden zweiten Träger so drehte, daß der obere Gurt unten war. An den Enden haben wir den Obergurt schräg zum Untergurt geführt, damit die Schubspannungen aufgommen wurden. Im Zuge der Dorfstraße in Venhaus und in Lünne (alte Brücke) sind noch die letzten Brücken dieser Bauart zu sehen.

4.6.1945 (Montag)

Wir beginnen mit dem Bau der Notbrücke in Eisenbeton. Mit der Wiederherstellung der Eisenbahnbrücke ist man ebenfalls rege beschäftigt. Es wird davon gesprochen, daß noch im Laufe dieser Woche der erste Zug wieder von Quakenbrück bis zum Bahnhof Spelle fahren soll.

Bisher kommt morgens um 9.00 Uhr stets ein gemischter Zug, der eine große Menge Leute aus dem Ruhrgebiet mitbringt[5], die sich Lebensmittel besorgt haben. Fast alle haben Räder bei sich; wohl 200 "Hamsterer" steigen aus.

Außerdem bringt der Zug Material und Arbeiter zum Brückenbau mit. Nachmittags um 2.00 Uhr fährt der Zug wieder nach Quakenbrück zurück, von mittags 12.00 Uhr an ist die Einsteigstelle vor der Brücke von einer großen Menschenmenge mit Fahrrädern und Koffern belagert, die zumeist schon weit aus dem Ruhrgebiet kommen und sich im Oldenburgischen oder zwischen hier und Quakenbrück Lebensmittel besorgen wollen. Manchmal werden die Leute auch überfallen, ausgeplündert und ihrer Fahrräder beraubt.

5.6.1945 (Dienstag)

Wir sind wieder mit dem Lastwagen nach Hesselte und holen Brückenmaterial.

Immer wieder passieren Soldaten unseren Ort, die aus dem Osten kommen; teils sind sie entlassen, teils sind sie ausgerückt. Im stillen hoffen wir, daß auch unser Anton wohl schon kommen könnte. Was wäre das doch eine Freude und Erlösung für uns.

Die Plünderungen in der Umgebung gehen immer weiter. Es kommen auch immer wieder Morde vor.

---

[5] Hans Rutkowski hatte damals mit Pferd und Wagen einen kleinen Taxendienst zum Bahnhof Rheine eingerichtet, wodurch Leute gegen geringes Entgelt zwischen Rheine und Spelle pendeln konnten. Auch einige Speller Bauern verrichteten diesen nützlichen Dienst.

Blick flußabwärts auf die neue Hilfsbrücke. Im Hintergrund die im Abbruch befindliche gesprengte Stahlbetonbrücke. Eine Gitterträgerbrücke gleicher Bauart befindet sich heute noch in Venhaus im Zuge der Dorfstraße.Die auf diesem Bild dargestellte Brücke wurde später von der Firma Schroer-Schütte aus Hopsten zur Kampelbrücke geschwommen. Es gab zunächst Schwierigkeiten, und der Chef stand selbst, Anweisungen gebend, auf der Brücke. Die Bauarbeiter sagten:"Chef, geh Du mal herunter, dann schwimmt die Brücke auch wohl." So war es auch, die Leute leisteten saubere Arbeit.
(Bild 65)

Vor einigen Wochen wurde nachts ein Bauer bei Lengerich i/Hann. von Banditen überfallen und erschossen; vorige Woche Freitag wurden in Mehringen ein Bauer und sein Bruder (Onkel) nachts erschossen. Von Samstag den 2. auf Sonntag den 3.6. wurde nachts der Heuermann Böker in Venhaus erschossen.

Vorgestern wurde ein Mönning aus Listrup bei der Wirtschaft "Frieden" Rheine erstochen, als er jemandem, der sein Fahrrad gestohlen hatte, dasselbe wieder abnehmen wollte.

Anfang der fünfziger Jahre wurde die Brücke mit dem Preßlufthammer in Bruchstücke zerlegt, die mühselig mit einer Winde und Flaschenzügen (vorn im Bild) an Land gehoben wurden.
(Bild 66)

7.6.1945 (Donnerstag)

Heute war die Eisenbahnbrücke über die Aa soweit hergestellt, daß der täglich kommende Zug wieder bis zum Bahnhof Spelle fahren konnte. Es wird erwogen, bei der Kanalbrücke, die immer noch zerstört im Kanal liegt, eine vorläufige Haltestelle zu schaffen.

9.6.1945 (Samstag)

Wir waren mit den Fundamenten einschließlich der Widerlager der Notbrücke über die Aa fertig. Es kommen auch immer noch vereinzelt Soldaten zurück, so am 7.6. Franz Schütte-Roling, der fast ganz zu Fuß von

Breslau kam, wo er 14 Wochen lang eingeschlossen war. Heute nachmittag kam Josef Stappers (Engl.) vom Militär zurück.

17.6.1945 (Sonntag)

In der letzten Woche kamen Paul Laarmann, Hermann Sloot und Schütte-Roling zurück.

Vorgestern begannen wir, nachdem wir endlich Sauerstoff erhalten hatten, mit dem Umbau der Hauptträger der neuen Notbrücke. In dieser Woche sollen die Arbeiten beschleunigt weitergehen.

In mancher Beziehung sind wir immer noch von der Außenwelt abgeschnitten. Es fährt nur noch der eine Zug von Quakenbrück bis zum Bahnhof Spelle hin und zurück. Telefon, Post und Güterverkehr sind immer noch lahmgelegt.

Zeitungen gibt es noch nicht. Nur ein kleines Blättchen von der Kommandantur in Lingen bekommt man gelegentlich zu sehen. Auch von unseren Soldaten erhält keiner Nachricht.

Von unserem lieben Anton hörten wir seit dem 10. März nichts mehr. Das ist sehr hart für uns, und die Sehnsucht, etwas von ihm zu hören, wächst täglich. Und Anton wird, falls er noch lebt, dieselbe Sehnsucht nach der Heimat haben. Auch er weiß ja nicht, wie es hier aussieht. Und dabei denkt man immer an die furchtbare Möglichkeit, daß wir nie wieder etwas von unserem Anton hören. In dieser Angelegenheit beten wir viel, damit uns das Schlimmste erspart bleibt.

Heute kamen folgende Soldaten zurück: Leonhard Moorkamp, Georg Uphaus, Franz Sandmann und Gerhard Schulte.

18.6.1945 (Montag)

Heute kamen folgende Soldaten zurück: Franz Moß, Karl Senker und Otto Terglane. Von heute ab ist Bernh. Kösters kein Bürgermeister mehr; an seine Stelle tritt Bernard Krone, der von morgen ab seine Tätigkeit beginnt.

19.6.1945 (Dienstag)

Heute kamen folgende Soldaten zurück: Otto Muer, Karl Schütte (Kämmer).

20.6.1945 (Mittwoch)

Paul Segers und Max Küthe kamen heute aus der Gefangenschaft zurück.

21.6.1945 (Donnerstag)

Heute abend kurz vor 9.00 Uhr kamen plötzlich ganz unerwartet Stud.-Rat Heeß und dessen Frau zu mir ins große Kontor. Sie hatten einen langen Fußmarsch hinter sich und werden hier bis morgen früh bleiben.

Wir alle freuten uns sehr. St.-Rat Heeß sah sich eingehend alle von Anton und Alois gemalten Bilder mit großem Interesse an. Auch interessierten ihn unsere Bücher, besonders diejenigen über Kunstgeschichte. Wir hatten uns viel zu erzählen.

22.6.1945 (Freitag)

Heute nachmittag 2.00 Uhr reisten Stud.-Rat Heeß und Frau weiter nach Papenburg, in banger Erwartung, wie ihre Wohnung wohl aussehen werde.

Ich hatte noch etwas Benzin auftreiben können, und so wurde die Beschaffung von Deiterings Auto bis Lingen möglich. Ein kurzer Brief und herzliche Grüße an Stud.-Rat Helming gingen mit nach Papenburg.

Heute nachmittag begannen wir mit dem Aufwinden der Gitterträger auf die Widerlager.

So wird eine „Tommy-Brücke" über den Dortmund-Ems-Kanal geschoben.
Es ist nicht die Brücke in Venhaus, aber irgendwo hier in der Nähe,
wahrscheinlich bei Dörenthe.
Alle Brücken über den Kanal waren gesprengt!
(Bild 67, Imperial War Museum, London)

24.6.1945 (Sonntag)

Hermann Roling (Engl.) und Heinrich Kösters kamen heute aus der Gefangenschaft zurück.
Seit Mittwoch, dem 20. Juni, bauen engl. Soldaten eine Kanalbrücke[6] in Venhaus. 20 Speller Arbeiter helfen dabei. Die Engländer sind in Spelle einquartiert und sind sehr zugänglich.

---

[6] Es war eine typische "Tommy-Brücke", im Zuge der alten Linienführung der B70, im Gebiet des heutigen Hafens also. Die erst im Krieg fertiggestellte große Bogenbrücke, an der heutigen Stelle, war ebenfalls gesprengt. Sie wurde wesentlich später von einer deutschen Stahlbau-Firma repariert. Ich habe oft dabei zugesehen, weil das Einbringen der warmen Niete so spannend war.

3.7.1945 (Dienstag)

Heute kamen Aug. Stappers (Engl.) und Josef Brüggemann (Aa) aus der Gefangenschaft zurück. Wir waren nach Elbergen und holten 15 t Rundeisen.

6.7.1945 (Freitag)

Heute wird in ganz beschränktem Umfange die Post wieder eröffnet. Es dürfen nur einseitig beschriebene Postkarten mit neuen Freimarken, die das Hitlerbild nicht tragen, verschickt werden.

9.7.1945 (Montag)

Man hört wieder von umfangreichen Plünderungen. In der Nacht vom 6. zum 7. Juli durchsuchte ein uniformierter Pole die Wohnung des Hermann Sloot an der Schapener Straße, nahm ein Fahrrad, zwei Fahrradreifen, eine Uhr, einen Trauring und einige Kleidungsstücke mit und vergewaltigte das Dienstmädchen.

Am gestrigen Sonntag ist es in Greven und Rheine zu ernstlichen Kämpfen gekommen. In Rheine wurden zwei Zivilisten getötet und mehrere verwundet; zwei Häuser wurden von den Russen in Brand gesteckt.

In Greven kamen drei englische Soldaten und ein Offizier ums Leben. In Suderweh bei Freren wurde ein Bauer bei einem nächtlichen Überfall durch vier Schüsse getötet.

10.7.1945 (Dienstag)

Heute kam Heinrich Wolters aus der Kriegsgefangenschaft zurück. Die Betondecke wurde auf die Aa-Brücke gelegt.

11.7.1945 (Mittwoch)

Heute kamen Georg Terglane, Hermann Afting (Aa-Brücke) und Gerhard Räkers zurück.

12.7.1945 (Donnerstag)

Heute abend habe ich in unserem Busch einen Brunnen gegraben.

Es kommen in letzter Zeit, hauptsächlich um die Mittagszeit, Lastwagenkolonnen, die mit entlassenen deutschen Kriegsgefangenen besetzt sind, hier vorbei. Alle haben ein gelbes Abzeichen an der Uniform.

13.7.1945 (Freitag)

Auch heute kamen wieder viele solcher Lastwagen vorbei. Wir winkten den Gefangenen zu, diese entgegneten unseren Gruß. Mit Wehmut denken wir dabei an Alois und Anton. Wo mag Anton wohl sein?

15.7.1945 (Sonntag)

Heute kam Lisbeth Frankmölle vom Kloster Thuine zurück, wo 14 Priester aus dem Bistum Osnabrück geweiht worden sind. Sie brachte die sehr erfreuliche Nachricht aus Berlin mit, daß Tante Klara noch lebt. Nähere Einzelheiten konnten wir noch nicht erfahren.

Heute mittag fuhren wieder eine Anzahl Lastwagen mit entlassenen deutschen Soldaten vorbei. Wir winkten den Soldaten zu, und diese erwiderten lebhaft.

Die Wehrmachtshelferin Toni Ginten, die bisher noch nichts von sich hören ließ, worüber die Familie Ginten schon sehr beunruhigt war, schickte Nachricht, daß sie sich im Lazarett befinde.

Pastor Lögers aus Hamburg schrieb auch eine Karte aus Hamburg, daß er guter Dinge sei. So kommen doch, trotz beschränktem Postverkehr, manche gute Nachrichten zur Heimat. Wir wollen hoffen, daß wir auch bald etwas von Anton hören.........

Hier sind die Aufzeichnungen plötzlich zuende. Der Grund dafür war sehr erfreulich für unsere ganze Familie.

Am 17.7.1945, einem Dienstag, kam plötzlich meine Cousine Paula Rekers, jetzt Frau Jos. Tenkleve, damals zehn Jahre alt, in unser Haus gestürzt und rief: "Ju Anton un Reaks Bernd kummt up de Stroote, ju Anton is de weer, ick hebb em sicher saien!" (Euer Anton und Bernhard Reker kommen auf der Straße, euer Anton ist wieder da, ich habe ihn mit Sicherheit gesehen!)

Meine Eltern und ich waren völlig überrascht und ungläubig, rannten aber auf die Straße Richtung Dorf und trafen tatsächlich die beiden in Höhe des jetzigen Hauses Franz Niehaus. Die Begrüßung und das Wiedersehen waren ergreifend.

Bernhard Reker fuhr vor und nach dem Krieg unseren Lastwagen, war auch zum Bau des Westwalles in Landau /Pfalz eingesetzt. Er war eine frohsinnige Natur und machte den stolzen Ausspruch: "Ja, wie hebbt denn Feldzug mitmaakt, wie sind de weer"! (Ja, wir haben den Feldzug mitgemacht, wir sind wieder da!).

Sofort am Tag danach schrieb mein Vater voller Freude an Studienrat Helming[7] in Papenburg:

---

[7] Studienrat Theodor Helming stammt aus Ahlde und war seit der Vorkriegszeit mit unserer Familie sehr befreundet.

Meine beiden Brüder wohnten in Papenburg im gleichen Haus an der Kirchstraße 109 und gingen dort zur Aufbauschule, bis zum Abitur vor ihrer Militärzeit.

Studienrat Helming war Geistlicher und Biologe. Im Ersten Weltkrieg wurde er schwer verwundet und verlor ein Bein.

Lieber Herr Stud.-Rat!   *Spelle, den 18.7.1945*

Gestern nachmittag, kurz vor 3.00 Uhr, erlebten wir eine große Freude; völlig unerwartet kam unser Anton zu uns zurück! Er kam von Lingen zusammen mit unserem Chauffeur Bernhard Reker, den er im Entlassungslager Osnabrück getroffen hatte.

Anton sieht schlecht aus, ist am 16.4.45 ziemlich schwer verwundet worden (vier Granatsplitter in Oberschenkel und Gesäß und zwei in der Schulter). Doch alles mehr oder weniger schwere Fleischwunden, auf die Dauer nicht hinderlich. Zunächst ist gute Erholung notwendig, doch ist Anton sonst in jeder Beziehung wohlauf.

Er war neun Wochen im Gefangenenlager Eger; an der Front war er zuletzt beim Reg.-Stab als Zeichner. Er wurde bei Oderberg verwundet, hat viel Blut verloren und wurde zunächst wenig gepflegt.

Nun wollen wir uns gemeinsam freuen, daß wir unseren lieben Anton wiederhaben, diesmal, so hoffen wir, für das ganze Leben. Im Gedenken an unseren lieben Alois grüßen wir Sie aufs herzlichste,

     Familie Gerhard Rekers

Studienrat Th. Helming
(Bild 68)

Herr Studienrat Helming antwortete postwendend:

(23) Papenburg /Ems, den 25. Juli 1945

Lieber Herr Rekers!

Gestern bekam ich von Ihnen zwei Karten, die erste vom 16.7., die zweite vom 18.7., die mir die hocherfreuliche Nachricht brachte, daß Anton wieder zu Hause ist. Herrlich! Ich freue mich aufrichtig und herzlich mit Ihnen. Gott sei Dank!

In Spelle, davon bin ich fest überzeugt, wird Anton sich sicher bald erholen und die alten Kräfte wiedergewinnen. Da können wir uns freuen. Ich höre, daß auf unserer Strecke bald wieder Züge verkehren sollen, dann müssen wir uns hier treffen.

Vor einem Jahr sah ich Sie in Ahlde, als meine Mutter gestorben war. Am letzten Freitag kam mein hoher Chef, unser Direktor Dr. Knoke, wohlbehalten aus dem Krieg zurück. Am letzten Samstag sah ich unseren Oberschulrat hier. Oktober soll die Schule wieder in Gang kommen.

Ich grüße Sie und alle im Hause herzlichst, Theodor Helming

Papenburg /Ems, Kirchstraße 109

Notizen
9

Aus den Kirchenchroniken jener Zeit

Die Kirchen-Pfarreien führen seit langer Zeit Chronik-Bücher, und es ist naheliegend, auch hier nachzuforschen.

Sowohl in Spelle als auch in Venhaus sind entsprechende Aufzeichnungen vorhanden, wobei Pfarrer Thye in Spelle besonders viel aufschrieb.

Pfarrer Thye war in der Kriegszeit mit meinem Vater sehr befreundet. Sie waren beide strikte Nazi-Gegner und hörten neben den deutschen Nachrichten auch regelmäßig den BBC London.

Wir Kinder durften um Gottes Willen nichts davon wissen, ich habe aber oft so nebenbei mitgehört, was über die Kriegsaussichten und die Machenschaften der

Pfarrer Thye, etwa 1939.
(Bild 69)

Nazis besprochen wurde.

Auch wurden zu Ende der Kriegszeit die Abschriften der Predigten des Bischofs von Münster, Kardinal Graf von Galen, genau durchstudiert und kommentiert.

Schon einige Jahre vor Ende des Krieges war man sich sicher, daß der Krieg für Deutschland verloren war.

Hier die Speller Chronik, etwa ab 1939:

..... Im September 1939 trat ein, was einsichtige Männer mit Sorge und Schrecken längst kommen sahen: Es brach der Zweite Weltkrieg aus, der in der Folge weit furchtbarer und schrecklicher sich entwickelte als der Erste Weltkrieg 1914/18 und unsägliches Elend über die ganze Welt bringen sollte. Circa 60 Mann wurden gleich zum Wehrdienst einberufen, zu Beginn des Jahres 1943 waren es schon weit über 100.

Im Vergleich zu unseren Nachbargemeinden sind in Spelle bis jetzt nur wenige gefallen. Die erste Todesnachricht traf erst Anfang 1942 ein, bis Juli 1943 hatten wir vier Gefallene, während die Nachbargemeinde Beesten über 30 und Plantlünne und Dreierwalde weit über 20 Tote beklagten. Hoffentlich bleiben wir weiter so verschont.

Im Herbst 1942 wurden die beiden größeren Bronzeglocken, die nach dem Weltkrieg 1921 neu angeschafft waren, für Rüstungszwecke an den Staat abgeliefert.

Vom 14. bis 21. Juni 1942 wurde hier eine religiöse Woche gehalten von P. Kampmann aus dem Redemptoristenorden. Die Beteiligung war außergewöhnlich gut. Die Predigten, die unter dem Motto „Ich glaube an ein ewiges Leben" standen, waren so packend und wirksam, wie ich es noch nie erlebt habe.

Das religiöse Leben ist seitdem, z. T. auch wohl durch die Not der Zeit bedingt, bedeutend reger geworden. Der Besuch der hl. Messe und der Kommunionempfang nimmt immer noch zu.

Die alte Kirche in Spelle vor dem Krieg.
Links die Drechsler-Werkstatt Roelfes, im Hintergrund das Bauernhaus
Alfons Schröer und vorne rechts das Kolonialwarengeschäft Wilhelm Frankmölle.
(Bild 70)

Auch das sittliche Leben ist hier im Kriege bedeutend besser geworden, wohl aus Mangel an Gelegenheit, weil die jungen Leute fast alle eingezogen waren und hier keine Soldaten in Quartier lagen.

Bis zum Ende des Krieges sind aus unserer Gemeinde 147 zum Kriegsdienst eingezogen. Von 1943 an nahm der Krieg auch für unsere Gemeinde ein immer ernsteres und schrecklicheres Gesicht an.

Während bis dahin im Vergleich mit den Nachbargemeinden außergewöhnlich wenige gefallen waren, kam allein im Jahre 1944 zehnmal die Trauernachricht von Gefallenen in Rußland und brachte in die betreffenden Familien großes Leid.

Massenmord an Reisenden
Mit Bordwaffen in die Menge

Bei Einflügen feindlicher Bomberverbände am Montagmorgen unternahmen wiederum einige ihrer Begleitjäger einen **gemeinen Ueberfall durch Bordwaffenbeschuß** auf einen in einen Bahnhof einfahrenden Personenzug der Strecke Oldenburg—Osnabrück. Als der Zug auf dem Bahnhof hielt und die Insassen die Wagen verließen, kehrten die Flugzeuge noch einmal zurück und schossen **blind in die flüchtende Menge**. Bei diesem heimtückischen Mordüberfall hatte die Bevölkerung 19 Gefallene, 16 Schwerverwundete und eine größere Anzahl Leichtverwundeter zu beklagen.

Neuer Terrorangriff auf Osnabrück

Am Sonntagmorgen griff ein starker Verband feindlicher Flugzeuge die Stadt Osnabrück und deren Umgebung an. Aus einer tiefhängenden und nahezu geschlossenen Wolkendecke warf der Feind **ohne Erdsicht wahllos** eine große Zahl von Spreng- und Brandbomben ab, die in den verschiedensten Teilen der Stadt stärkere Zerstörungen, wiederum vorwiegend in Wohnvierteln, anrichteten. Zwei Kirchen, ein Krankenhaus und drei Schulen wurden beschädigt. Eine mit Kranken belegte ehemalige Schule wurde durch Volltreffer nahezu zerstört. Die hier Verschütteten konnten erst nach Eintreiben von drei Stollen, zu einem Teile noch lebend, geborgen werden. Die Bergungsarbeiten sind bei Ausgabe dieser Meldung noch im Gange. Die Verluste unter der Zivilbevölkerung der Stadt betragen nach den bisher vorliegenden Meldungen 95 Gefallene und 64 Verwundete. Nach Vermißten wird noch gesucht.

Ferner fielen 23 ausländische Arbeiter dem Angriff zum Opfer.

Die Verluste der Bevölkerung in der Umgebung von Osnabrück betragen 19 Gefallene und 26 Verletzte.

Das stand am 9.Mai 1944 in den
„Neuen Volksblättern"
(Bild 71)

Krankenhaus zu Ankum starb.

Ein Fall war besonders tragisch, der so recht zeigt, daß man dem Tode nicht entfliehen kann. Leo Uphaus weilte hier auf Urlaub und wollte mit einer jüngeren Schwester eine Familie in Wallenhorst besuchen. Um die gefährdete Strecke über Rheine - Osnabrück nicht zu benutzen, fuhren sie die Umwegstrecke über Quakenbrück und wurden in Bersenbrück von feindlichen Tieffliegern beide tödlich verletzt. Er, der in den schwersten Kämpfen an der Front immer heil davongekommen und froh war, für einige Zeit aus der Todesgefahr herauszukommen, mußte hier in der Heimat sterben und war sofort tot (am 8.5.1944), während seine Schwester zwei Tage später (am 10.5.1944) an der verhältnismäßig geringen Verwundung im

Die Schrecken der Bombenangriffe blieben uns so ziemlich erspart. Im Dorfe und in der Gemarkung sind circa 40 Bomben explodiert, dazu noch einige Blindgänger, ohne größeren Schaden anzurichten. Ein Haus, das des Bauern Schütte-Lienkämper, wurde von einer Brandbombe getroffen, aber bald gelöscht.

Kein Tag und keine Nacht ohne Fliegeralarm, da die großen Verbände bei ihren Angriffen auf Hamburg, Bremen, Hannover, Braunschweig, Berlin usw. immer hier überflogen.

Wir fühlten uns vor Angriffen großer Verbände hier in dem kleinen Dorfe ganz sicher. Nur ängstliche Gemüter standen nachts auf. Wenn sie abends schon zeitig kamen, waren wir draußen, um das schauerlich schöne Schauspiel zu genießen, das furchtbare Gedröhn und das Aufblitzen von Sprengkörpern über uns. Und dann bald in der Richtung nach Osnabrück und Münster den herrlichen, aber schaudererregenden Anblick der sogenannten Weihnachtsbäume, dabei das soeben vernehmbare Bellen der Flak und das dumpfe Dröhnen der einschlagenden Bomben.

Oder am Tage bei den Angriffen auf Rheine, Salzbergen und die Flugplätze in Dreierwalde, Rheine oder Plantlünne, wenn dann die Angriffszeichen hoch in der Luft sich zeigten und dann gleich darauf die Bomben explodierten und die Fenster klirrten und der schwarze Rauch aufqualmte, fühlten wir uns hier ganz sicher. Dann kam unwillkürlich das Gefühl tiefsten Mitleids mit den armen Menschen, auf die das Verderben niederging, und zugleich heißen Dankes gegen Gott, der uns so gnädig davor bewahrte.

Den Schrecken des Krieges haben wir erst, - wenn auch nicht so schlimm wie im Hümmling und Emsland - in etwa kennengelernt, als in der Osterwoche die feindliche Front herankam. Schon tagelang hörte man in Angst und Sorge das dumpfe Rollen des Geschützfeuers aus der Gegend von Nordhorn und Rheine.

Feindliche Tiefflieger überflogen immer wieder das Dorf, auf den Straßen wurden mit dicken Holzstämmen Panzersperren errichtet, am Mittwochabend, am 5. April, wurde die Aa-Brücke gesprengt, wobei das Haus in der Nähe der Brücke, in dem die Familien Afting und Meemann wohnten, stark beschädigt wurde.

Anna Sombecke wurde in Ihrem Haus von Granatsplittern tödlich getroffen. Das Bild wurde etwa 1936 aufgenommen.
(Bild 72, von Familie Sombecke erhalten)

Am Donnerstag kamen die ersten feindlichen Panzer von Dreierwalde und Rheine sowie Artillerie ans Dorf heran. Zwei Panzer wurden von unserer Artillerie[1], die in der Umgebung des Dorfes aufgestellt war, vor der gesprengten Brücke abgeschossen. Darauf zogen sich die anderen Panzer etwas zurück, und nun begann die Schießerei zwischen unserer Artillerie und den feindlichen Panzern und Kanonen, die sich inzwischen aufgestellt hatten, die mit einzelnen Schüssen Tag und Nacht mit längeren Pausen bis in den frühen Morgenstunden des Weißen Sonntags, den 8. April 1945, anhielten.

Hierbei wurde die Witwe Sombecke, als sie gerade zum Nachbar in den Keller gehen wollte, durch den Einschlag einer Granate, die vor dem Haus auf der Straße explodierte, von Splittern getötet.

Ebenso durch Infanteriegeschosse auf der Straße ein Holländer und ein Franzose.

Freitagabend 7.00 Uhr wurden durch den Angriff von Tiefffliegern mit Bordwaffen und kleinen Bomben die Häuser von Frankmölle und Alfons Müer in Brand geworfen. Beide Häuser brannten zum Teil ab, die Familien konnten aber wohnen bleiben. Bei diesem Angriff wurde auch unsere Kirche von einer Sprengbombe getroffen. Ein Teil des Daches und fast alle Fenster wurden zerstört und die Orgel beschädigt.

---

[1] Es war nicht die Artillerie, sondern der Tiger-Panzer vor dem Haus August Göke. (Siehe Bild 50 auf Seite 101)

Schlimmer war die Beschießung des Kirchturmes am Samstagnachmittag. Ein Soldat hatte ihn als Beobachtungsposten bestiegen und dabei sich unvorsichtigerweise öfters mit dem Kopf aus dem Fenster herausgelehnt. Das hatten die Engländer mit dem Fernglas beobachtet und nahmen ihn deshalb unter Beschuß. In der Höhe der Schallöcher für die Glocken war der Turm von mindestens 20 Granaten getroffen.

Die Lage des früheren Pfarrhauses ist dunkel eingezeichnet
(Bild 73)

Die Umfassungsmauern waren bis zur Hälfte weggeschossen, und dabei waren Mauerblöcke von circa zehn Zentnern auf die Orgel gestürzt und hatten sie total zerstört. Zwei der dicken Trägerbalken waren an den Enden glatt durchgeschossen. Man wunderte sich allgemein, daß er nicht umgestürzt war. Zum Glück herrschte ruhiges Wetter, sonst wäre er unbedingt auf die Kirche gefallen und hätte das ganze Kirchendach und das Holzgewölbe durchschlagen.

In der Nacht von Freitag auf Samstag gegen 12 Uhr, als ich gerade zu Bett gehen wollte, da es ziemlich ruhig war mit der Schießerei, wurde das Pfarrhaus von einer Granate getroffen. Sie explodierte. An die 100 Dachziegel waren heruntergeflogen und über 60 Granatsplitter hatten im besten und im Eßzimmer die Decke durchschlagen und die Möbel und Teppiche mehr oder minder beschädigt. Sie waren zum Teil noch durch den Fußboden gedrungen. Darauf habe ich es vorgezogen, in den Keller zu gehen.[2]

---

[2] Das wurde dann ja auch wohl Zeit. Pfarrer Thye galt in dieser Hinsicht als reichlich phlegmatisch. Die Leute regten sich darüber auf, daß er sich über sie lustig machte, wenn sie bei Fliegeralarm in den Keller gingen. – Häuser ohne

Dunkel eingezeichnet das Haus August Evers
(Bild 74)

Am Samstagvormittag wurde das Haus von August Evers („Trienen") von einer Brandbombe getroffen und brannte ab. Bei Müer war sämtliches Vieh, Kühe und Pferde, verbrannt, nachdem schon donnerstags eine Kuh durch Granatsplitter getötet worden war, ebenso eine Kuh des Pächters Heeke.

Viele Häuser im Dorfe hatten kleinere Schäden abbekommen, viele Dachziegel und Fensterscheiben waren kaputt. Zum Glück für das Dorf zogen die Truppen in der Nacht zum Weißen Sonntag ab, um der Einkesselung zu entgehen. Denn inzwischen hatten die Engländer an der anderen Seite der Aa in der Gegend des Bahnhofes über 60 Panzer und Geschütze aufgestellt, und am Sonntag sollte das Dorf in Schutt und Asche gelegt werden.

Schon früh am Morgen, als die Truppen weg waren, wurde eine Abordnung, darunter ein französischer Gefangener und ein Pole, zum Engländer geschickt, und so war Spelle im Verhältnis zu vielen anderen Dörfern noch ziemlich gnädig davongekommen.

An diesem Sonntag fiel der Gottesdienst für die Gemeinde aus. Ich habe morgens früh im Krankenhause die hl. Messe gelesen.

Da wegen der Einsturzgefahr des Turmes die Kirche vorläufig nicht benutzt werden konnte, war an Werktagen die hl. Messe im Krankenhause, an den Sonntagen auf der großen Diele des Wirtschaftsgebäudes von Alfons Müer, die alle Gläubigen fassen konnte.

Betondecken waren gefährlich, die Keller in Häusern mit Betondecken waren übervoll.

Das Haus August Evers („Trienen"), welches vollständig abbrannte
(Bild 75)

Die erste Aufgabe war, den Turm zu sichern. Unter der fachmännischen Leitung des Bauunternehmers Gerhard Rekers wurde der Turm abgestützt und ein Zementrahmen eingebaut, so daß der Turm fester stand als vor der Beschießung.

Es gelang uns, von der Firma Flintermann in Rheine Kathedralglas zu erstehen, um die Fenster provisorisch mit Glas zu versehen. Sie konnten zwar nicht verkittet werden und ließen dem Luftzug großen Spielraum. Es konnte jedenfalls nicht mehr hineinregnen. Dann wurden die Trümmer ausgeräumt, die Kirche gründlich gereinigt, und am Sonntag vor Pfingsten konnte der Gottesdienst wieder in der Kirche abgehalten werden. Bis zum Winter waren auch die zerstörten Mauern des Turmes wieder hergestellt.

Da die Turmuhr sehr schlecht ging und jeden Tag aufgezogen werden mußte, wurde eine neue Turmuhr mit ¼ stündigem Schlag und elektrischem Aufzug bei der Firma Ed. Korfhage jun. in Buer in Auftrag gegeben und

Die Speller Kirche nach den Reparaturen, etwa im Jahre 1963.
Über der Orgel ist das Dach mit Ziegeln eingedeckt, und das Mauerwerk oben am Zifferblatt ist erneuert. Der innen eingebrachte Betonrahmen ist von außen her nicht sichtbar.
(Bild 76)

nach verschiedenen verlängerten Terminen im Sommer 1947 aufgestellt. Sie ist vorzüglich ausgefallen und geht ganz genau. Sie kostet rund 5000 RM.

Noch wichtiger war die Glockenfrage. Da die abgelieferten Glocken eingeschmolzen waren und wir nur ein kleines Glöcklein von 72 kg Gewicht besaßen, beschloß der Kirchenvorstand, ein ganz neues weit größeres Geläute anzuschaffen.

Das war aber mit größerer Schwierigkeit verbunden, da wir das Material, Kupfer und Zinn, selbst beschaffen mußten, das nur auf dem Wege der Kompensation zu beschaffen war. Aber durch die Bereitschaft und das Interesse der Gemeinde gelang es.

Wir setzten uns mit der Glockengießerei Petit und Gebr. Edelbrock in Verbindung, und als Termin wurde der Dezember 1947 vereinbart. Etwa Mitte Dezember wurden die Glocken gegossen. Mehrere Mitglieder des Kirchenvorstandes fuhren nach Gescher, um dem Glockenguß beizuwohnen, und wir freuten uns schon, das Weihnachtsfest mit den neuen Glocken einläuten zu können.

Da kam einige Tage später der traurige Bescheid, daß der Glockenguß mißglückt sei, da wohl der Ton genau getroffen, aber der Nachklang nicht den Anforderungen entspräche. Zu Ostern 1948 konnten wir dann mit den neuen Glocken läuten. Das Geläute ist sehr gut ausgefallen und das Gutachten des Domorganisten Bäumer, Osnabrück, war voll des Lobes.

Während die alten Glocken zusammen nur 467 kg wogen, ist das Gewicht der neuen 1900 kg, also über viermal so groß. Die größte Glocke, Ton F, hat einen Durchmesser von 1,18 m und das Gewicht ca. 980 kg. Die zweite, Ton As, 0,98 m und 550 kg, die kleinste, Ton B, 0,86 m und 370 kg. Die Kosten kamen außer dem Material auf 10 000 RM. Das Geld war vorhanden.

Im Sommer 1947 wurden die jetzigen Fenster von Glasmacher Bernhard aus Rheine in Bleifassung eingesetzt. Preis rund 3000 RM. Nun fehlt uns noch die Orgel, die inzwischen bei der Firma Rohlfing in Osnabrück in Auftrag gegeben ist und gegen Ende des Jahres geliefert werden soll. Somit sind die größten Schäden, die uns der Krieg gebracht hat, bereits behoben.

Als am 8. Mai 1945 der Waffenstillstand verkündet worden war, kehrten bald die ersten Soldaten heim, manche davon, die heimlich ausgerückt waren. Dann nach einem Vierteljahr kamen die von den Engländern und Amerikanern Entlassenen, die einige Wochen furchtbar gehungert hatten und nun froh waren, wieder in der Heimat zu sein. Alle, ob sie aus Amerika, England, Frankreich, Italien oder Afrika heimkehrten, waren einmütig der Ansicht, daß die Menschen nirgends so gut und glücklich lebten wie in Deutschland.

Zum Heeresdienst eingezogen waren 147. Davon waren bis zum 1. Juli 1948 heimgekehrt 102, als Gefallene gemeldet 20.

Es fehlen noch 25. Von diesen haben öfters geschrieben neun, von 16 fehlt jede Nachricht, so daß zu fürchten ist, daß die meisten von ihnen nicht mehr am Leben sind und wohl nie mehr heimkehren.

Die Namen der Gefallenen sind, in der Reihe der eingelaufenen Todesnachricht:

    Bernhard Stappers
    Gerhard Fenbers
    Heinrich Tenkleve
    Alois Lemkers
    Wilhelm Rekers
    Herman Smit
    Theodor Laarmann
    Alois Rekers
    Ernst Wöhle
    Leo Uphaus
    Karlheinz Weber
    Hermann Schütte
    Alfons Brüggemann
    Heinrich Stilling
    Hermann Möller
    Alois Wilmes
    Bernhard Evers
    Josef Senker
    Georg Schweer

Darunter vier Familienväter.

Dazu kommt noch der protestantische Wachtmeister

    Karl Felling[3]

---

[3] Die hier gesonderte Erwähnung sei gutgemacht durch die Abbildung der Todesanzeige aus dem Jahre 1944 auf der folgenden Seite.

Ein paar Monate lag hier englische Besatzung, ca. 60 Mann, die sich sehr korrekt benahmen und sich auch mit unseren Mädchen im allgemeinen nicht einließen.

Im Laufe des Jahres 1946 kamen dann die Ostvertriebenen, größtenteils aus Schlesien rund 400, davon 200 Katholiken. Die meisten von diesen sind gut religiös, besonders die aus der Grafschaft Glatz und der Umgebung von Grotkau stammen, auch einige Familien aus Breslau, und beteiligen sich sehr eifrig am Sakramentenempfang und Gottesdienst. Einige Familien dagegen aus Breslau und anderen Großstädten sind ganz abständig.

Unsagbar schweres Herzeleid brachte uns die tieftraurige Nachricht, daß mein über alles geliebter, stets um mich besorgter, herzensguter Mann, meines Kindes liebevoller Vater, mein guter Sohn und Schwiegersohn, unser lieber Bruder, Schwager und Onkel

Oberleutnant der Feldgendarmerie

Karl Felling

Inhaber des E. K., des Kriegsverdienstkreuzes mit Schwertern, der Ostmedaille, des Verwundeten-Abzeichens und anderer Auszeichnungen

im Westen für sein geliebtes Vaterland den Heldentod fand. Er starb am 13. Juni 1944 an seiner schweren Verwundung, die er durch Fliegerangriff erlitt, im 45. Lebensjahr. Unter militärischen Ehren wurde er auf dem Heldenfriedhof zu Vames (Frankreich) beigesetzt.

Ein stilles Heldengrab birgt unser ganzes Glück.

In tiefem Schmerz:

**Frau Martha Felling, geb. Möller
und Töchterchen Helga.**

Spelle üb. Salzbergen, z. Zt. Ohrtermersch, den 27. Juni 1944.

Die Trauerfeier findet statt am Sonntag, dem 16. Juli, vormittags 9½ Uhr, in der Kirche zu Bippen.

Druck: Max Lucke, Berge

Die Todesanzeige des Wachtmeisters Karl Felling, der vor dem Krieg in Spelle seinen Dienst tat. Familie Felling war damals die einzige protestantische Familie in Spelle.
(Bild 77)

Das religiöse Leben geht hier nach dem Kriege in alter Weise weiter. Der Kommunionempfang ist hier sehr gut, rund 3000 im Jahre.

Andererseits ist der Zeitgeist auch an unserer Jugend nicht spurlos vorübergegangen. Große Genußsucht und Tanzwut, es werden alle Feste gefeiert wie vor dem Kriege, und aller Hinweis auf die Riesennot so vieler Volksgenossen und die traurige Lage der Kriegsgefangenen nützt nichts.

Die Jugend will scheinbar, was ihnen während des Krieges vorenthalten, jetzt unbedingt nachholen. Daß dabei so manche sittlich zu Fall kommen, ist die traurige Begleiterscheinung.

Im Frühjahr 1946 wurde hier ein Triduum für Männer vom Männerseelsorger Josef Tiesmeyer gehalten. Die Beteiligung der Männer war sehr gut. Im Sommer 1946 ein Triduum für die Jungmänner vom Franziskanerpater Guntram Heuwers, der ein vorzüglicher Prediger ist und die Jungmänner gewaltig packte. Leider machen die Festlichkeiten wieder viele gute Ansätze zunichte. ....

Soweit die Kirchenchronik von Spelle.

Pastor Kohne in Venhaus verfaßte folgenden Bericht:

Zwölf Gefallene und mehrere Vermißte waren das traurige Ergebnis des Krieges für Venhaus, wenn sich nicht die Zahl der Gefallenen aus den Vermißten noch erhöhen sollte. Vermißt sind:

> *Karl Rauen*
> *Reinhold Bromma*
> *Josef Sandtel (Stockel)*
> *Gerhard Ebler*
> *Hermann Roling (Wessels)*
> *August Roling (Deckers)*
> *Alois Kohle (Post)*
> *Bernhard Wilde*
> *Gerhard Bussmann*
> *Klemens Schoo (Haar)*

Die Zahl der zum Kriege Eingezogenen betrug über 60.

1940/41 wurde die Verbindung mit den Soldaten durch Briefe und Zusendung von Zeitschriften aufrechterhalten, bis dann später die Nazis den Geistlichen solches verboten.

Die letzten Kriegstage:

Von Bombenangriffen ist Venhaus während des Krieges verschont geblieben. Es befanden sich Evakuierte aus dem Rheinland und auch viele Leute aus Rheine bei ihren Verwandten und Bekannten. Je näher die Front kam, desto mehr Leute kamen hierher.

Im Februar 1945 kamen schon Pioniere, die die Sprengung der Kanalbrücken vorbereiteten. Auch im Pfarrhause war ein Pionier einquartiert. An der Aa-Brücke wurden Panzersperren gebaut.

In den Ostertagen wurden die Kanalbrücken gesprengt; aber auch die Brücke über die Aa wurde zu aller Schrecken für die Sprengung vorbereitet. Jetzt lag schon ganz Venhaus voll Militär. Im Pfarrhause wurde für einen Tag ein Lazarett eingerichtet.

Am Donnerstag, dem 5. April abends 12 Uhr, wurde die Aa-Brücke gesprengt. Der Feind kam nicht, wie man erwartete, über die Hauptstraße (B 70) von Rheine, sondern an der Quakenbrücker Bahnstrecke entlang, sodaß er zuerst bei Husmann ankam. Am Freitagnachmittag erschienen die Kanadier bei Evers, Sandtel, Stockel, Berghaus, Löcken, Böker, Kulüke und Schoo und blieben dort über Nacht.

Die anderen Häuser blieben verschont. Am Freitagnachmittag und in der Nacht wurden die Soldaten, die sich auf Spelle zurückzogen, mit Artillerie bekämpft.

Dabei wurde das Haus B. Kampel getroffen, bei Schütte im Stall eine Kuh getötet und das Haus des B. Schwert in Brand geschossen.

Wir befanden uns im Keller bei Spieker. Es ging, Gott sei dank, ohne Verluste an Menschenleben ab. Am Weißen Sonntag gegen 10 Uhr wurde das Dorf besetzt. Die Truppen zogen aber schon bald wieder ab.

Durch die Aa-Brückensprengung wurden das Pfarrhaus und die Kirche in Mitleidenschaft gezogen. Viele Dachziegel und Fensterscheiben gingen durch den Luftdruck in Trümmer. Das Haus des H. Spieker war vollständig abgedeckt, das Pfarrhaus nur teilweise.

Ein ungarischer Soldat, dessen Leiche am Kanal gefunden wurde, ist hier auf dem Friedhof beerdigt worden.

Am 3. Juni nachts 1 Uhr wurde der Kirchenvorsteher Heinr. Böker von unbekannten Tätern in seinem Hause erschossen.

Erinnerungen
1

In Erwartung der Front

Zwei Tage lang war unser Haus in unmittelbarer Nähe der Hauptkampflinie, der Speller Aa. Damals 15 ¼ Jahre alt, wie schon berichtet, blieb ich durch glückliche Umstände soeben noch vom militärischen Einsatz verschont.

Es wurde aber höchste Zeit für mich, daß der Krieg zuende ging. Somit gehörte ich zu den ältesten männlichen Jugendlichen, die beim Einzug der Engländer in Spelle anwesend waren.

In der Karwoche sah mein Vater unseren großen Bücherschrank durch. Alles, was irgendwie naziverdächtig war, ein Hakenkreuz oder Hitlerbild auf dem Umschlag hatte, wurde aussortiert.

Leider mußten auch meine "Zigarettenalben" dran glauben. Es waren Bilderbücher, in die man Fotos einkleben konnte. Bücher und Fotos bekam man kostenlos, wenn man sogenannte Oberschecks gesammelt hatte. Diese Schecks befanden sich in Schachteln der Zigarettenmarke "R6".

Inhalt und Titel dieser Bücher hätten für uns gefährlich werden können, wenn die Engländer sie bei ihrem Einzug gefunden hätten. Beispielsweise hatten die Bücher folgende Titel:

    Raubstaat England
    Mein Kampf
    Adolf Hitler
    Die Wehrmacht
    ....

Hinter unserem Torfschuppen mußte ich ein etwa ein Meter tiefes Loch graben. Alles kam hinein und ist dort im Laufe der Jahre verrottet. Heute hätte man sicher gern noch solche Exoten der Bücherwelt.

Mein Vater hat bereits berichtet, daß am Karfreitag, dem 30. März 1945, ganz früh in der Nacht hart an unsere Tür geklopft wurde und Soldaten einkehrten. Einige Fahrzeuge brachten sie mit, aber am Tage kamen noch viele hinterher. Man mag es glauben oder nicht: Mehrere hatten vorn keine Reifen mehr und fuhren auf Felgen. Bei den damaligen schlechten Straßen nur möglich mit geringer Geschwindigkeit und entsprechendem Geräusch.

Schnelle Fahrt war ohnehin nicht möglich, weil kein einziges Fahrzeug mehr mit Diesel oder Benzin betrieben wurde. Alle hatten einen Holzgasgenerator und eine größere Menge Holz auf der Ladefläche.

So nahm es nicht wunder, daß die Fahrer bei uns sofort das wunderschön gespaltene und gestapelte Brennholz erspähten, es war der ganze Stolz meiner Mutter. Ohne zu fragen teilten sie sich das Holz untereinander auf und luden es sofort auf ihre Ladeflächen. Meine Mutter war sehr verärgert und protestierte heftigst.

Das half gar nichts, sie sagten: "Das Holz ist für uns Benzin, kriegswichtiges Material, wir dürfen es requirieren!". Immerhin erhielten wir, nachdem mein Vater ebenfalls protestierte, RM 60.00 für das Holz, was mein Vater wie folgt quittierte:

31.3.1945

An die
Dienststelle L 50677
Lg Pa Unna i/Westf.

März 31. 2.5 cbm Tankholz a cbm 24.--   60.-- RM

Betrag dankend erhalten
Spelle, den 31.3.1945

Gerh. Rekers

Aber es kamen nicht nur Lastwagen. Vom Dorf her tauchte plötzlich ein großer Panzer auf, Typ "Tiger". Er hatte zwei weitere Panzer gleichen Typs im Schlepp. Sie waren ohne Benzin oder aus anderen Gründen fahruntüchtig.

Tiger-Panzer, drei waren in Spelle eingesetzt.
In den Jahren 1943 und 44 gebaut, waren sie mit fast 70 t Gefechtsgewicht die modernsten Panzer der Wehrmacht. Gefürchtet war besonders die 8,8 cm Kanone mit großer Treffsicherheit und Durchschlagskraft. Das lange Geschützrohr hatte fast 3 m Überstand. Antrieb über 12-Zylinder Maybach-Motor mit 700 PS
(Bild 78, aus dem Buch „Der Panzer-Kampfwagen Tiger" von Spiegelberger)

Alle drei bogen bei uns ein und fuhren durch die Durchfahrt. Der letzte wurde in der Durchfahrt (ein überdachter Teil unserer Lagerschuppen) abgekoppelt und blieb dort stehen. Zu zweit ging es weiter, so gut ich weiß, wurde ein weiterer Panzer bei Fischer-Mitten (heute Gärtnerei Rekers) abgestellt, und der erste blieb irgendwo Richtung Bahnhof stehen.

Mein Vater war sehr besorgt über den Panzer in der Durchfahrt, weil das lange Geschützrohr etwa 2 m ins Freie ragte und somit von feindlichen Aufklärern entdeckt werden konnte. Aber die Besatzung kümmerte sich nicht um seine Proteste und hielt wohl die Sorge für übertrieben.

In der Durchfahrt stand allerdings nicht nur der große Panzer, sondern auch ein Lastwagen, mit Munition beladen. Er war reparaturbedürftig, der Anlasser schien nicht in Ordnung zu sein.

Der Fahrer baute eine neue Batterie ein. Mich interessierte alles, war an dem Fahrzeug gemacht wurde. Ich ließ meine Augen nicht von der ausgebauten Batterie. Schließlich wagte ich es, den Fahrer danach zu fragen, ob ich die ausgebaute Batterie wohl haben dürfe. Er wollte mich davon abbringen, die Batterie sei verbraucht, sie würde ja schon den Anlasser nicht mehr antreiben.

Schließlich gab er mir die Batterie, und ich brachte sie gleich in unseren Keller, weil sie mir für eine Notbeleuchtung ideal erschien. So war es denn auch; an den folgenden schlimmen Tagen hat sie fast bis zum Weißen Sonntag durchgehalten.

An den kommenden Tagen veränderten sich Art und Zahl der Fahrzeuge dauernd buchstäblich über Nacht. Am Tag waren Bewegungen, der feindlichen Flugzeuge wegen, viel zu gefährlich. So war auch der große Panzer, ich weiß nicht mehr genau, an welchem Tag, bei uns verschwunden.

Plötzlich stand jedenfalls einer von diesen Panzern vor Göken Haus (heute J. Höving), genau dort, wo sich jetzt die kleine Verkehrsinsel zwischen der Volksbank und Textil-Fenbers befindet.

Inzwischen trafen auch die Soldaten des Panzerkorps "Großdeutschland" ein, die hart in die Kämpfe verwickelt werden sollten. Es waren mehrere Offiziere in unserem Haus. Ich vermute, daß es der Gefechtsstand einer Kompanie war.

Der Bat.-Gefechtsstand befand sich im alten Haus von Bauer Alfons Schröer, im Wohnzimmer. Aus dem Buch von Major Helmuth Spaeter wissen wir, daß in Spelle das 2. Bataillon des Regimentes Wackernagel eingesetzt war. Dessen Kommandeur war Hauptmann Goeldel, der vor einigen Jahren verstorben ist. Frau Elisabeth Schröer, jetzt 83 Jahre alt, erinnert sich an einige Einzelheiten:

Mein Mann, Alfons Schröer, hatte eine Flasche Cognak aus dem Keller geholt und saß mit den "hohen Herren" im Wohnzimmer. Man "pichelte sich einen" und unterhielt sich lebhaft. Plötzlich wurde die Dielentür aufgestoßen, und es kamen zwei grimmige Soldaten herein, die Franz Vehr sen. zwischen sich eingehakt hatten. Der war kreidebleich vor Angst und Sorge.

Das Haus Schröer in der Nähe der alten Kirche.
Hier war der Bataillonsgefechtsstand untergebracht.
(Bild 79, von Familie Schröer erhalten)

Sie wollten sofort zum Hauptmann, denn dieser Herr habe sie daran gehindert, Fahrräder zu requirieren. Sie traten ins Wohnzimmer zu Hauptmann Göldel und klagten Herrn Vehr vehement an.

Hauptmann Göldel schickte die beiden Heißsporne sofort nach draußen mit der Aussage, er werde die Angelegenheit schon erledigen. Aber nichts ist passiert, und Franz Vehr wurde in die fröhliche Tischrunde mit aufgenommen.

Die Lage des Hauses Schröer
(Bild 80)

Major Eberhard Wackernagel, Regimentskommandeur des Großdeutschland-Regimentes Wackernagel. Sein Gefechtsstand befand sich vom 2. 4. bis zum 5.4.1945 in der Gastwirtschaft Kerk in Spelle
(Bild 81, von Herrn Wackernagel am 28.7.1994 erhalten)

In Räumen unseres Hauses und draußen auf dem Hof lag alles voller Soldaten. Auch auf Kösters' Hof an der andere Seite der Kirche war alles voll. Das waren aber Leute von der SS, und man hatte den Eindruck, daß sie nicht viel miteinander zu tun haben wollten. Dort befand sich auch ein Planwagen. Niemand wagte es, unter die Plane zu sehen. Möglicherweise lagen gefallene Soldaten darunter.....

Der Regimentsgefechtsstand war am Ostermontag, dem 2. April 1945, vorübergehend in der Molkerei in Altenlünne (Hunfeld) untergebracht.

Regiments-Kommandeur war Major Wackernagel. Er lebt heute in Scharbeutz an der Ostsee und erzählte bei meinem Besuch am 28.7.1994 viele Einzelheiten. Er (Jahrgang 1918) ist noch sehr rüstig.

Am Nachmittag des 2.4.1945 fuhr Major Wackernagel nach Rheine, um zusammen mit anderen Offizieren die Lage zu besprechen.

Zu ihnen gehörte auch Major Gerbener, der Komandeur des ersten Bataillons, dem der kritische Abschnitt Dreierwalde zugeteilt war.

Das Haus Kerk, der „Gasthof zur Post",
etwa im Jahr 1925.
Vom 2. bis zum 5. April 1945 war hier der
Regimentsgefechtsstand des Majors Wackernagel.
(Bild 82, aus dem Archiv R. Jordan, Spelle)

Das Wohnhaus der Familie Reckers in Lütkenfelde (Maschinenfabrik),
in dem Major Gerbener den Bataillonsgefechtsstand
des I. Bataillons Wackernagel einrichtete.
Das Haus war am 5. April 1945 schwer umkämpft.
(Bild 83, von Familie Reckers erhalten)

Man beschloß, Rheine nicht intensiv zu verteidigen, sondern lieber, sich unter dem Schutz von Nachhuten zurückziehend, den Dortmund-Ems-Kanal zur Verteidigungslinie zu erklären.

Das deckte sich mit den Überlegungen der höheren Heeresleitung, die ebenfalls nach den chaotischen vorherigen Rückzügen aus dem Münsterland in der Linie Teutoburger Wald - Dortmund-Ems-Kanal eine reale Möglichkeit sah, den Feind zu stoppen.

So fuhr Major Wackernagel über Dreierwalde nach Spelle zurück und wählte die Gastwirtschaft Kerk zum neuen Regiments-Gefechtsstand. Major Gerbener blieb bei seinem ersten Bataillon in Dreierwalde und richtete seinen Gefechtsstand im Hause Reckers /Lütkenfelde ein.

Erinnerungen
2

Erste Feindberührung

Bis zum Donnerstag, dem 5.4.1944, warteten wir voller Spannung auf die Ereignisse, die unweigerlich auf uns zukommen mußten, bis dann plötzlich die Aa-Brücke mit einem sehr lauten Knall gesprengt wurde.

Sofort anschließend flogen die ersten Granaten nach Spelle, und man wußte, nun geht es los. Einfach durch die Gegend zu stromern, wurde nun sehr gefährlich. Außerdem war dauernd Kampflärm zu hören, hauptsächlich aus der Richtung Südfelde, also Dreierwalde/Altenrheine.

Hinter dem Haus Ww. Fleege, jetzt Preun, wurde Frau Altmann verwundet. Direkt neben der Panzersperre bei Muer schlug ebenfalls eine Granate ein, die glücklicherweise nur eine Kuh tötete. Die Männer des Speller Volkssturmes hatten sich an der anderen Seite des Hauses versammelt. Hätten sie sich befehlsgemäß bei der Panzersperre aufgehalten, hätte es sicher Tote und Verwundete gegeben.

Am selben Tag hatte die Familie Leugers in Venhaus abends die erste "Feindberührung". Hermann Leugers und seine Mutter berichten:

Zwei deutsche SS-Soldaten mit einem Maschinengewehr und Munitionsketten übernachteten im Schweinestall. Abends gegen 23.00 Uhr fuhr plötzlich ein englischer Spähwagen auf den Hof. Er drehte nach kurzer Zeit um und verschwand wieder. Die beiden SS-Männer, die auf Stroh in unserem Schweinestall übernachteten, wurden nicht bemerkt, sie versteckten sich aber sofort etwa 100 m vom Haus entfernt im Wald.

Am nächsten Tag, um etwa 10.30 Uhr, wollte Ignatz Leugers sen. noch schnell einen Schinken draußen vergraben, so wie viele Leute das taten. Als er aus der Tür trat, kamen ihm unerwartet englische Soldaten entgegen und nahmen ihm den Schinken erst einmal ab.

Solche Panzer der 44. „Royal Tanks" zerwühlten das Hofgelände bei Leugers.
(Bild 84, Imperial War Museum, London)

Drei englische Panzer standen inzwischen ebenfalls auf dem Hof. Alle Zimmer wurden durchsucht, wobei Ignatz Leugers immer vorangehen mußte.

Die Engländer besetzten das ganze Haus und ließen sich den Schinken gut schmecken. Die Überreste waren später im ganzen Haus verstreut. An der Wand entdeckten sie einen schönen Offizierssäbel, der einem Angehörigen der bei Leugers einquartierten Familie Schmidthübsch aus Rheine gehörte. Die Engländer nahmen diesen Säbel und köpften damit einige Hühner, die sie ebenfalls vertilgten. Auch auf frische Hühnereier legten sie großen Wert. Sonst aber konnte man nur tadelloses Verhalten feststellen.

In der besten Stube legten sich mehrere Soldaten hinter die Fenster und beobachten mit Ferngläsern die Gegend Richtung Speller Aa. Plötzlich hatten sie jenseits der Aa im Hause Schwert deutsche Soldaten entdeckt.

Das Haus Schwert stand an der Stelle, wo sich heute das Haus Preun an der Wällkenstraße befindet.

Inzwischen war eine größere Anzahl weiterer Panzer eingetroffen, und das ganze Hofgelände war total zerwühlt.

Überall zwischen den Bäumen hatten die englischen Soldaten schnell viele Schützenlöcher gegraben.

Vom Haus Schwert her gab es plötzlich deutschen Beschuß. Ein englischer Panzer stand neben unserem Haus, eine Granate durchschlug unmittelbar daneben einen Baumstamm.

Der maßgebende Offizier, ein englischer Major, sprach gebrochen Deutsch.

Frau Leugers vernahm, daß man das Haus Schwert sofort in Brand schießen wolle, und mischte sich ein, indem sie zu bedenken gab, daß in dem Haus eine Familie mit 8 Kindern wohne, das Jüngste, der kleine Richard, gerade zwei Wochen alt.

Der Schußwechsel zwischen den Häusern
Leugers und Schwert
(Bild 85)

Der Vater habe ein gebrochenes Bein, was nicht heilen wolle, er gehe auf Krücken.

Aber schließlich hatten die Engländer doch den Eindruck, daß das Haus nicht mehr von der Familie bewohnt sei und schossen es in Brand. Familie Leugers wurde in den Keller beordert und durfte sich oben nicht mehr blicken lassen.

Samstag um etwa 11.00 Uhr zogen die Panzer weiter Richtung Löcken und Speller Bahnhof. Ignatz Leugers ging zum Nachbarn Bauer Sandtel und traf unterwegs im Wald noch die beiden SS-Soldaten. Sie wollten noch groß mit ihrem Maschinengewehr eingreifen und auf die Engländer schießen. Herr Leugers verbat sich das strengstens, und wenig später waren beide verschwunden.

Frau Euphemia Sasse, geb. Schwert, erlebte diesen Vorgang gleichzeitig von deutscher Seite als zehnjähriges Mädchen und berichtet über ihre Erlebnisse wie folgt:

Am Donnerstag gegen Abend kamen plötzlich SS-Soldaten in unser Haus und teilten uns mit, daß wir sofort alle das Haus zu räumen hätten. Anschließend nahmen die deutschen Soldaten alle Räume in Beschlag und aßen nicht nur all unsere Einmachgläser leer, sondern nahmen auch alles, was eßbar war, zu sich. Draußen in dem kleinen Wald an unserem Haus, in Venhaus "Runder Kamp" genannt, richteten sie Flak-Geschütze ein und gruben überall Schützenlöcher. Meine Mutter hatte das Bettzeug vergessen und wollte noch kurz ins Haus zurück. Aber jeglicher Zutritt wurde mit dem Gewehr verwehrt. Plötzlich fiel uns ein, daß wir den kleinen Richard ja ganz vergessen hatten. Dieser Umstand erlaubte es uns, das Haus noch kurz wieder zu betreten und auch noch einige Sachen wie Decken, einen Kinderwagen und Kissen, herauszuholen.

Zu dem Notbunker unter "Kampels Höggel" konnten wir nicht mehr gehen, weil wir über offenes Feld hätten gehen müssen, wo dauernd geschossen wurde. So verkrochen wir uns in unserem kleinen Primitivbunker unter dem "Buskenhoop", in dem wir auch immer vor Tieffliegern Schutz suchten.

Ein Thema für sich: Das Vieh in Ställen und auf Wiesen erlitt ein grausames Schicksal. Es mußte unter lebensgefährlichem Einsatz der Landbevölkerung versorgt werden.
(Bild 86, Imperial War Museum, London)

Meine älteren Geschwister halfen noch, auf Kampels Hof das Vieh zu versorgen und die Kühe zu melken. Auch zu Hause mußte das Vieh zwischendurch gefüttert und gemolken werden. Die Milch mußten wir jedoch restlos abgeben an die Soldaten im Haus.

Die Schweine waren im Schuppen untergebracht, ebenfalls die Hühner. Deren Versorgung war kein Problem, weil dort keine Soldaten waren. In diesem Schuppen hatten sich allerdings zwei SS-Männer versteckt, die den Krieg gern aus ihrer Sicht beendet wissen wollten. Sie wurden von ihren Kameraden entdeckt und abgeführt. Wir wissen nicht, was mit ihnen geschehen ist. Jedenfalls gab einer von ihnen uns noch die Anschrift seiner Mutter in Wuppertal, die wir benachrichtigen möchten, daß er zu diesem Zeitpunkt noch hier bei uns in Venhaus gewesen sei.

Wir haben nach dem Krieg alles versucht, diesen Kontakt aufzunehmen, es ist uns nicht gelungen. Vielleicht sind die beiden Soldaten, wie damals üblich, erschossen oder aufgehängt worden.

Wir übernachteten in unserem Primitivbunker und blieben auch am nächsten Tag darin. Meine älteste Schwester Maria lief auf Wunsch meiner Mutter schnell zu Kampel hinüber, um für den kleinen Richard eine Flasche und etwas Milch zu holen.

Abends um etwa 17.30 Uhr (Anm.: Freitag, den 6. April 1945) sollte wie-der das Vieh gefüttert und versorgt werden. Meine älteren Schwestern gingen voraus, mein Bruder Karl, damals 13 Jahre alt, folgte ihnen. Kurz danach, um etwa 18.00 Uhr abends, setzte wieder heftiges Artilleriefeuer ein.

Die Engländer schossen auf unser Haus. Es ging in Flammen auf. Wir waren in großer Sorge um meine Geschwister. Nach kurzer Zeit, die uns endlos erschien, kam unser Karl, total verstört, in unseren Bunker bei Kampel zurück und stammelte nur noch: "Sie sind alle tot, das Haus brennt!"

Wir schauten nach draußen und fanden bestätigt, daß unser Haus lichterloh brannte. Aber, Gott sei dank, waren meine Schwestern, durch die vorherige Schießerei verhindert, noch nicht bis zum Haus gelangt, sie hatten sich in einer Ackerfurche verkrochen und blieben alle unverletzt. Hätten die Engländer nur 10 Minuten später unser Haus beschossen,- an die Folgen mochten wir nicht denken!

Alles ist uns verbrannt, das Vieh, der ganze Hausrat, die von unseren beiden Onkeln untergestellten Sachen, nichts blieb übrig. Am nächsten Samstag blieben wir auch noch in unserem Bunker. Sobald es etwas ruhiger wurde, lud uns unsere Nachbarfamilie Striet ein, nach dort zu kommen. Schnell wurde der Pferdestall ausgemistet und frisches Stroh eingebracht. Wir hatten eine herrliche Unterkunft und waren unserem Nachbarn Striet sehr dankbar.

Am Weißen Sonntag war die Schießerei vorbei, und wir konnten in aller Ruhe die Reste unseres Hauses besichtigen. Meine Mutter suchte vergeblich in der Asche nach einer Pfanne und nach Töpfen. Nichts war verblieben.

Das Vieh war noch gut zu erkennen, aufgebläht und rundherum angebrannt. Meine Brüder gruben auf dem Acker eine große Grube, worin wir die toten Kühe vergruben.

Unsere "Schoppe" hatte den Angriff überstanden, somit hatten wir noch die Schweine und einige Hühner.

Es dauerte einige Tage, da kam ein englischer Offizier zu uns, sich nach uns zu erkundigen. Er bedauerte sehr, daß wir alles verloren hätten, und es täte ihm sehr leid. Er brachte uns ein großes Lebensmittelpaket mit und versuchte, meinen behinderten Vater zu beruhigen. Der war jedoch sehr aufgebracht und lehnte das Paket und alle Entschuldigungen ab.

Als der Engländer meinen Vater zu beruhigen suchte, ihm eine Zigarette und einen Whisky anbot, blieb mein Vater bei seiner Ablehnung. Erst das gute Zureden meiner Mutter verleitete ihn dazu, Whisky und Zigarette anzunehmen.

Mein Vater war weder Schnaps noch Zigaretten gewohnt und fühlte sich nach Weggang des Engländers "sau-übel". Er mußte sich übergeben und war total krank. Mir entfuhr die Äußerung: "Haben sie unseren Papa nun auch noch vergiftet?"

Aber nach Besserung sagte unser Vater: "Das war mein erster und letzter Whisky!" Das Paket enthielt unter anderem Bananen, die ich nicht kannte. Sie waren noch nicht ganz reif, grün also. Ich probierte eine und habe sie gleich wieder ausgespuckt.

Die Frau des Ortsvorstehers Berhard Kösters kam nach einigen Tagen, uns ein Oberbett zu bringen. Das half uns sehr in unserer ersten Not. Bald sorgten Bürger in Venhaus dafür, daß wir zunächst in eine Baracke ziehen konnten.

Ein Jahr später besorgte meine Mutter in unermüdlichem Einsatz soviel Baumaterial, daß wir in Venhaus ein einfaches Haus bauen konnten, in das wir dann, noch vor der Währungsreform 1948, einzogen.

So sah „Kampel Brücke" früher aus, etwa 1938.
Auf der Brücke von links nach rechts: Klara, Paul und Karl Rekers
(Bild 87)

Es muß am späten Nachmittag des Donnerstags gewesen sein, als plötzlich ein Melder in unser Haus kam und berichtete, daß bei einem weißen Haus eine Brücke über die Aa noch nicht gesprengt sei. Mein Vater und ich hörten diese Meldung mit und überlegten, um welche Brücke es sich denn wohl handeln könne.

Nun, die Lösung des Problemes war einfach, das konnte nur „Kampel Brücke" sein, und das weiße Haus war das alte Bauernhaus von Kampel. Mein Vater redete sofort auf den zuständigen Offizier ein, daß es sich um eine ganz schwache Brücke aus T-Trägern handele, über die nicht einmal ein kleiner Panzer würde fahren können. Ich ergänzte noch, daß wir als Kinder uns immer einen Spaß daraus gemacht hatten, die Brücke in Schwingung zu bringen.

Jedenfalls wurde „Kampel Brücke" nicht gesprengt. Es ist übrigens kein einziger Engländer über diese Brücke gegangen. Sie hat überhaupt keine strategische Bedeutung gehabt, aber wer wußte das vorher? Wer wußte auch vorher, daß das eigentliche Dorf Venhaus, viel exponierter und dichter am Kanal gelegen als Spelle, nichts von der Front abbekam und im Zuge der Eroberung kaum einen Engländer gesehen hat? Heute wird manchmal gesagt, die Engländer hätten Venhaus „links liegengelassen".

Es muß auch wohl am Donnerstag, dem 5.4.1944, gewesen sein, daß man oben in unserem Haus einen Artillerie-Beobachtungsstand einrichten wollte. Mein Bruder Hubert, damals neun Jahre alt, berichtet jedenfalls davon. Man habe oben einige Dachpfannen anheben wollen, die Aussicht wäre auch nicht schlecht gewesen. Das kann ich deswegen bezeugen, weil ich ohne Wissen meines Vaters und gegen dessen ausdrückliches Verbot immer wieder auf unseren Balken geklettert bin, um durch ein kleines Dachfenster die Frontlage zu peilen. So sah ich am Bahnhof und bei der Molkerei schon englische Soldaten zu einer Zeit, als unser Haus noch voll war mit deutschen Soldaten.

Jedenfalls hat mein Vater alle Redekünste aufgewendet, die Soldaten von der Unzweckmäßigkeit und Gefährlichkeit eines Beobachtungsstandes in unserem Haus zu überzeugen. Schließlich zogen sie anderswo hin; wer weiß, vielleicht in den Speller Kirchturm. Entscheidend bei den Argumenten meines Vater schien zu sein, daß er auf eine vierjährige Erfahrung aus dem 1. Weltkrieg verweisen konnte. Er war nämlich Richtkanonier bei der Artillerie und auch oft im Beobachtungsstand gewesen.

Am Freitag, etwa zur selben Zeit, als das Haus Schwert abbrannte, schlug eine Granate in den Baum unmittelbar neben dem Haus Schütte an der Koppelstraße ein. Auf dem Dachboden lagen in unmittelbarer Nähe viele Soldaten des „Großdeutschland" - Bataillons, die alle deswegen unverletzt blieben, weil die Hauswand die Splitter abhielt. Eine weiter entfernte Kuh wurde im Stall tödlich getroffen, weil die Splitter über die Soldaten hinweg zum Kuhstall gelangen konnten. Noch am selben Abend zogen die Soldaten Richtung Schapen ab.

Wilhelm Schlichter verließ kurz den Keller, um einige Dinge in der Küche zu verrichten. Von den Häusern Krone und Lambers her müssen die Engländer Bewegung im Haus gesehen haben.

Sofort kam ein Geschoß durch das Fenster geflogen, durchschlug die Tür an der Gegenseite und blieb in der Mauer dahinter stecken. Wilhelm Schlichter blieb unverletzt, suchte aber sofort wieder im Keller Schutz.

Die Engländer hatten inzwischen die ganze Gegend jenseits der Aa besetzt und die Einwohner der Häuser, die einen Blick über die Aa hinweg erlaubten, vertrieben. Die Scharfschützen taten, was sie konnten!

Erinnerungen
3

Erbitterter Kampf in Dreierwalde

Nach Einbruch der Dunkelheit war der Himmel Richtung Dreierwalde-Lütkenfelde hell erleuchtet. Offensichtlich brannten viele Häuser, aber es waren auch Scheinwerfer der Engländer, die die Wolken anleuchteten. Künstliches Mondlicht nannten sie das. So war das Kampffeld aufgehellt. Wir wußten: Dort wird gekämpft! Und so war es auch. Viele deutsche Soldaten, aber noch mehr Engländer, haben in diesen Stunden ihr Leben dort verloren. Gregor Eggert schreibt im Heimatbuch von Dreierwalde:

..... Bei dem harten Ringen um Dreierwalde gab es schwere Verluste. Vom Kanal bis zum Dorf fielen 100 deutsche Soldaten, davon auf Dreierwalder Gebiet 29, die auf unserem Friedhof beerdigt wurden. Besonders heftig wogte der Kampf bei dem Gehöft des Bauern Schulte-Althoff, das etwa zwei Kilometer von der Dorfmitte entfernt liegt. Abwechselnd geriet das Wohnhaus mehrmals in die Hand der Deutschen und der Engländer. Um vier Uhr nachmittags am 5. April hatten diese endgültig von ihm Besitz genommen. Aber man kämpfte noch drei Stunden lang weiter, bis das ganze Dorf erobert war. Deutsche Soldaten hatten sich in Einmannlöchern eingebuddelt und von hier aus den heranrückenden Feind unter Beschuß genommen. Andere wieder schossen aus dem oberen Klassenzimmer der Knabenschule. Der Gegner, der in Richtung auf die Schule das Feuer erwiderte, verursachte an ihren Außenmauern und Innenwänden Schäden durch zahlreiche Einschüsse. Doch gottlob handelte es sich hierbei nur um Sachschäden.

Nach aussichtslosem Kampf verließen die deutschen Soldaten unser Dorf und zogen sich auf Hopsten zurück. Nach dem Übergang über die Aa wurde die Brücke in die Luft gesprengt. Viele deutsche Soldaten gerieten als Gefangene in die Hände der Engländer. Auch die Besatzung der Schule ergab sich nach dem Hissen der weißen Flagge. Überall umherliegende deutsche Waffen, Koppel, Helme und Brotbeutel waren ein beredtes Zeugnis für die hohe Zahl der Gefangenen.

An den letzten beiden Kampftagen war uns der Himmel besonders gnädig. Nach einem aufgefangenen Funkspruch hatte der Engländer beabsichtigt, zur Unterstützung seiner Erdtruppen Luftstreitkräfte anzufordern. Doch machte der graubehangene Himmel das Vorhaben der Feinde zunichte, weil schließlich die Bomben auch sie selbst hätten treffen können. Die verheerenden Folgen wären nicht auszudenken gewesen, wenn der Gegner tatsächlich einen Luftangriff auf unser Dorf unternommen hätte.

Während der beiden Kampftage am 4. und 5. April zeigte unser Dorf ein völlig ungewohntes, nicht alltägliches Bild. Deutsche Soldaten wogten hin und her. Entweder gingen sie in Stellung oder kamen mit Verwundeten auf Schubkarren von der Front zurück. Andere sprachen bei einzelnen Familien vor und baten um warmes Essen.

Bei dem Verlassen des Ortes hatten deutsche Truppen die Unterkunftsräume, Bunker und Treibstofftanks des Flugplatzes in die Luft gesprengt. Einige Tage vorher hatte man der Zivilbevölkerung erlaubt, Haushaltungsgegenstände, Möbel und Treibstoff für sich in Besitz zu nehmen. Manche Einwohner machten von dem günstigen Angebot regen Gebrauch, und so sah man Wagen auf Wagen auf den Flugplatz rollen, um geeignete Gegenstände zu ergattern. Manches Jauchefaß voll Treibstoff wurde nach Hause gefahren, sodaß die Bauern lange Zeit ihre Trecker damit versorgen konnten. Der Spar- und Darlehnskasse wurde ein zwanzig Zentner schwerer Panzerschrank angeboten. Sie mußte aber darauf verzichten, weil wegen der Größe keine Unterbringungsmöglichkeit in den Räumen der Sparkasse vorhanden war.

Während der heftigen Beschießung des Ortes hatte die Bevölkerung Zuflucht in Luftschutzkellern gesucht. Der Luftschutzkeller der Schule zählte über 70 Personen, meist Frauen und Kinder. Als um 19 Uhr abends zwei schottische Soldaten mit vorgehaltenen Maschinenpistolen hier eindrangen, bemächtigte sich aller eine große Panik. Die Kinder und Frauen schrien laut auf. Sämtliche Insassen hoben spontan ihre Hände hoch. Jeder war auf das Schlimmste gefaßt. Aber die Schotten zeigten sich als anständige Gegner. Sie forderten in einer beruhigenden Art die Menschen auf, die Hände herunterzunehmen. Als aber die Kinder immer noch weinten, verteilten sie Schokolade an sie. Auf der Stelle war die Angst vorbei. In einem anderen Falle mußte eine Frau wegen der stickigen, verbrauchten Luft den Luftschutzkeller verlassen und sich nach draußen begeben, wo sie auf einem Treppenstein Platz nahm. Sofort eilte ein Schotte hinterher und reichte ihr eine Wolldecke, damit sie sich daraufsetzen konnte. Solche Beispiele menschlichen Verhaltens gab es noch eine ganze Reihe. .....

Im gleichen Heimatbuch von Dreierwalde gibt es weitere ergänzende Aufzeichnungen des Lehrers Fritz Köhlhoff:

..... Nach der Besetzung Rheines in der Osterwoche 1945 setzte das Ringen um den Kanalbrückenkopf in Altenrheine ein. Was am Tage aufgebaut wurde, schoß die kleine deutsche Kampftruppe nachts wieder zusammen. Vor der gewaltigen Übermacht mußte sich die deutsche Brückenverteidigung in die Dreierwalder Wallhecken Schritt für Schritt zurückziehen.

Allnächtlich flammten die Dreierwalder Bauernhöfe, besonders westlich der Aa, auf. Acht Höfe und zehn Scheunen brannten bis auf die Grundmauern nieder:

>   *Ferdinand Reckers*
>   *Heuvers-Korte*
>   *Leugers*
>   *Albers-Terbeck*
>   *Hille*
>   *Rietmann (Timmer-Hinnerk)*
>   *Karl Rietmann und*
>   *Hermann Reckers (Lütkenfelde)*

Jammernde Menschen suchten Unterschlupf bei bangenden Nachbarn in kümmerlichen Erdbunkern. Das Vieh streunte herrenlos herum. Niemand wagte, die brüllenden Kühe zu melken. Zum Glück waren keine Menschen zu beklagen.

Bei Vennemanns behüteten Onkel Ferdinand und ich in abgeschabter Knechtskleidung Haus und Stallung. Die Familie hatte sich im Knüven in vermeintliche Sicherheit gebracht. Es war Spätnachmittag. Seit zwei Stunden sausten die Granaten übers Haus, durchschlugen Stallungen und Scheune. Jeden Augenblick konnte ein Volltreffer einschlagen.

Die Kühe rasselten an den Ketten. Es war höchste Zeit zum Melken. Doch wir trauten uns nicht. Wie zwei Salzsäulen standen wir da und schauten von der dämmrigen Küche aus über die Deele in den Hof hinaus, wo jeden Augenblick alles in Flammen stehen konnte. Da schwiegen auf einmal die Granaten. Die ersten Panzer durchrasselten und durchwühlten das Gelände, begleitet von sich duckenden Mannschaften im Straßengraben.

Ein Panzerwagen durchbrach die Hofumzäunung und hielt vor dem Kuhstall. Ein Spähtrupp von drei Mann machte sich hinter dem Kuhtrog bemerkbar und forderte uns Invaliden auf: "Hände hoch! Noch deutsche Soldatt hier?" Ich verneinte; wir mußten aber bei vorgehaltener Maschinenpistole den aufgeregten Tommys voran durchs ganze Haus.

Meiner Bitte, die Kühe melken zu dürfen, entsprachen sie. Die ihnen angebotene kuhwarme, schaumige Milch schlürften sie mit Behagen. Wir hatten es anscheinend mit einer feindlichen Truppe zu tun, die auch lieber zu Hause als in Feindesland gewesen wäre.

Nach der Besetzung Dreierwaldes kehrte ein Zug von 52 Tommys zu uns ins Haus zurück und machte Quartier und Biwak. Als ich den sehr zugänglichen Captain bat, uns Alte zur Wartung des Viehes im Hause zu belassen und dafür die Milch und die Eier an den Koch abzuliefern, stimmte er freudig zu. Ich hatte dabei noch die Aufgabe, die im Elternschlafzimmer und in sicheren Scheunenverstecken untergebrachten Wäsche- und Kleidungsstücke und Fleischwaren im Auge zu behalten. Schmuck- und Wertsachen hatte die Familie mitgenommen.

Eine Speckseite, die ich zur Reklame im Dielenrauch hatte hängen lassen, holte ich nach drei Tagen bei versammelter Mannschaft unter großem Gelächter herunter; denn Schinken, Hühner, Eier und Milch waren diesen Leckermäulern lieber.

Als nach drei Tagen die Tommys weiterzogen, kehrten verängstigt die Familienmitglieder aus dem Knüven zurück. Die Freude, alles wohlbehalten vorzufinden, war natürlich übergroß.

Nach dem Durchzug der Engländer bekamen wir zu fünf Männern seitens der Amtsverwaltung Bevergern den Auftrag, auf dem Gemeindefriedhof ein Massengrab für die in Dreierwalde gefallenen deutschen Krieger zu schaufeln. Diesen Ehrenauftrag nahmen wir gerne dem alten beamteten Totengräber ab und waren stolz darauf.

Nach Fertigstellung des Heldengrabes durchsuchten wir das Gelände und fanden, durch Stahlhelm und Seitengewehr von englischen Sanitätern markiert, 29 Gräber, darunter das des blutjungen Leutnants Kopf. Herrn Eggert und mir fiel die Aufgabe zu, anhand der Erkennungsnummer und der Brieftasche von jedem einzelnen die Personalien festzustellen. Die Erkennungsmarken gingen zur Kreisbehörde. Anhand der Personalausweise setzte ich mich mit den Angehörigen der Gefallenen in Verbindung.

Da ich in derselben Zeit auch meinen einzigen Sohn nach vier Jahren als Panzeroffizier an der italienischen Front verloren hatte, desgleichen auch Herr Eggert seinen ältesten Sohn als Leutnant, war jeder blutjunge Held ein Stück von uns, dem wir die höchste Ehre zollten. Lange habe ich noch mit den Familien der Gefallenen korrespondiert.

Das Massengrab haben wir seitens der Schuljugend in Pflege genommen und allsamstäglich mit Feldblumensträußen geschmückt. Bei meinen alljährlichen Besuchen freue ich mich immer, daß die Gemeindeverwaltung Dreierwalde ihr Heldengrab nebst Mahnmal immer noch in Pflege und treuem Andenken behält.

Nach der Heldengrabaktion wurde uns verspätet noch ein Grab an Reinings Scheune gemeldet. Das paßte uns eigentlich nicht mehr in den Plan. Wir begaben uns aber mit unseren Gerätschaften zu Reinings. Ein schlichtes Birkenkreuz kennzeichnete das vermeintliche Grab.

Wir buddelten und buddelten, fanden aber keinen Soldaten, sondern stießen auf eine große Anzahl englischer Konservendosen. Über diesen rätselhaften Fund freuten wir uns alle und brachten ihn zum Bürgermeister für unsere Evakuierten. Derartige Gräber hätten wir gern alle Tage geöffnet. ......

In der näheren Umgebung gibt es mehrere Kriegsgräberstätten aus dem Zweiten Weltkrieg. Meine Nachzählungen ergeben folgende Tabelle, die sehr eindrucksvoll zeigt, welche Altersklassen in den letzten Kriegstagen auf deutscher Seite gekämpft haben und ihr Leben lassen mußten:

Jahrgang	Alter	Dreierwalde	Herm.-Weg	Ibbenbüren	Brumley-Tal	Fürstenau	Gesamt
unbekannt		17	1	12	4	21	55
1887	58	2					2
1891	54			1			1
1894	51					1	1
1895	50					1	1
1896	49		1	1			2
1897	48	1		2		1	4
1898	47	3	1	3			7
1899	46	1	1	3		2	7
1900	45		2	5		1	8
1901	44		1	6		3	10
1902	43		3	9	1	3	16
1903	42		2	6			8
1904	41			14		3	17
1905	40	3	1	6	2	1	13
1906	39	1		2			3
1907	38	1		1		4	6
1908	37					3	3
1909	36			3		5	8
1910	35	1		2	1		4
1911	34		1	5	1	1	8
1912	33	3		3	1	3	10
1913	32	1	1	3	1	1	7
1914	31	4		1	2	6	13
1915	30	1		1	2		4
1916	29		1	2	2	2	7
1917	28					6	6
1918	27	1		1		2	4
1919	26	1		1		7	9
1920	25	3	1	3		2	9
1921	24	2		1	1	8	12
1922	23	2	2	3		4	11
1923	22	3		2	3	6	14
1924	21	4	2	1	1	9	17
1925	20	1	1	1	2	3	8
1926	19	3	1	6	4	16	30
1927	18	5	7	19	13	29	73
1928	17	3		1	1	4	9
1929	16	2					2
1930	15	4					4
Gesamt		73	30	130	42	158	433

Für den Frontabschnitt Dreierwalde war das erste Bataillon des Regiments Wackernagel verantwortlich. Kommandeur war Major Gerbener (Jahrgang 1914), der heute in Oldenburg lebt. Nachdem ich ihn telefonisch ausfindig gemacht hatte, besuchte ich ihn am 15.2.1994. Er konnte sich an vieles exakt erinnern und erzählte folgendes:

..... Am Ostersonntag war ich mit einigen Offizierskollegen in Rheine, um unsere weiteren Aktionen zu besprechen.

Meine Soldaten waren noch auf dem rechten Emsufer und schossen einen englischen Panzer in Brand, der auf dem gegenüberliegenden Ufer an die gesprengte alte Emsbrücke herannahte. Einige umliegende Häuser fingen dabei Feuer und brannten aus.

(Anm.: Dieser abgeschossene Panzer ist in Bild 247 auf Seite 389 zu erkennen)

Major Gerbener (Jahrgang 1914),
Kommandeur des I. Bataillons Wackernagel.
(Bild 88, von Herrn Gerbener erhalten)

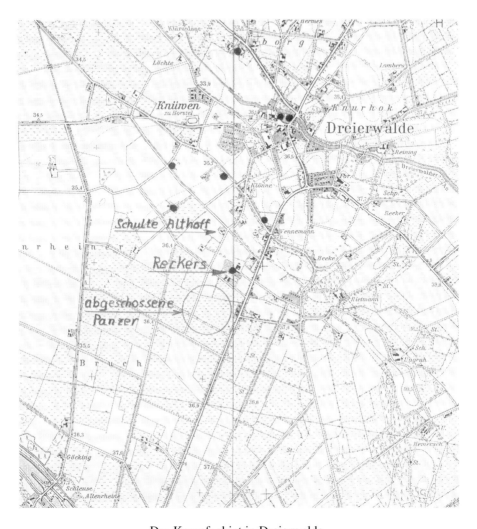

Das Kampfgebiet in Dreierwalde.
Die acht abgebrannten Häuser sind durch einen schwarzen Punkt gekennzeichnet.
Die Häuser Schulte Althoff und Reckers wechselten mehrfach ihren Besitzer.
(Bild 89)

Wir beschlossen, uns kämpfend aus Rheine zurückzuziehen und am Dortmund-Ems-Kanal in Altenrheine eine neue Verteidigungslinie aufzubauen. Ich fuhr noch in Richtung Elte und begegnete bei der Bahnunterführung (beim Kalksandsteinwerk) einem englischen Panzer. Wir fuhren verdutzt aneinander vorbei, der englische Panzerfahrer muß aber so verwirrt geworden sein, daß er sein Fahrzeug gegen ein Hindernis fuhr. Er war bewegungsunfähig. Wir nahmen die gesamte Mannschaft des Panzers gefangen und nahmen sie zum Verhör mit nach Dreierwalde. Später, nach Ende der Kampfhandlungen in der Gefangenschaft, erkannte mich der Panzerkommandant. Er behandelte mich korrekt und höflich. Er bedankte sich dafür, daß ich ihn in Rheine auch so behandelt hatte.

In Dreierwalde hatte ich meinen Gefechtsstand bei Reckers in Lütkenfelde eingerichtet. Der Kampfkommandant von Rheine, Oberstleutnant Knaust, tat alles, die Engländer aufzuhalten, und sammelte alle Mannschaften zusammen, die er auftreiben konnte.

Oberstleutnant Knaust, beinamputiert, war ein richtiger Haudegen. Bei seiner Gehbehinderung durch das Holzbein ließ er sich mit einem Krad in die vordersten Stellungen bringen und schoß, was das Zeug hielt.

In Rheine schloß sich Heinz Thomann (Jahrgang 1928) unserem Bataillon freiwillig an. Er war für uns durch seine Ortskundigkeit sehr wichtig. Ich habe ihn im Laufe der Jahre immer wieder getroffen und ihm später meinen Ärmelstreifen des Panzerkorps Großdeutschland geschenkt.

Wir hatten uns schließlich auf das östliche Ufer des Kanals zurückgezogen und waren, unseren kläglichen Kampfmitteln entsprechend, so gut wie möglich auf die Verteidigung vorbereitet. Die Engländer fuhren jedoch am anderen Ufer Flammpanzer auf, deren Flammstrahl über den Kanal hinweg unsere Stellungen ausräucherte. Sie konnten zwischen der Straßenbrücke und der Schleuse einen Brückenkopf bilden, mit Booten immer neue Verstärkungen übersetzen.

Besonders hartnäckig und tapfer verteidigten sich unsere Soldaten in dem unmittelbar am Kanal liegenden Gehöft Berghaus. Es wurde noch gehalten, als andere englische Truppen bereits bis zum Ortsrand von Dreierwalde vorgedrungen waren.

Ich selbst wurde nicht weit vom Kanal entfernt von den Engländern überrascht und geriet in Gefangenschaft. Man schlug mir zunächst mit einem Gewehrkolben auf den Stahlhelm, ich wurde dann aber nach Einschreiten eines Offiziers korrekt behandelt. Ein englischer Soldat wurde damit beauftragt, mich abzuführen. Dann setzte aber heftiges deutsches Artilleriefeuer aus Richtung Spelle ein. Alle Engländer warfen sich zu Boden und brachten sich in Sicherheit.

Das war für mich die Gelegenheit, in Richtung Dreierwalde davonzulaufen und mich aus der Gefangenschaft wieder zu befreien. Ich tat, als stürmte ich mit den Engländern auf deren rechte Flanke vor, hatte einen braunen Überhang und hielt meinen deutschen Stahlhelm vor mir, nicht erkannt zu werden.

In der Nähe der deutschen Stellungen öffnete ich meinen Mantel sehr weit, damit meine deutsche Uniform erkannbar war, und machte mich so bemerkbar, daß meine Soldaten mich rechtzeitig erkannten. So war ich wieder unter meinen Kameraden, war aber doch durch den Gewehrschlag zunächst nicht mehr einsatzfähig. Hauptmann Blumenthal vom Regimentsstab wurde mein Nachfolger. Er war ein so kampfbegeisterter Offizier, daß er später selbst nach dem 8. Mai noch weiterkämpfen wollte. Er konnte nicht begreifen, daß der Krieg für uns verloren war. .....

Heinz Thomann aus Rheine war damals 16½ Jahre alt. Durch den Hinweis von Major Gerbener machte ich ihn über seine Verwandtschaft in Rheine ausfindig, in Vaihingen/Enz. In einem Telefongespräch konnte ich ihm herzliche Grüße von seinem Freund Heinz Gerbener übermitteln. Das Gespräch dauerte anderthalb Stunden, wobei er bei unserer gemeinsamen Ortskenntnis alles sehr genau beschreiben konnte. Er schrieb mir u.a. folgende Zeilen:

..... Über die Grüße von Herrn Gerbener habe ich mich besonders gefreut. Falls Sie das genaue Geburtsdatum von Herrn Gerbener wissen, wäre ich Ihnen für die Mitteilung sehr dankbar. Herr Gerbener hat mich seinerzeit vor der Gefangenschaft bewahrt, und ich möchte seines 80. Geburtstages in besonderer Form gedenken. 1987 übergab er mir seinen "Großdeutschland" Ärmelstreifen zu treuen Händen.

Major Heinrich Gerbener war ein beliebter Bataillonskommandeur, der immer bei seinen Leuten, also "vorne" war. Seine menschliche Einstellung erkennen Sie auch im Text der Meldungen auf Seite 87 ("Das Kriegsende zwischen Ems und Weser").

Nach seiner Gefangennahme befreite er sich und "stürmte" mit den Engländern gegen uns vor. Vor unseren Stellungen riß er den Tarnanzug auf, sodaß man ihn an den Auszeichnungen als deutschen Offizier erkennen konnte. Das Deutsche Kreuz in Gold ist übrigens auch auf Seite 111 des Buches von Helmuth Spaeter zu sehen. .....

..... Das Heimatbuch von Dreierwalde brachte mir eine weitere Erinnerung an ein Erlebnis, das ich nie vergessen kann, wieder nahe:

Als Patient (Brandunfall) befand ich mich 1942 in dem selben Zimmer wie Albin Löchte. Es war die Lazarettstation des Mathias-Krankenhauses - Dr. Dumpert /Oberarzt Dr. Jörling. Ich war der einzige Patient, der aufstehen konnte, und habe Albin Löchte bei seinem Aufbäumen im Bett festgehalten (Anm.: Albin Löchte hatte als 17-jähriger in Uthuisen an einer nicht gezündeten Brandbombe hantiert, starb am 19.8.42). Seine Verletzung war furchtbar. Allerdings sagte man damals, daß die Ursache ein Leuchtbomben-Blindgänger (Anm.: Christbäume, zur Zielmarkierung) gewesen sei. Wegmann schreibt von einer Brandbombe. .....

Aus nächster Nähe sah und erlebte Antonius Kurze (Jahrgang 1929) die erbitterten Kämpfe. Hier seine Erinnerungen:

Am Mittwoch, 4. April 1945, hatten wir in einer Jagdhütte hinter dem Bauern Hemersch Zuflucht gesucht. Angesichts der näherkommenden Front sah mein Vater Unheil auf uns zukommen. Die ganze Familie ging zunächst zum Bauern Hemersch in den Keller; schließlich flüchteten wir aber weiter in unser Haus an der Straße Dreierwalde - Rheine, gegenüber der Maschinenfabrik Reckers. Wir konnten nachts hören, wie die englischen Pioniere die Bolzen in die Brückenträger schlugen, man arbeitete mit Hochdruck an der Fertigstellung einer Tommy-Brücke über den Kanal.

Inzwischen waren frische deutsche Truppen, kampfentschlossene Soldaten, eingetroffen, die sich vor unserem Haus eingruben. Ein Gefechtsstand wurde im Haus Reckers eingerichtet. Die hohen Offiziere gaben Anweisungen. Wir sahen schlimme Ereignisse auf uns zukommen.

Am Donnerstagmorgen begann dann die wilde Schießerei. Die erbittertsten

Der Seiteneingang des Hauses Reckers war der Zugang zum Gefechtsstand von Major Gerbener. Hier drang der englische Spähtrupp ein, wurde aber eine Stunde später wieder herausgeworfen und geriet in Gefangenschaft.
(Bild 90)

Kampfhandlungen fanden in dem ganzen Gebiet zwischen der Altenrheiner Schleuse und dem Knüven statt. Um etwa 11.00 Uhr vormittags sah ich plötzlich, wie sich ein Trupp Engländer, etwa sechs Mann, von hinten her zum Seiteneingang des Hauses Reckers vorpirschte. Sie besetzten das Haus und nahmen die deutschen Soldaten, den Gefechtsstand also, gefangen.

Die deutschen Soldaten in unserem Haus, etwa 150 m entfernt, sahen es und beschlossen, das Haus zurückzuerobern. Nach einer Stunde wurde das Feuer auf die Fenster des Hauses Reckers eröffnet, einige Soldaten liefen zum Haus und eroberten es zurück. Etwa sechs Engländer gerieten in deutsche Gefangenschaft und wurden hinter der Fabrik ins Dorf abgeführt.

Nachmittags, um etwa 14.00 Uhr, begann dann der eigentliche erbitterte Kampf. Über die Straße von Altenrheine, aber auch querfeldein, kam eine große Zahl Panzer, die nach Kräften alles niederschossen was sich bewegte.

Die Einschlaglöcher der deutschen Geschosse,
bei der Zurückeroberung des Hauses entstanden.
(Bild 91)

Mehrere Panzer wurden von Panzerfäusten auf dem Feld vor Reckers abgeschossen und brannten aus. Ich sah, wie unsere Infanterie auf die Besatzungen schoß, sobald sie oben aus den Panzern stiegen. Viele werden dabei umgekommen sein. Insgesamt sind etwa sechs englische Panzer abgeschossen worden.

Wir waren von verbissenen deutschen SS-Soldaten gewarnt worden, auf keinen Fall eine weiße Fahne zu zeigen. Schließlich, zum genau richtigen Zeitpunkt, entschloß sich mein Vater, durch das Kellerfenster hindurch mit einer Latte ein weißes Tuch nach draußen zu schieben. Sofort hörte das feindliche Feuer auf. Die ersten englischen Soldaten erschienen am Kellerfenster und steckten ihre Gewehrläufe hindurch. Wir konnten sie überzeugen, daß nur noch harmlose Zivilisten im Haus waren und mußten bei der Durchsuchung des Hauses in jedes Zimmer vorangehen.

In der Nähe unseres Hauses lag der schwerverwundete 18-jährige Soldat Hermann Kirchner, nicht weit entfernt davon ein toter englischer Soldat. Wir wissen nicht genau, ob sie sich gegenseitig erschossen oder ob

Der Soldatenfriedhof in Dreierwalde.
In der zweiten Reihe links das Kreuz von Hermann Kirchner
(Bild 92)

Hermann Kirchner von einem SS-Mann getötet wurde, weil er sich aus seinem Loch entfernt hatte. Er starb leider an seiner Verwundung und liegt auf dem Friedhof in Dreierwalde begraben.

Sobald die Engländer uns besetzt hatten, war alles wunderbar ruhig. Nach einiger Zeit durchwanderte ich das Kampfgebiet und sah überall gefallene deutsche Soldaten herumliegen. Die Engländer hatten ihre gefallenen Kameraden sofort mitgenommen, hatten aber wohl zwei übersehen, die einige Tage später noch an einer Grabenböschung lagen.

Herr Eggert und Herr Runge, zusammen mit einigen anderen, begruben die Toten zunächst an Ort und Stelle. Später wurden sie dann auf den Dreierwalder Friedhof umgebettet.

Erinnerungen
4

Panzergefecht und Artilleriekampf in Spelle

Wir waren dauernd, dicht zusammengedrängt, in unserem Keller. Viele Nachbarn hatten sich ebenfalls eingefunden, weil man zu unserem Haus besonderes Zutrauen hatte.

Der Keller hatte zwei Betondecken, und mein Vater war dafür bekannt, stabile Betondecken zu bauen. Wie alle anderen, hatten wir zusätzlich die Kellerdecke mit dicken Holzpfählen, in etwa 1,5 Meter Abstand, abgestützt. Nur ein aufschlagverzögerter Volltreffer oder eine Fliegerbombe konnten uns etwas anhaben. Immer dann, wenn die Schießerei zunahm, kamen auch noch viele Soldaten zusätzlich nach unten.

In der Nacht zum Freitag schliefen wir nur wenig. Meine Mutter schlug immer wieder vor zu beten, und so mancher Rosenkranz wurde durchgebetet. Ich bin meistens dabei eingeschlafen. Wenn ich wach wurde, wurde immer noch oder schon wieder gebetet. Irgendwie half es aber und beruhigte alle, die im Keller eng zusammenhockten.

Abends in der Dunkelheit war in Richtung Molkerei plötzlich ein hell loderndes Feuer zu sehen. Frau Hermann Rekers (Aa), die auch bei uns im Keller war, sah es und rief: "Nun brennt auch noch die schöne Villa auf!" Mit Villa war das mit der Molkerei verbundene mehrstöckige Wohnhaus gemeint. Am nächsten Morgen bei Tageslicht stellte sich aber heraus, daß es nur ein großer Strohhaufen in Krones Wiese gewesen war, direkt an der anderen Straßenseite vor dem Gebäude.

Am kommenden Morgen (Freitag) dachte ich, daß sich unsere deutschen Soldaten schon längst zurückgezogen haben müßten. Sie wollten sich doch wohl nicht einschließen und gefangennehmen lassen? Man hörte nämlich Artillerie aus allen Richtungen, nur noch nicht aus Richtung Schapen/Beesten.

Zwei Sherman-Panzer dieser Bauart wurden in Spelle abgeschossen.
(Bild 93, im Imperial War Museum London aufgenommen)

Aber dem war noch lange nicht so; mittags um etwa 1 Uhr stürzten plötzlich viele Soldaten, die sich sonst oben aufgehalten hatten, in unseren Keller. Englische Panzer kämen aus Richtung Dreierwalde.

Für mich war das Anlaß genug, zum Badezimmer zu laufen. Durch das kleine Fenster hatte man einen guten Ausblick Richtung Bahnhof. Einer der großen Panzer, Typ "Tiger", stand ja vor Göken Haus[1], und ich sah, wie die Besatzung mit der bei Panzersoldaten üblichen schwarzen Kopfbedeckung aus der Seitentür des Hauses zum Panzer lief. Sie kletterten schnell auf den Panzer und verschwanden darin. Die Luke auf dem Turm schloß sich. Dann sah ich, daß sich der Turm mit dem langen Geschützrohr[2] drehte, und vor Angst lief ich schnell in den Keller.

---

[1] Siehe Bild 50 auf Seite 101
[2] Die Tiger-Panzer waren bekanntlich mit einer 8,8 cm Kanone ausgestattet, von den Engländern sehr gefürchtet, siehe Bild 78 auf Seite 163

Schon auf der Kellertreppe hörte ich den ersten harten, lauten Knall; lauter als der Knall eines Blitzes, der sehr dicht einschlägt.

Es gab noch einige weitere Schüsse des Panzers, und dann war es sehr ruhig. Aber die Soldaten riefen, daß die englischen Panzer abgeschossen seien, und mein Blick durch das kleine Fenster des Badezimmers bestätigte das. Man sah einen Panzer zwischen Molkerei und Aa-Brücke, der brannte und in dem offenbar Munition explodierte. Keiner kann da lebend herausgekommen sein[3].

Am Weißen Sonntag, wo alles vorbei war, habe ich mir den Panzer genau angesehen. Das entscheidende Einschußloch befand sich exakt auf der vorderen linken Ecke der Panzerung. Das Geschoß konnte weder nach links noch nach rechts abgleiten.

Damals verstand ich nicht, wie die Engländer so unvorsichtig sein konnten. Sie mußten doch längst den großen deutschen Panzer gesehen und an die Gefechtsleitung gemeldet haben! Außerdem müssen sie wohl nicht gewußt haben, daß die Aa-Brücke so vollständig gesprengt war, daß selbst ein Panzer meiner Ansicht nach nicht durchgekommen wäre. Die Panzersperre vor der Brücke war unwichtig, die Engländer hätten sie mit ein paar Granaten wegfegen können. Außerdem weiß ich nicht genau, ob sie überhaupt geschlossen war; ich glaube nicht.

Die englischen Panzer kamen übrigens nicht aus Richtung Dreierwalde, sondern entlang der heutigen Rheiner Straße, die damals noch ein Sandweg war. Josef Löcken (heutiger Bürgermeister) sah diese Panzer am Haus vorbeifahren und kann sich wie folgt daran erinnern:

Am Freitag, kurz nach Mittag, kamen plötzlich drei oder vier Panzer vorbeigefahren und fuhren mit mäßigem Tempo Richtung Speller Bahnhof, gleichzeitig schoß die deutsche Artillerie in diese Gegend. Es dauerte nicht lange, da kamen diese Panzer mit hohem Tempo zurück, zwei von ihnen fehlten jedoch. Wir hörten, daß sie bei der Molkerei abgeschossen seien.

Eine deutsche Granate schlug in unser Haus ein und beschädigte das Dach sehr stark. Niemand wurde verletzt, weil wir im Keller waren. Als es nach einiger Zeit bei uns ruhiger wurde, half ich meinem Vater bei der Reparatur,

---

[3] Wie sich nachher herausstellte, sind zwei Besatzungsmitglieder umgekommen

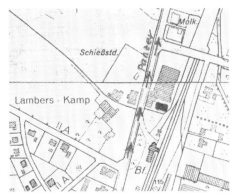

Das Haus, in dem die Familie Hubert Wolters wohnte, ist dunkel eingezeichnet.
(Bild 94)

Dachziegel anreichen usw., ich war damals 8 Jahre alt. Es dauerte nicht lange, da mußten wir wieder in den Keller, es wurde wieder geschossen.

Es war etwa ½ 1 Uhr, bei Hubert Wolters stand das Essen auf dem Tisch. Sie wohnten damals in einem Haus hinter dem Geschäft der Firma Krone, zwischen der Bahn und dem Geschäft. Die Kinder, damals noch sehr klein, spielten auf der Straße vor dem heutigen Haus Krone. Plötzlich sahen sie von Venhaus her „einige Ungetüme", in viel Staub gehüllt, auf sich zukommen.

Sie liefen schnell ins Haus, die Eltern zu holen. Das sollten sie auch sehen! Der Vater, Hubert Wolters, kam auch, hatte aber nichts eiliger zu tun, als die Kinder in Sicherheit zu bringen. Er wußte ja, daß es englische Panzer waren und mit einem Gefecht zu rechnen war.

Genau zu dieser Zeit trafen deutsche Granaten sowohl das Haus Krone als auch das eigene Haus. Ins Haus zurückgekehrt mußten sie feststellen, daß die Holzdecke der Küche von Splittern durchlöchert und der Terrazzofußboden an zahlreichen Stellen beschädigt war. Ein Splitter hatte den Teller des Vaters und den Tisch durchschlagen, genau dort, wo wenige Sekunden vorher Hubert Wolters gesessen hatte. So retteten die Kinder ihren Vater vor dem sicheren Tod.

Wochen später standen die abgeschossenen Panzer mindestens 1 Jahr lang noch an der Straße zwischen Molkerei und Aa-Brücke. Wir Jungen hatten daran einen herrlichen Spielplatz. Alles, was irgendwie demontierbar war, wurde ausgebaut. Walter Altendeitering entdeckte die Ablaßschraube des Benzintanks. Bekanntlich liefen Sherman-Panzer, um solche handelte es sich, auf Benzin, was sich als großer Fehler für die Engländer erwies: Die Panzer dieser Bauart fingen allzu leicht Feuer.

Schon wieder bei Josef Altendeitering beschäftigt, wunderte ich mich, daß eines Tages in der Werkstattgarage etwa sieben Kanister mit rotgefärbtem Benzin standen, damals ein Vermögen! Es war das „erbeutete" Benzin, das Walter Altendeitering den abgeschossenen Panzern abzuzapfen verstand.

Es lagen noch mehrere Jahre lang Teile der Panzerkette am Straßenrand gegenüber der Molkerei. Die Töchter von Hubert Wolters berichten, daß die Schulkinder aus den Gummistollen Stücke herausschnitten, um daraus Radiergummis zu machen. Nichts ist auf der Welt so schlecht, daß nicht auch wenigstens etwas Gutes daran ist! Auch Radiergummis waren damals knapp.

Aus diesen Gummistollen schnitten sich die Schulkinder Radiergummis.
(Bild 95, im Imp. War Museum aufgenommen)

Aus nächster Nähe sahen die Bewohner der „Villa" an der Molkerei die Ereignisse am Freitag, dem 6. April 1945 um ½ 1 Uhr. Und Bernd Endemann, Walter Altendeitering und Hermann Jungehüser können sich sehr gut an viele Einzelheiten erinnern:

Plötzlich hieß es: „Hu, Panzer kummt!". Das konnte nicht gutgehen, gleich hinter der Aa waren deutsche Soldaten und der Tiger-Panzer! Alles rannte in den Keller und wartete das Ende der Schießerei ab. Hermann Jungehüser Sen., Veteran des ersten Weltkrieges, wagte sich als erster nach oben. Die deutschen Soldaten waren über die Aa-Brücke zu der vorher schon aufgegebenen Molkerei zurückgekommen und nahmen gerade sieben Engländer, die aus beiden Panzern ausgestiegen waren, gefangen. Sie hatten noch versucht, Richtung Venhaus zu flüchten, nachdem sie zunächst vor den Bewohnern der „Villa" die Hände gehoben hatten. Herr Pelster Sen., der etwas Englisch sprach, hatte ihnen jedoch gesagt, sie seien alle Zivilisten und sie sollten die Hände ruhig wieder senken.

Im Hause Wolters England befand sich der Verbandsplatz des Roten Kreuzes. Viele Verwundete bekamen hier Erste Hilfe.
(Bild 96)

Als nächstes öffneten die deutschen Soldaten sofort die Panzer und nahmen Konserven, Schokolade usw. heraus. Sobald sie genug davon hatten, verteilten sie großzügig an die umstehenden Zivilisten jede Menge Schokolade, Brot und alles, was sie noch fanden.

Plötzlich rief der kleine Richard Endemann, bei der Mutter auf dem Arm: „Da im Graben liegt ja noch einer!". Tatsächlich, ein Engländer war am Arm verwundet und wäre fast übersehen worden.

Seine sieben Kameraden mußten ihn mit sich forttragen, und die Kolonne bewegte sich Richtung Spelle in Gefangenschaft. In dem weniger beschädigten Panzer schnatterte das Funkgerät ununterbrochen weiter.

Jeder Panzer hatte fünf Mann Besatzung, in dem ersten Panzer müssen somit zwei Engländer umgekommen sein, wahrscheinlich der Fahrer und der Beifahrer, gleichzeitig MG-Schütze.

Es hört sich eigenartig an, aber die acht Engländer wurden nach „England" gebracht, zum Speller Ortsteil England also. Ein Verbandsplatz des Roten Kreuzes befand sich dort im Hause Wolters. Frau Elli Terodde, damals dort wohnhaft, war als Sanitäterin verpflichtet und hat den verwundeten Engländer, der einen Durchschuß hatte, verbunden.

Die anderen sieben wurden zunächst in der Scheune eingesperrt und bewacht, dann aber, zusammen mit Schwerverwundeten, per Sanitätsauto nach Freren gebracht.

Vorher saß der verwundete Engländer zusammen mit anderen leicht verwundeten deutschen Soldaten in der großen Küche des Bauern B. Kohle

(England). Im Keller hörte man davon, und Mutter Kohle sagte: „Ich hab schon gefangene Russen, Polen und Franzosen gesehen, einen Engländer aber noch nicht. Jetzt muß ich doch erst einmal wissen, wie der denn wohl aussieht!"

Sie und noch einige andere, zum Beispiel Hubert Göke, stiegen schnell nach oben. Nach kurzer Zeit kehrten sie in den Keller zurück, und Frau Kohle berichtete: „Das will ich euch sagen, die Engländer sehen genauso aus wie wir!"

Die Nazi-Propaganda beschrieb England als einen Raubstaat, der sich weltweit die Kolonien zusammengerafft habe. Nicht verwunderlich, daß Engländer wie Raubritter aussehen mußten.

Welch ein Segen, daß sich Europa zusammenschließt und daß man heute ohne Probleme unsere Nachbarländer besucht und die Menschen kennenlernt!

Etwa zur selben Zeit, als die Panzer abgeschossen wurden, hat der Tiger-Panzer auch die „Villa" mit einigen Granaten getroffen. Besonders die obere Wohnung von Josef Altendeitering bekam einiges ab. Manche vermuten, daß die Panzerbesatzung sich dafür rächen wollte, daß ihnen ein Butterfaß in der Molkerei verschlossen blieb. Aber vielleicht vermutete man auch englische Scharfschützen in dem Haus.

Nach diesem Panzerangriff trat zunächst totale Ruhe ein, so, als ob die Engländer erst einmal begreifen mußten, was geschehen war. Aber dann, vielleicht eine halbe Stunde später, gab es Artillerie-Trommelfeuer. Weder vorher noch nachher war es schlimmer. Mein Vater stand am kleinen Kellerfenster, um zu beobachten. Plötzlich gab es einen Knall. Jeder wußte: Das war nicht weit entfernt! Pulverdampf kam durch das Fenster in unseren Keller. Die Granate war 10 Meter vor unserem Haus im Garten eingeschlagen, alle Fensterscheiben an der Straßenseite waren zerstört, im kleinen Wohnzimmer war der Kronleuchter zersplittert, und das Radio, das oben auf dem Bücherschrank stand, war auch von einem Splitter getroffen. Wäre jemand in dem Zimmer gewesen, so wäre er mit Sicherheit von einem Splitter getroffen worden. Noch heute steckt ein Splitter dieser Granate oben im Holzrahmen unserer vorderen Eingangstür.

Der Granatsplitter im Holzrahmen der Eingangstür meines Elternhauses
(Bild 97)

Nach einer gewissen Zeit, ich weiß heute nicht mehr, wie lange, war alles wieder ruhig. Onkel Alois tauchte oben an der Kellertreppe auf und fragte nur: "Lebt ihr alle noch?"

Plötzlich kam ein sehr junger Melder in unser Haus gestürzt. Er war kreidebleich und stammelte nur noch: "Daß ich noch lebe....daß ich noch lebe...".

Ich bat ihn, doch zu erzählen, was er erlebt habe. Aus meiner Ortskenntnis heraus konnte ich genau beurteilen, welche Ortsangaben er machte. Er sei gerade zu der Zeit, als eine Granate mitten auf der Venhauser Straße einschlug, nur 5 Meter daneben im Graben gewesen. Die ältere Frau in dem Haus, vor dem er im Graben gelegen habe, sei tot (Frau Sombecke). Auch sonst seien überall Granaten eingeschlagen.

Weil es derzeit wieder ruhig war, ging ich zu Onkel Alois hinüber und sah, daß auch an unserem neuen Lager ein Abpraller eingeschlagen war. Die nicht gezündete Granate lag in Niehaus' Wiese, der rote Plastik-Zünder neben dem Haus von Onkel Alois. Auch neben dem Kellerfenster bei Onkel Alois war eine Granate eingeschlagen. Die Splitter-Löcher sind heute noch zu sehen. Alle Granattrichter hatten nur etwa 1 Meter Durchmesser und waren nur 30 cm tief. Die Engländer verwendeten nicht Granaten mit Verzögerungszünder, sondern elektrostatische Zünder, die gewissermaßen voreilend zündeten, um eine möglichst große Splitterwirkung zu erreichen. Man hatte kein Interesse an großen Einschlaglöchern.

1 m neben unserem Nachbarhaus (Onkel Alois), heute das Haus von Tischlermeister Josef Schütte, schlug eine Granate ein. Der um etwa 50 cm aufgefüllte Boden verdeckt den größten Teil der Splitter-Spuren....
(Bild 98)

Nach diesem Angriff wurde mein Vater sehr ängstlich und machte sich große Sorgen. Er hatte noch immer die Erfahrungen des ersten Weltkrieges im Kopf, wo man oft alles "kurz und klein" schoß. Er meinte, wegen der Frontnähe würde man unser Haus total ausradieren, und kam zu der Überzeugung, wir müßten, wie er das im 1. Weltkrieg oft bei der russischen Zivilbevölkerung beobachtet hatte, das Haus verlassen und fliehen. Sein Ziel war Lüttmanns Haus am Moor.

Ich empfand, daß es für uns noch viel gefährlicher werden könnte, wenn wir unterwegs ungeschützt in einen Artillerie-Überfall gerade erlebter Art hineingerieten. Wer konnte das wissen! Tatsache und Erfahrung war, daß die Granaten noch nicht einmal die Dachhaut durchschlugen und in der Luft vor dem Aufschlag explodierten. Im Keller, unter zwei Betondecken, konnten wir uns also unbedingt sicher fühlen. Warum dann ein so großes Risiko eingehen!

Es war sehr schwierig, meinen Vater zu überzeugen. Er warf mir vor, ich sei leichtsinnig und phlegmatisch, außerdem hätte ich ein viel zu dickes Fell und nicht genug Erfahrung.

Mir blieb nichts anderes übrig, als die einquartierten Soldaten um Hilfe zu bitten, meinen Vater von der Richtigkeit meiner Meinung zu überzeugen. Sie sagten alle, die Granaten würden nicht durchschlagen, und wir seien im Keller ganz sicher.

und wer kennt nicht das Einschußloch an unserem geliebten alten Bahnhofsgebäude, liebevoll und sorgfältig ausgebessert. Nur der Farbunterschied war nicht zu vermeiden. Es stammt allerdings von einem deutschen Panzer, der an der heutigen Marienstraße stand, etwa bei den Häusern Henneker und Focks.
(Bild 99)

Erinnerungen
5

Jagdbomberangriff auf den Ortskern

Aber dann kam etwas, was auch mich in Angst versetzte: Gegen Abend kam Onkel Alois wieder in unseren Keller, um meinen Vater um Rat zu fragen. Von unserem Haus her hatte man einen guten Ausblick in Richtung Aa und Bahnhof, zur Front also. Onkel Alois dagegen wußte besser, was sich im Dorf abspielte.

Er berichtete, nun würde man mit roten Nebelgranaten ins Dorf hineinschießen. Er habe genau gesehen, daß vor Aftings Haus auf der Straße solche Granaten explodiert seien. Mein Vater wußte auch keine Antwort, im 1. Weltkrieg habe man so etwas nie gemacht.

Die Auflösung des Rätsels erfolgte schnell: Englische Jagdbomber kamen herangeflogen und wußten durch die roten Markierungen, wohin sie schießen mußten. Wegen der Frontnähe wären Irrtümer leicht möglich gewesen.

Vor Flugzeugen hatten alle viel mehr Angst als vor der Artillerie. Vor der Artillerie konnte man sich verkriechen, Fliegerbomben dagegen drangen durchaus bis in den Keller.

Aus dem Bericht meines Vaters wissen wir, was geschah: Die Häuser Frankmölle und Müer brannten ab, die Orgel der Kirche wurde schwer beschädigt. Vehrs Haus brannte, wurde aber gelöscht. In vielen Dächern gab es Einschläge von Bordwaffen.

Wahrscheinlich war das eigentliche Ziel der Beobachtungsposten im Kirchturm, aber warum zu dessen Beseitigung nicht Artillerie? Vielleicht waren genau schießende Panzer oder Geschütze zu dieser Zeit noch nicht dicht genug an Spelle heran.

Am Tag zuvor (Donnerstag) war Dreierwalde des schlechten Wetters wegen von einem Fliegerangriff verschont geblieben. Heute aber war das Wetter ausgezeichnet, was sofort von den feindlichen Fliegern ausgenutzt wurde.

Taifun Jagdbomber (Hawker Typhoon) der RAF.
Mehrere Maschinen dieses Typs griffen am 6.April 1945 Spelle an.
3330 Flugzeuge dieses Typs wurden gebaut, Motor 2200 PS, 1 Mann Besatzung, in 6250 m Höhe max 656 km/std, Bewaffnung mit 4 Kanonen 2 cm und alternativ 2 Bomben je 454 kg oder 8 Raketengeschosse.
(Bild 100, aus dem Buch „Weltkrieg II - Flugzeuge")

Aus den englischen Aufzeichnungen ist bekannt, daß es Jagdbomber des Types Taifun waren, die man angefordert hatte. Sie galten als die besten Tiefangriffsflugzeuge des zweiten Weltkrieges.

Frau Hildegard Schatz (Kerk) und Frau Anni Berling (Gelze) berichten, daß sie vor dem Angriff bei Kerk im Keller waren. Der Vater, Hugo Kerk, rief plötzlich: „Wer laufen kann, komme schnell nach oben, hier sind wunderbare rote Feuerbälle mit Nebel zu sehen!"

Niemand ahnte, was diese Nebelgranaten zu bedeuten hatten, und auf dem Rückweg in den Keller waren auch schon die Jagdbomber da. Sie schossen quer durch das Haus, und ein Geschoß flog dicht vorbei in das Schalterfenster der Post, direkt neben dem Kellereingang.

Schlimm war es auch im Keller des Hauses Frankmölle, in dem sich 24 Personen befanden. Frau Elisabeth Thele (Frankmölle) erinnert sich, daß eine Bombe unmittelbar neben dem Keller in den Sandschutzwall des

Schießstandes fiel. Der Keller war nicht mehr benutzbar, und alle flüchteten in den Keller von Jungehüser, in dem kaum noch Platz war. Der Wirtschaftsteil des Hauses Frankmölle stand sofort in Flammen. Wilhelm Frankmölle ließ das Vieh nach draußen, eine Kuh war tot. Die Pferde wurden vom Nachbarn Seibring eingefangen und dort untergestellt. Firma Ossegge aus Rheine hatte 80 Sack Mehl eingelagert, um sie vor den Fliegerangriffen in Sicherheit zu bringen. Alle verbrannten, weiterhin gingen fünf Sack Zucker in Flammen auf.

Durch einen besonders mutigen Einsatz der Familie Frankmölle und einiger Nachbarn gelang es, die Bäckerei vor den Flammen zu bewahren, wodurch wir in der nachfolgenden Zeit wenigstens eine Bäckerei im Ort behielten.

Bei Muer brannten die Stallungen ab, nur das Wohnhaus konnte gerettet werden. Das in den Stallungen befindliche Vieh verbrannte ohne Ausnahme. Auch bei Vehr brannte es, nur durch rechtzeitiges Löschen konnte der Verlust des erst nach dem Brand im August 1939 neu wiederhergestellten Hauses verhindert werden. Noch heute sind verkohlte Holzsparren Zeugen der damaligen Ereignisse.

Bernhard und August Diekmännken wurden draußen vom Angriff überrascht und flüchteten schnell in den Erdbunker neben dem Friedhof. Sie konnten die Gesichter der sehr tieffliegenden Piloten sehen. Auch die Häuser Roelfes, Gelze und Wierling (jetzt Antonius Kurze) hatten starke Beschädigungen durch Einschüsse. Mitten auf der Straße vor dem Kriegerdenkmal befand sich plötzlich ein größerer Bombentrichter.

Wie durch ein Wunder wurde durch den Angriff zwar erheblicher Sachschaden, aber kein Personenschaden unter der Zivilbevölkerung verursacht. Auch hat man nichts davon gehört, daß Soldaten oder Gefangene getroffen wurden. Die etwa 30 bis 50 Engländer, die im Hinterhof des Hauses Kerk eingesperrt und bewacht wurden, waren zu dieser Zeit wahrscheinlich schon in Richtung Freren abgeführt worden. Frau Hildegard Schatz (Kerk) kann sich gut daran erinnern, wie ängstlich sie ausgesehen haben.

Sie wurden von Major Wackernagel, wie er selbst bei unserem Besuch in diesem Jahr berichtet hat, ausgefragt, was aber nicht viel gebracht habe, zumal er besser Latein und Griechisch verstand als Englisch. Die Gefangenen kamen von Dreierwalde, wo am Tag zuvor die Front hin und her ging. Sie waren dort auch schon von Major Gerbener befragt worden. Er kann sich erinnern, daß er dabei auf der Treppe stand, die früher außen am Kirchturm zur Orgelbühne hochführte.

Im Ortsteil England, unter anderem auf dem Hof Hubert Reker (Bürgermeister), war starke deutsche Artillerie in Stellung gegangen. Sie schoß bis nach Altenrheine. Nachher waren allerdings die Häuser hinter der Aa, schon von den Engländern besetzt, das Ziel der deutschen Granaten. So sind die Einschläge an der Molkerei, im Haus Krone, im Bahnhofsgebäude, in Löcken Haus usw. alle von deutschen Granaten verursacht.

Ein deutscher Panzer stand zum Beispiel dort, wo sich heute das Haus Henneker an der Marienstraße befindet. Er dürfte wohl den gezielten Schuß auf das obere Fenster im Bahnhofsgebäude abgegeben haben, vermutlich gegen einen Scharfschützen oder einen Beobachtungsposten.

Anton Teders, Otto Büers und Alfons Kohle konnten noch genau angeben, wo die einzelnen Geschütze standen. In Bild 101 auf der folgenden Seite sind die Standorte eingetragen. Die Feuerleitstelle befand sich im Hause Teders. Wo sich überall Beobachtungsstellen befunden haben, ist nicht mehr herausfindbar, auf jeden Fall hat es zeitweilig auch einen Posten im Kirchturm gegeben; mein Vater hat dort Telefonleitungen nach dem Beschuß des Turmes gefunden.

Otto Büers, Jahrgang 1928, war damals mit 16 ½ Jahren schon Soldat, hat aber von seinem Vater nach der Rückkehr aus der Gefangenschaft die genaue Lage der drei Mörser, rund um das Haus stationiert, beschrieben bekommen. Die Ladekanoniere hätte versichert, daß sie die schweren 18 cm Granaten zwar abschössen, daß sie aber alle nicht entsichert seien, somit den deutschen Landsleuten am Bahnhof nicht sehr schaden könnten. Ob es wirklich stimmt, kann nicht mehr festgestellt werden; Tatsache ist jedoch, daß sehr viele Granaten nicht nur eingeschlagen, sondern auch explodiert sind.

Am Samstag waren die die deutschen Panzer verschwunden. Wir wunderten uns, daß unsere Soldaten immer noch keinerlei Anstalten zum Rückzug machten. Wollte man sich einschließen lassen, um dann ungestraft und ungehindert in Gefangenschaft gehen zu können?

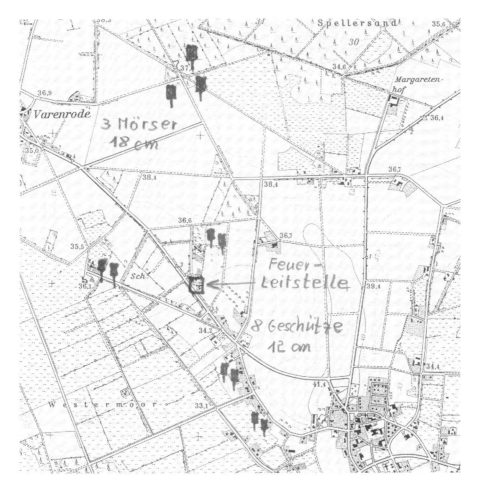

Die Positionen der Artillerie- und Mörsergeschütze. Die Feuerleitstelle befand sich auf dem Hof Teders. Die Soldaten gingen recht fahrlässig mit der Munition und den Pulverladungen um, die Jungen hätten ohne weiteres Pulversäckchen stehlen können. In der Nacht zum Samstag war alles „über Nacht" verschwunden.
(Bild 101)

Das Wichtigste am Samstag, dem 7.4.1945, war die präzise Beschießung des Speller Kirchturmes. Er stand danach nur noch auf drei Beinen und wäre bei stärkerem Westwind schräg nach hinten in Richtung Kösters' Haus gefallen.

Es stand dort, wo sich jetzt der Parkplatz vor der Gastwirtschaft Segers befindet.

Ich konnte jederzeit oben vom Dachfenster her auf der Treppe an der Molkerei englische Soldaten sehen. Sie schienen sich sicher zu fühlen und waren ohne Stahlhelm. Oben in den Fenstern lagen die Scharfschützen, die unsere ganze Gegend unsicher machten.

So wurde auch Joachim Nentwig aus Karlsruhe durch einen Lungenschuß schwer verwundet. Er befand sich neben der heutigen Ringstraße etwa dort, wo sich jetzt der Parkplatz vor dem Aldi-Markt befindet, damals ein Acker. Er wurde von seinem Kameraden zunächst in Göken Haus (heute Höving) geschleppt und wurde dann monatelang im Speller Krankenhaus behandelt.

Am 19.12.1993, machte ich ihn nach 49 Jahren telefonisch in Ettlingen ausfindig. Er berichtete, daß er damals zur Luftwaffen-Division Hermann Göring gehörte und zusammen mit einigen Kameraden per Fahrrad von Winterswijk (Holland) über Öding und Alstätte nach Spelle kam. Für ihn war, 19-jährig, in Spelle der Krieg zuende.

Heinz Krone berichtet, daß er damals mit seinem Vater das Dach des Hauses reparierte, das bei dem Jagdbomber-Angriff auf den Kirchturm auch gelitten hatte. Es handelt sich um das Haus der Familie Kerk, hinter dem Saal Segers gelegen. Plötzlich sah er bei Jungehüser (heute Realschule) drei Engländer mit dem typischen Stahlhelm um die Ecke kommen. Sie mußten sich verlaufen haben und wurden sogleich von den bei Segers einquartierten zahlreichen deutschen Soldaten gefangen-genommen.

Abends, nach Einbruch der Dunkelheit, zogen alle deutschen Soldaten an der Bahn entlang Richtung Beesten ab. Wir waren sehr erleichtert. Nun konnten die Engländer einrücken. Nur durch ein Mißverständnis hätte uns noch etwas passieren können. Trotzdem schlugen in der Nacht zum Sonntag immer noch Granaten ein, die Feuerüberfälle waren aber weniger heftig.

Erinnerungen
6

Spelle endlich besetzt

Der Weiße Sonntag, der 8.4.1945, wurde dann der letzte Tag des Krieges für unser Dorf Spelle. Um etwa 9 Uhr kam unser französischer Gefangener Remo (Raymond) mit einem Kameraden frohen Mutes in unser Haus und sagte in nicht zu gutem Deutsch: "Mutter, jetzt Krieg schon aus, wir Tommy holen gehen!" Ich sah dauernd aus unserer großen Haustür die Straße entlang in Richtung Göke und sah dann bald einen etwa 20 Mann starken, schwer

Noch einmal unser Remo. Er ist schon auf Seite 108 in Bild 55 zu sehen, so, wie er damals war. Dieses Bild wurde von meinem Sohn Konrad bei unserem Besuch im Sommer 1976 aufgenommen. Von links nach rechts:
Annette, Claudia, Klärchen, Ansgar und Karl Rekers,
Raymond Leger und seine Frau
(Bild 102)

Das sind die französischen Gefangenen in Spelle.
Zweiter von links unser „Remo".
Nach der Nachricht, daß mein Bruder Alois gefallen sei, entluden sie spontan und freiwillig, ohne Entgelt, zwei Waggons Hochofenschlacke, um meinen Vater zu trösten. Damals mußten die „Räder rollen für den Sieg". Eisenbahnwaggons, die morgens eintrafen, mußten abends leer sein, egal, ob Werktag oder Sonntag.
(Bild 103)

bewaffneten Trupp Engländer auf unser Haus zukommen. Die Soldaten arbeiteten sich von Straßenbaum zu Straßenbaum voran, immer die Maschinenpistolen im Anschlag. Vorn waren die ersten Soldaten von unserem Remo begleitet, der sie anzutreiben schien.

Mein Vater und ich gingen ins Innere unseres Hauses zurück, ließen aber die große Eingangstür weit offen. Und dann kamen sie in unser Haus, die Maschinenpistolen im Anschlag. Unser Remo tat kollegial, klopfte meinem Vater auf die Schulter und sagte zu den Engändern, die sicher sein Deutsch nicht verstanden haben: "Hier alles gut, nichts Nazi!".

Ich mischte mich mit meinen leichten Englisch-Kenntnissen ein und sagte: "The German soldiers all are gone, we have no soldiers in our house." („Die deutschen Soldaten sind alle fort, wir haben keine Soldaten in unserem Haus.") Die Engländer fragten: "You have any wappons in your house?" („Habt ihr in eurem Haus Waffen?"), worauf ich antwortete: "No, we have no wappons in our house." („Nein, wir haben keine Waffen in unserem Haus.")

Wir mußten dann einige Zimmertüren öffnen. Die Engländer folgten uns, immer noch mit den Maschinenpistolen im Anschlag. Sehr großer Schrecken fuhr mir in die Glieder, als wir die Tür zum vorderen Schlafzimmer meiner Eltern öffneten. In beiden Fenstern lagen schußbereit englische Soldaten, den Lauf ihrer Waffen auf die sich öffnende Tür und somit auf uns gerichtet.

Beim Verlassen des Hauses sahen wir, daß an der Straße hinter jedem Baum ebenfalls ein Engländer mit angelegter Waffe hervorlugte. Schließlich zog der Trupp weiter, und wir atmeten tief durch. Es war 10 Uhr vormittags. Das war für uns das Ende des Krieges.

So ist das also, wenn man erobert wird. Die Gefahr war vorbei. Wir waren endgültig von den Nazis befreit. Niemand konnte noch zu den Waffen eingezogen werden. Ein ganz neues, wunderbares Gefühl nach den vielen Kriegsjahren!

Etwa beim Haus Dr. Samson kamen Ortsvorsteher Kösters, Pastor Thye und der alte Herr Stratmann den Engländern mit einer weißen Fahne entgegen. Während die Engländer das restliche Dorf besetzten, gingen mein Vater und ich über unseren Platz, die Schäden an den Lagerschuppen zu besichtigen. Mehrere Granaten waren in die Dächer eingeschlagen.

Hinten auf der Wiese standen viele ein Meter lange Rohre vertikal auf dem Boden. Wir unterhielten uns lebhaft. Nacheinander tauchten eine ganze Reihe deutscher Soldaten mit ihren Köpfen aus den Rohren auf. Sie fragten, ob der Engländer inzwischen eingetroffen sei. Wir bejahten das. Die Soldaten gingen zum Bahnhof und ließen sich gegenüber der Molkerei gefangennehmen.

Nachmittags, das Wetter war sehr schön, nahmen mein Vetter Paul und ich einen Handwagen und gingen über „Kampel Brücke" Richtung Bahnhof. Wir suchten die wertvollen Messing-Kartuschen der englischen Granaten. Die deutschen Kartuschen waren aus Stahl und hatten nur einen galvanischen Überzug. Wir ließen sie liegen.

Reiche Beute machten wir an dem Wall neben Lambers Wiese, gegenüber dem heutigen Haus Werner Muer. Dort hatten die Panzer gestanden, die am Tag zuvor den Kirchturm beschossen hatten.

Überall lag massenhaft Munition herum. Wir nahmen eine größere Menge Maschinengewehr-Gurte mit. In den Patronen befand sich gelbes Stangenpulver. Es brannte schnell, aber nicht explosionsartig. An den leeren Patronen war das Zündhütchen noch unversehrt. Durch Aufschlagen mit einem Nagel ließ sich ein für uns interessantes Platzpatronengeräusch erzeugen. Heute faßt man sich an den Kopf, daß man solche Dinge tat, aber fast alle Männer in meinem Alter können ähnliche Geschichten erzählen.

Während mein Vater sich an den folgenden Tagen um den Kirchturm kümmerte, bin ich durch die Gegend gewandert, in der die Engländer feudal ausgebaute Artillerie-Stellungen eingerichtet hatten. Ich weiß nicht mehr genau, wo es war, aber es war auf Venhauser Gebiet etwa dort, wo sich jetzt das Industriegebiet Portlandstraße befindet. Wehe, diese Geschütze wären alle noch in Richtung Spelle zum Einsatz gekommen!

Wenige Tage nach dem Weißen Sonntag hatte Onkel Alois ausfindig gemacht, daß im Kanal bei Rielmann ein Schiff voller Radios festliege. Es sei für jedermann zugänglich, und man dürfe sich Radios holen, so viel man wolle. Ich fuhr mit meinem Fahrrad sofort hin. Es stimmte exakt, jedoch war ich längst nicht mehr der erste in diesem Schiff. Viele Radios waren von den Leuten zertreten. Wie unvernünftig können doch die Leute sein, wenn sie überfüttert werden!

Ich fand nur noch wenig Brauchbares. Alle Radios waren von Phillips, waren aber leider ohne Röhren. Ich war besonders scharf auf ein sehr kleines Gerät (Typ „Philetta"), welches meine holländischen Arbeits-kollegen bei Altendeitering auch besaßen. Ich fand auch eins, leider mit zertrümmertem Gehäuse. Das störte mich nicht, und ich nahm es mit, denn Radios ohne Gehäuse waren damals sogar "in" bei den Jugendlichen. Man war sehr technikfreundlich!

Später, nach der Währungsreform, beschaffte ich mir die passenden kleinen Röhren. Das Radio hat mich die ganze Studienzeit hindurch in Hannover bis zum Abschluß im Jahr 1955 begleitet.

In Dreierwalde festgefahrener deutscher Panzer. Natürlich von den Britischen Militär-Fotografen festgehalten.
Von den abgeschossenen englischen Panzern gibt es keine Bilder.
(Bild 104, Imperial War Museum, London)

Etwas weiter, oberhalb der Altenrheiner Schleuse, soll ein "Zuckerschiff" gelegen haben. Man stelle sich das vor, ein ganzes Kanalschiff voll Zucker! Ich hatte kein Interesse daran und habe das Schiff nicht aufgesucht.

Unzählige Fahrzeuge der Engländer fuhren von Rheine nach Hopsten durch Dreierwalde. Natürlich mußte ich das sehen und fuhr mit dem Fahrrad zur Brücke bei Lütkemeier. Zunächst fiel auf, daß ein deutscher Panzer offensichtlich beim Versuch, die Aa noch zu durchqueren, steckengeblieben war.

Nun konnte man sehen, wie unsere Gegner uns mit ihrer Ausstattung haushoch überlegen waren! Alles nagelneue Fahrzeuge, benzingetrieben, bestens bereift. Nirgendwo Mangel. Ganze Kolonnen Lastwagen fuhren vorbei, voll mit Benzin-Kanistern, dann wieder eine Kolonne mit Brückenteilen, Panzer, Schützenpanzer, alles, was man sich nur denken kann!

Die Brücke in Dreierwalde, über die ein endloser Strom von
englischen Militärfahrzeugen fuhr. Das Foto wurde am 6. April,
am Tage nach der Besetzung Dreierwaldes, aufgenommen.
(Bild 105, Imperial War Museum, London)

Und wie die fuhren! Die Motoren heulten hochtourig, geschaltet wurde mit Zwischengas, alle Fahrzeuge hatten Allradantrieb. Besonders geschickte Fahrer schienen die Neger zu sein. Für mich war es eine Wonne, sich das alles anzusehen.

An der B70 hatten sich Engländer in dem Haus gegenüber dem Gut von Gescher eingenistet. Auch dort habe ich zugeschaut, wie alles ablief. Nicht zu glauben, man kochte mit Benzin! Man hatte Feuerstätten, die unwahrscheinlich laut waren.

Aber noch lauter war die Musik im Radio, Jazz und Swing ohne Ende. Bald hörte ich auch solche Musik und fand sie schön. Mein Vater konnte das überhaupt nicht verstehen und hat mir das immer wieder gesagt. Seine Ausdrucksweise: „Ick kann mie nich begriepen, wuu du di dat anlustern kaas." - Ein Generationen-Problem!

Inzwischen brach der deutsche Widerstand mehr und mehr zusammen. Bei Torgau an der Elbe trafen sich am 25. April Amerikaner und Russen auf der Elbbrücke.

Churchill traute den Russen nicht und ließ die restlichen deutschen Truppen in ihrer Struktur bestehen, um sie im Falle eines Falles gegen die Russen noch zur Verfügung zu haben. Trotz der Erschöpfung hätten viele deutsche Offiziere und Soldaten, mit dem riesigen Material der Westmächte ausgestattet, noch gegen die Russen weitergekämpft!

Benzin in Hülle und Fülle!
Britische Soldaten beim Abfüllen in Kanister.
(Bild 106, Imperial War Museum, London)

Es zeigte sich aber, daß der Krieg nach dem 8. Mai in Europa wirklich zuende war. Gott sei dank! Es hatte wirklich gereicht. Die Russen machten keinen Versuch, unter Bruch der Abmachungen weiter nach Westen vorzudringen.

Die Landkarte auf der folgenden Seite zeigt die von deutschen Truppen am 9. Mai 1945, dem Tag nach der Kapitulation, noch gehaltenen Positionen. Es ist erstaunlich, daß sich die Atlantikhäfen St. Lorient, St. Nazaire und La Rochelle bis zum Schluß gehalten haben.

Die Alliierten hatten sie mit Recht als strategisch bedeutungslos betrachtet und waren lieber möglichst schnell nach Berlin marschiert. Auch in Nordholland und Dänemark hatten sich deutsche Truppen gehalten, an der Ostfront an einigen Stellen an der Ostseeküste.

Einige Nazis hofften ganz zum Schluß in ihrem Wahnsinn noch auf den Harz und die sogenannte Alpenfestung; alles brach zusammen!

Innerhalb von Deutschland gab es Gebiete in Ostfriesland und oben in Schleswig-Holstein, die beim Vormarsch über die Elbe ebenfalls uninteressant geworden waren.

Wir in Spelle waren nach einigen Tagen des Herumstöberns und Orientierens alle daran interessiert, alles möglichst schnell wieder aufzubauen und zu reparieren. Alles hatte einen ganz neuen Sinn, und ich ging wieder bei Josef Altendeitering meiner Arbeit nach.

Am 9.Mai 1945 noch von deutschen Truppen außerhalb Deutschlands gehaltene Positionen.
(Bild 107, aus dem Buch „Kriegsende 1945" von Müller u. Ueberschär)

Erinnerungen
7

Nach der Befreiung

Die nach dem Einzug der Briten folgenden Jahre waren in wirtschaftlicher Hinsicht eine schlechte Zeit. Wir waren aber frei, und es wurde nicht mehr geschossen. Mein Vater hat bereits berichtet, daß eine Zeit des Mordens und Plünderns begann. Überall, auch in unserer Familie, wurde mehr gehungert als in der Kriegszeit. "Kompensieren" mußte man können. Meinem Vater war es seinem ganzen Wesen nach fremd. Die wirkliche Währung bestand damals aus Materialien, Speck und Zigaretten.

Die karg bemessene Menge an Lebensmitteln gab es auf Bezugscheinen. Das Brot sah gelb aus, weil es hauptsächlich aus Mais gebacken war. Adenauer soll die Amerikaner, die besonderes Mitleid mit uns hatten, um Hilfe gebeten haben mit den Worten: "What we need is corn". Er meinte damit Getreide, aber sein Englisch war nicht gut genug, zu wissen, daß die Amerikaner unter *corn* nicht Weizen und Roggen verstehen, sondern Mais. So lieferten sie wunschgemäß Mengen an Mais, die schlimmste Not zu lindern.

Der wahre Startpunkt für den Aufstieg nach dem Krieg war die Währungsreform am 21.Juni 1948. Zunächst bekam damals jeder 40 DM Kopfgeld, womit man sofort alles kaufen konnte. Das deutsche Wirtschaftswunder begann.

Bald nach dem Einzug der Engländer in Spelle am Weißen Sonntag, am 8.4.1945 also, ging ich als Elektro-Volontär wieder zu Josef Altendeitering. Es gab viel dringende Arbeit, weil wir seit der Woche vor Ostern total ohne Strom waren. Zunächst mußten die überall zerschossenen Hochspannungs-Freileitungen repariert werden.

Normalerweise war das Sache der VEW, aber niemand fragte danach, wer zuständig sei. Bis heute weiß ich nicht, wer meinem Chef all diese Arbeiten jemals bezahlt hat.

Bis zum 15.9.1944 war Spelle mit Gleichstrom von der Speller Molkerei versorgt. Nur der Betrieb Krone und die alte Molkerei selbst hatten seit Anfang des Krieges "Überlandstrom" (Drehstrom). Hinter der Molkerei war ein 30 KW starker Drehstrommotor aufgestellt, der über einen etwa sechs Meter langen Transmissionsriemen einen Gleichtrom-Dynamo antrieb.

Zu gern hätte ich mir diese Anlage mit allen Einzelheiten aus nächster Nähe angesehen. Aber ein bissiger, sehr grimmiger Hund bewachte die nähere Umgebung bis aufs äußerste.

So sah ich die Anlage immer nur aus respektvoller Entfernung, von der Dreierwalder Straße her. Abends um etwa 10 Uhr wurde auf Batterien umgeschaltet, und die Leuchtkraft der Lampen sank etwa auf die Hälfte. Viele Leute sagten: "Jungehüser hat den Motor abgestellt, und jetzt gehen wir ins Bett".

Spelle bekam viel früher als die umliegenden Dörfer eine Stromversorgung. Der Initiator war Heinrich Brüne sen., der nach dem Ersten Weltkrieg in Spelle nicht nur die Molkerei baute, sondern sie auch mit einem kleinen Kraftwerk ausstattete. Nach dem damaligen Stand der Technik war Gleichstrom sicherlich die richtige Stromart.

Ende des 2. Weltkrieges, am 15.9.1944, bekam ganz Spelle dann Drehstrom, damals allgemein "Überlandstrom" genannt. Mein Vater schrieb in einem Brief vom 14.9.1944 (Donnerstag) an meinen Bruder Anton:

..... Morgen vormittag wird nun endlich Überlandstrom in unsere neue Anlage gelassen. Wir freuen uns schon lange darauf, denn bei dem Molkereistrom war alles in Unordnung. Wenn Du mal wiederkommst, wirst Du dich bestimmt wundern, wie schön alles geworden ist.....

Wir flickten die zerschossenen Leitungen mit Klemmhülsen, ersetzten Maste und Isolatoren, zogen die Leitungen wieder stramm und befestigten sie an den Isolatoren. Wir waren stolz auf unsere eigentlich ungewohnte Arbeit und erwarteten hohes Lob, als nach etwa zwei Wochen Herr Giebels von den VEW mit dem Fahrrad auftauchte.

Aber er schüttelte nur den Kopf, und Josef Altendeitering bekam schwere Vorwürfe: Wir hätten die Drähte viel zu stramm gezogen, sie hätten nicht den vorgeschriebenen Durchhang, im nächsten Winter würden alle Drähte reißen. Uns störte das wenig, weil es zunächst einmal zum Sommer ging und wir wieder Strom haben wollten.

Etwa am 25.4.1945 kam Altendeitering zu uns und sagte voller Stolz: "Der Saft fließt schon wieder bis Rheine, Jungs, nur noch ein paar Tage, und wir haben wieder Strom!" Am Freitag, dem 27.4.1945, war es dann soweit. Weniger als drei Wochen nach der Besetzung, das ganze Dorf war stolz darauf und freute sich.

Bis heute verstehe ich nicht, warum die Westmächte nicht gezielt alle Kraftwerke und Umspannstationen bombardiert haben. Selbst die durchziehende Front hat nicht verhindert, daß wir so schnell wieder mit Strom versorgt werden konnten.

Wenn es nach Hitler gegangen wäre, so hätten die Truppen auf dem Rückzug nicht nur die Brücken, sondern auch noch die Kraftwerke und Trafo-Stationen zerstören müssen.

Am 19.3.1945 hatte Hitler noch den sogenannten „Nero-Befehl" erlassen:

Betr.: Zerstörungsmaßnahmen im Reichsgebiet.

Der Kampf um die Existenz unseres Volkes zwingt auch innerhalb des Reichsgebietes zur Ausnutzung aller Mittel, die die Kampfkraft unseres Feindes schwächen und sein weiteres Vordringen behindern. Alle Möglichkeiten, der Schlagkraft des Feindes unmittelbar oder mittelbar den nachhaltigsten Schaden zuzufügen, müssen ausgenutzt werden.

Es ist ein Irrtum zu glauben, nicht zerstörte oder nur kurzfristig gelähmte Verkehrs-, Nachrichten-, Industrie- und Versorgungsanlagen bei der Rückgewinnung verlorener Gebiete für eigene Zwecke wieder in Betrieb nehmen zu können. Der Feind wird bei seinem Rückzug uns nur eine verbrannte Erde zurücklassen und jede Rücksichtnahme auf die Bevölkerung fallen lassen. Ich befehle daher:

1. Alle militärischen, Verkehrs-, Nachrichten-, Industrie- und Versorgungsanlagen sowie Sachwerte innerhalb des Reichsgebietes, die sich der Feind für die Fortsetzungen seines Kampfes irgendwie sofort oder in absehbarer Zeit nutzbar machen kann, sind zu zerstören.

2. Verantwortlich für die Durchführung dieser Zerstörungen sind die militärischen Kommandobehörden für alle militärischen Objekte, einschließlich der Verkehrs- und Nachrichtenanlagen. Die Gauleiter und Reichsverteidigungskommissare für alle Industrie- und Versorgungsanlagen sowie sonstiger Sachwerte. Den Gauleitern und Reichsverteidigungskommissaren ist bei der Durchführung ihrer Aufgabe durch die Truppe die notwendige Hilfe zu leisten.

3. Dieser Befehl ist schnellstens allen Truppenführern bekanntzugeben, entgegenstehende Weisungen sind ungültig.

gez. Adolf Hitler

Wenn es nach Hitler gegangen wäre, so hätten wir nach dem Krieg jahrelang ohne Arbeitsplätze, Strom und Telefon leben müssen. Dank dem damaligen Minister Speer und dem Militär, daß der Befehl nur in geringem Umfang zur Ausführung kam.

Man kann es nur bewundern, wie die geschundene Bevölkerung damals anpackte. Das gilt auch für den Eisenbahnverkehr. Mochten ganze Bahnhöfe, wie in Rheine zum Beispiel, zerstört sein; kurze Zeit später fuhren wieder Züge, wenn auch langsam und verspätet.

Der Dortmund-Ems- und der Mittelland-Kanal waren an empfindlichen Stellen, besonders an Überdükerungen von Flüssen und Bächen, immer wieder bombardiert worden (Luftbild auf der nächsten Seite).

Die Reparatur erfolgte, auch noch in den letzten Monaten des Krieges, innerhalb weniger Wochen, sehr zum Leidwesen der Anwohner, weil auf den Tag genau danach das nächste Bombardement fällig war. Vielleicht lag es daran, daß die "Organisation Todt" Tausende von russischen Kriegsgefangenen für solche Reparaturen einzusetzen pflegte.

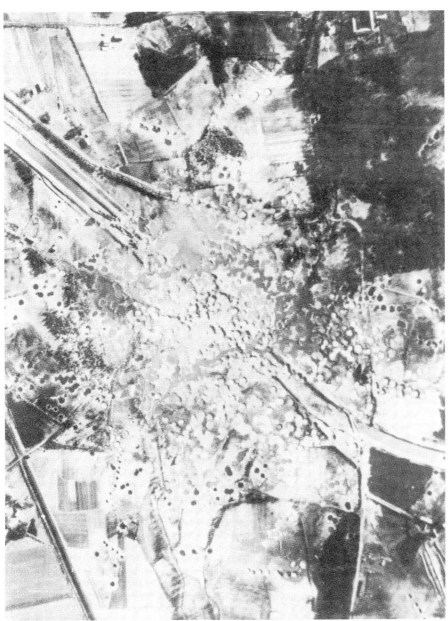

Der Mittellandkanal zwischen Hörstel und Gravenhorst im Bereich des Aa-Dükers. Das Foto wurde nach dem 3. Bombenangriff am 1.1.1945 gemacht. Wir erinnern uns an die „Christbäume", welche abends die ganze Gegend taghell beleuchteten.
(Bild 108, aus dem Buch „Hörstel - gestern und heute")

Noch in Frühjahr 1949 sah die Ludgerusbrücke in Rheine so aus. Man beachte den noch sehr geringen Autoverkehr. Über die Brücke marschiert der Eselszug der Abiturientia 1949.
(Bild 109)

Es war meine Absicht, möglichst bald wieder nach Rheine zum Gymnasium zu gehen. Aber, zu allem Unglück, brannten am 17. Mai 1945 das Dach und das Obergeschoß des Gymnasiums ab. Die Ursache war wahrscheinlich unvorsichtiges Umgehen mit Koch- und Heizgeräten der dort einquartierten Bewohner unterschiedlicher Nationen, von den Engländern *displaced persons* genannt.

Erst am 19.1.1946, nachdem das Gymnasium notdürftig repariert war, begann wieder der Unterricht. Genau zwei schlimme Jahre waren vergangen, seitdem die Schule im Januar 1944 nach Abtenau verlegt worden war. Ich hatte mich sofort angemeldet und die zwischenzeitliche Beschäftigung bei Josef Altendeitering aufgegeben. In Rheine traf ich viele bekannte Mitschüler wieder, auch aus der Abtenauer Zeit. Unser Klassenlehrer wurde Studienrat

Heinrich Bonse, ein gefürchteter, aber guter Lehrer, den wir bis zum Abitur im Jahre 1950 behielten.

Der Schulweg nach Rheine war ein Drama. Zunächst, wie mein Vater schon schilderte, fuhr der Zug, von Quakenbrück kommend, nur bis Spelle. Etwa hinter dem heutigen Betrieb Burs stiegen alle auf dem Bahnschotter aus.

Es entwickelte sich ein improvisierter "Taxendienst", von Spelle zum Bahnhof Rheine pendelnd. Hans Rutkowski kam dadurch nach Spelle, aber auch Speller Bauern taten diesen nützlichen Dienst, zum Beispiel Bauer Kösters.

Der Weg führte am Kanal entlang zur Schleuse Rielmann, dann weiter nach Rheine. Die Kanalbrücken waren bekanntlich sämtlich gesprengt. Alle Fahrzeuge des "Taxendienstes" bestanden aus Pferd und Wagen.

Nachdem die Speller Eisenbahn-Aa-Brücke repariert war, konnte der Zug bis zur Kanalbrücke fahren. Die Brücke lag geknickt im Kanalbett, aber ein kleiner Holzsteg auf den Trümmern der Brücke erlaubte es, das andere Ufer zu erreichen. Dort stand ein aus etwa drei Viehwagen bestehender "Anschlußzug" der Tecklenburger Nordbahn bereit, der an der Ems entlang zum Bahnhof Stadtberg fuhr.

Die Kleinlok änderte dort ihre Fahrtrichtung und schob die Wagen langsam durch die Lingener Straße bis Hues-Ecke, etwa vor dem heutigen Bültzentrum. Dort stiegen alle aus, und zu Fuß ging es über die "Tommy-Brücke" zum Bahnhof, oder in meinem Fall zum Gymnasium Dionysianum. Wegen der fehlenden Emsbrücke war es nicht möglich, direkt zum Bahnhof Rheine zu gelangen.

Bald danach wurde neben der zerstörten Eisenbahnbrücke über den Dortmund-Ems-Kanal eine hölzerne Eisenbahn-Hilfsbrücke gebaut, über die der Zug langsam bis zum Bahnhof Altenrheine fuhr.

Dort stand der schon beschriebene "Anschlußzug" der Tecklenburger Nordbahn. Einige Jahre später war die jetzige Kanalbrücke neu gebaut, und der Zug konnte mit vollem Tempo wieder nach Altenrheine fahren.

Die neue „Tommy-Brücke" in Rheine. Das Bild wurde am 4. April 1945 von Sergeant Travis aufgenommen. Im Hintergrund ist die ebenfalls gesprengte „Alte Emsbrücke" zu erkennen. An der Brücke wird noch gearbeitet, aber es fährt schon eine „17-pounder antitank gun" darüber.
(Bild 110, Imperial War Museum, London)

Sofort nach ihrem Einzug hatten die Engländer im Zuge der zerstörten schönen Hindenburgbrücke ihre überall verwendete Gitterkonstruktion über die Ems geschoben. Im Buch "Rheine an der Ems, Chroniken" von Dr. H. Büld schreibt Dr. med. A. Niehaus auf Seite 667:

3. April 1945. Vom Giebelfenster im oberen Stock meines Hauses beobachte ich das geschäftige Treiben der Pioniertruppen. Unaufhörlich bringen die Riesentransporter Eisengestänge heran, das im Nu zusammengestellt wird. Dann wird das Ganze, wie der Balg einer Harmonika, von dieser Seite der Ems zur anderen Seite hinübergeschoben.

Hunderte von englischen Soldaten helfen dabei. Um 6 Uhr abends wird letzte Hand angelegt. Und sofort rasseln die Kolonnen auf die andere Seite. In einem einzigen Tage haben so die Tommys eine richtige befahrbare

Der hohe Turm der Basilika im Hintergrund diente den Engländern als Beobachtungsposten bei der Überquerung des Dortmund-Ems-Kanals.
(Bild 111, Imperial War Museum, London)

Brücke über unseren Strom hergestellt, nachdem wahnsinniger Unverstand dieses Bauwerk, das der Stolz der Stadt war, vernichtet hat. Ein Millionenobjekt vernichtet, um den Feind einen einzigen Tag aufzuhalten!
.....

An beiden Seiten der Brücke befand sich ein enger Steg mit Hanfseil-Geländer. Das war der Fußweg für uns Schüler. Es war auch sofort nach dem Krieg in Rheine die einzige Möglichkeit, über die Ems zu kommen.

Die Nepomuk-Brücke ("alte Emsbrücke") war noch nicht repariert. Nur mutige und kopffeste Leute wagten es, über die ausgelegten Stahlträger zu balancieren. Erst im Frühjahr 1946 war dann wieder eine notdürftige Brücke vorhanden.

Geschütze, Panzer und Soldaten überquerten sofort die neue Brücke und kämpften sich unter hohen Verlusten in wenigen Tagen nach Dreierwalde und Spelle durch.
(Bild 112, Imperial War Museum, London)

Leider brach dann zu allem Unglück am 12.2.1946 auch noch das heute unvorstellbare Hochwasser herein. Bei Delsen und am Tiergarten wurden die Unterführung und etwa 100 m des Quakenbrücker Bahndammes weggeschwemmt.

Eine durchgehende Zugverbindung zum Bahnhof Rheine rückte in weite Ferne. Im Sommer nahm ich morgens das Fahrrad im Zug mit und fuhr mittags von der Schule her direkt nach Hause. Das sparte viel Zeit.

Auch in Spelle war das Hochwasser so schlimm wie nie zuvor. Am 11.2.46 (Montag) schreibt mein Vater an meine Schwester Klara nach Meppen:

Die „alte Emsbrücke" im Frühjahr 1949
Nach altem Brauch werfen die Abiturienten ihre Schulhefte in die Ems.
(Bild 113)

..... Das Wasser hat noch nie seit Menschen Gedenken einen solchen Höhepunkt erreicht. Die neue Brücke[1] in Rheine ist gesperrt, da man nicht weiß, ob die nach der Sprengung verbliebenen Pfeiler den Wasserdruck noch aushalten können. In Dreierwalde geht das Wasser bei der Kirche über die Straße.....

.....Vorhin fuhr ich zum Busch, um mal nach dem Wasser zu sehen. Aber ich konnte nur bis zum Straßenende bei Senker kommen, denn der ganze Weg war eine Wasserstraße geworden, aus der nur einige erhöhte Wegstellen herausragten.....

---

[1] gemeint ist die Tommy-Brücke, die frühere Hindenburgbrücke. Auf dem Weg zur Schule sah ich, wie das Wasser der Ems hoch über die Reste der alten Nepomukbrücke herlief. Am Bootshaus kann man noch eine Wasserstandsmarke sehen, die heute völlig unglaublich erscheint.

Die Gemeinde Beesten bereitete ihrem letzten Rußlandheimkehrer Heinrich Kewe am 29. November 1953 einen gebührend festlichen Empfang.
(Bild 114, aus dem Buch „Beesten in Bild und Text, 890 - 1990")

Östlich der Eisenbahnlinie war alles bis Unterkante Schiene unter Wasser, und die Lücken zwischen den Schwellen bildeten einen Überlauf. An der Brückenstraße war das Wasser etwa ein m tief. Die Dreierwalder Straße glich einem Deich durchs Wattenmeer.

Inzwischen waren die meisten Soldaten aus der Kriegsgefangenschaft zurückgekehrt, wenngleich einige, besonders aus russischer Gefangenschaft, erst Jahre später kamen. In Spelle waren die letzten Franz Niehaus am 6. Dezember 1949 und Hermann Stappers (Moor) eine Woche später. In Beesten war es Heinrich Kewe am 29.November 1953, nach der Adenauer-Intervention in Moskau. **Danach kam niemand mehr zurück**.

Während der Kriegszeit waren Tanzveranstaltungen verboten. Jetzt nach dem Krieg brach unter den Jugendlichen eine regelrechte Tanzwut aus. Es war einiges nachzuholen.

Natürlich gab es große Diskussionen, ob denn schon wieder gefeiert werden dürfe, wenn noch nicht alle Soldaten zurück seien. Tanzlehrer Franz Deters kam aus Hollenstede, die ersten Tanzkurse fanden im kleinen Saal bei Segers statt. Die erforderliche Musik machte er höchstpersönlich mit einer Geige, und ich habe es nie für möglich gehalten, daß eine einzige Geige so perfekt ein ganzes Tanzorchester ersetzen könnte.

Schützenfest und Kirmes waren nicht genug, Diskotheken gab es noch nicht, und so war es naheliegend, daß die Veranstaltungen auf den Bauerndielen stattfanden. Einer hatte Schifferklavier oder Akkordeon zu spielen, und schon ging es los. Auch ich machte oft mit, leider meistens nur als Akkordeon-Spieler.

Das war verhältnismäßig einfach, man brauchte nur ein paar Walzer und Märsche zu können, aber besonders immer wieder den "Capri-Fischer", der damals immer im Tango-Takt gespielt wurde. Swing und Glenn Miller wären "in" gewesen, aber solche Sachen waren zu schwierig, und keiner in Spelle konnte sie spielen. Außerdem kam niemand an Noten heran.

Am 15. Mai 1946 trafen die Flüchtlinge aus Schlesien in Spelle ein. In Band 3 der "Speller Schriften", "Woisselsdorf, Heimat im Osten" ist von H. H. Boyer ausführlich beschrieben, was sich damals ereignete.

Spelle hatte damals 891 Einwohner, insgesamt kamen etwa 503 hinzu, das waren 56%. Die Tabelle auf der nächsten Seite aus dem Kreisarchiv in Meppen zeigt die entsprechenden Zahlen der umliegenden Orte, Stand vom Herbst 1946.

Zu Salzbergen ist zu bemerken, daß 110 Häuser zerstört und 140 schwer beschädigt gemeldet werden. Für Hummeldorf werden 15 Häuser mit Bombenschäden angegeben. Dementsprechend ist die Aufnahmekapazität für Flüchtlinge geringer. Die angegebenen Besatzungstruppen sind meist polnische Verbände, wie beispielsweise in Beesten und Freren.

Gemeinde	Orts-ansässige Einwohner	Flüchtlinge	Besatz. Truppen	Verhältn. in %	Durch Bes.Tr. belegte Wohn.	Räume	Fam. in anderen Häusern untergebr
Spelle	891	503	-	56	-	-	-
Venhaus	326	187	-	58	-	-	-
Varenrode	329	184	-	48	-	-	-
Altenlünne	440	225	-	52	-	-	3
Plantlünne	310	242	80	75	4	55	5
Heitel	154	70	-	76	-	-	-
Schapen	1388	478	30	39	4	22	-
Salzbergen	1500	311	60	19	3	16	16
Hummeldorf	348	148	-	43	-	-	-
Ahlde	564	338	-	61	-	-	-
Holsten	364	186	200	76	-	-	-
Bexten-Listr.	604	288	50	64	2	35	20
Emsbüren	732	189	250	45	17	90	41
Leschede	781	356	-	45	-	-	-
Messingen	738	348	-	47	-	-	-
Freren	1995	482	1000	57	24	342	153
Beesten-Sch.	892	238	250	24	28	155	92
Lingen	12375	2206	unbek.	17	-	732	842

Aus Unterlagen im Kreisarchiv in Meppen geht hervor, daß der damalige Landrat Graf von Galen im Sommer 1945 der Militärregierung melden mußte, wieviel Flüchtlinge im Kreis Lingen aufgenommen werden könnten. Er gab an, daß bei einer Gesamtbevölkerung von etwa 52.000 Menschen höchstens 3.271 Personen untergebracht werden könnten. Er konnte noch nicht ahnen, daß im folgenden Frühjahr 1946 eine vielfache Anzahl eintraf.

Besonders schwierig war die Unterbringung für die Bürgermeister der Gemeinden. In Spelle mußte sich damals Georg Uphaus mit dem Problem abkämpfen.

Spelle wurde von polnischer Einquartierung verschont, weil zur entsprechenden Zeit die etwa 70 Engländer in der Schule und bei Kerk einquartiert waren. Die polnischen Verbände mieden die englischen Truppen wie der Teufel das Weihwasser, daher ein großer Bogen um Spelle.

Besonders schlimm war es in Haren /Ems. Der ganze Ort mußte geräumt werden. Es hieß, Haaren solle polnisch werden.

Die Wohnverhältnisse waren damals viel bescheidener als heute. Alle mußten enger zusammenrücken. In unserem Haus waren zum Beispiel drei Personen in der besten Stube untergebracht. Oben im Haus waren weiterhin zwei entfernt Verwandte aus Münster einquartiert, die dort "ausgebombt" waren. Man bedenke, daß damals etwa 12 Millionen Menschen vertrieben wurden, eine große Zahl im Vergleich zur heutigen Zuwanderung.

Die damaligen Flüchtlinge haben sich sehr schnell integriert. Heute kann man sagen, daß der Zustrom in vieler Hinsicht eine große Bereicherung für Spelle war. Viele erlangten in den Betrieben und in der Öffentlichkeit führende Positionen und brachten neues Leben in unser in mancher Hinsicht vorher verkrustetes Dorf.

Ich erinnere mich zum Beispiel an die Brüder Römke, die aus alten Autoteilen in Löcken Schmiede ein wundersames Fahrzeug zusammenbauten. Zwei Getriebe waren hintereinander geschaltet, mindestens 16 Gänge waren dadurch wählbar. Natürlich hatte das Fahrzeug auch Allradantrieb. Es war unglaublich geländegängig, blieb niemals stecken. Bei entsprechenden Tests war ich nach Möglichkeit dabei und habe mich mit Interesse davon überzeugt.

Wir nannten Römkes Fahrzeug "Wanze". Es bestand im wesentlichen aus Bauteilen der englischen „Autofriedhöfe". Bei meinem technischen Interesse machte es einen ungeheuren Eindruck auf mich.

Herr Bruno Römke berichtet, daß er mit diesem Fahrzeug auch den Sportverein zu den umliegenden Dörfern gefahren hat, wobei die Sportler auf unserem offenen Anhänger, der uns im Betonwerk verblieben war, saßen. Man vergleiche das mit den heutigen Vorschriften über Personenbeförderung!

Überall ringsherum, zum Beispiel hinter Neuenkirchen, gab es riesige Abstellplätze ("Friedhöfe") defekter englischer Militärfahrzeuge, die man, bei entsprechendem Geschick, ausschlachten konnte. Ich war oft mit dem Fahrrad dort, weil ich schon immer eine große Schwäche für Zahnräder und Kugellager hatte. Leider hatten alle Teile Zoll-Abmessungen, waren also nicht zu unseren deutschen Bauelementen metrischer Abmessung passend.

In der Bevölkerung schlummerten überall Talente, die sich plötzlich in dieser Zeit der Not entfalteten. So verstanden es viele, aus geschlachteten Tieren, hauptsächlich Hunden, Seife zu machen. Die Qualität entsprach natürlich nicht den heutigen Ansprüchen. Man konnte sich aber damit waschen. Diese Seife erhielt den zutreffenden Namen „Fiffi-Seife", in heutigen Supermärkten nicht mehr erhältlich!

Es wurde viel gefeiert, Alkohol fehlte aber in den Geschäften. So verstanden es viele Leute, aus den unterschiedlichsten Rohstoffen Schnaps zu brennen. In einigen Dörfern soll es genausoviele Brennereien wie Häuser gegeben haben. In Venhaus z. B. sei die über 200 Jahre alte Brennerei Sandtel die kleinste gewesen. Leider mißlang das Produkt manchmal, und es entstand giftiger Metylalkohol. Hier und dort gab es tödliche Vergiftungen.

Die Schulkinder mußten im Winter zu jedem Unterricht etwas Brennholz mitbringen, damit der Klassenraum notdürftig geheizt werden konnte.

Eines Tages fuhr ich mit dem Zug nach Münster. Nur Tomatenhering in Dosen konnte man kaufen, was ich auch sofort tat. Ich öffnete die Dose mit dem Taschenmesser, setzt mich hoch oben auf einen Trümmerhaufen und ließ mir die Fische gut schmecken. Unten durch die schmalen Pfade zwischen den Trümmern ging ein vornehmer Herr, wahrscheinlich ein Universitätsprofessor, sah mich, blieb stehen und lachte voller Vergnügen. Er wird gedacht haben: „Die Welt ist noch nicht zuende, die Jugend ist nicht kaputtzukriegen."

Militärberichte
1

Endkampf in Deutschland. Der Rückzug der Heeresgruppe H

Die deutsche Wehrmacht war zu bedauern, weil unter schwierigsten Bedingungen und größten Entbehrungen, ohne Aussicht auf Erfolg, extreme, teilweise unsinnige Leistungen verlangt wurden.

Sie war zu bewundern, weil dennoch so viele Soldaten ganz einfach ihre Pflicht taten, gar nicht anders konnten, unter Einsatz ihres Lebens Verwundete geborgen und sich so oft menschlich und vernünftig verhalten haben. Unserem "herrlichen Führer Adolf Hitler" hätten solche Tugenden gut angestanden.

Die Heeresgruppe H unter Leitung von Generaloberst Blaskowitz war für die Verteidigung am Niederrhein zuständig, als am 23.3.1945 die Großoffensive der Westmächte begann.

Schon am nächsten Tag war der Rhein an vielen Stellen überschritten. Die Brückenköpfe konnten sich schnell ausdehnen, weil umfangreiche Luftlandetruppen nördlich der Lippe und im Raum Bocholt die deutsche Front im Rücken angriffen.

Generaloberst J. Blaskowitz, Jahrgang 1883, Kommandeur der Heeresgruppe H.
Im OKW-Prozess verübte er 1948 durch den Sprung in einen Treppenschacht Selbstmord.
(Bild 115, aus dem Lexikon des 2. Weltkrieges)

Lastensegler in der Gegend von Hamminkeln. Starke feindlich Luftlandetruppen griffen die deutschen Truppen am Rheinufer von hinten an.
(Bild 116, Imperial War Museum, London)

Vielleicht wollte der britische Generalfeldmarschall Montgommery beweisen, daß Luftlandungen nicht immer so scheitern müssen wie im Herbst zuvor in Arnheim. Diesmal waren sie jedenfalls ein voller Erfolg, und die Engländer rückten innerhalb nur einer Woche bis nach Rheine vor.

Zur Heeresgruppe H gehörte das II. Fallschirm-Korps unter Leitung von General Meindl. Der Stab befand sich vom 31. März bis zum 3. April in der Bauernschaft Ochhin bei Gronau, einen Tag lang in Emsbüren, und dann am 4. April in Niederdorf bei Andervenne.

Dem II. Fallschirm-Korps unterstand die 15. Panzergrenadier-Division unter der Leitung von Generalleutnant Eberhard Rodt, die in unserer Gegend

Eine der Rheinüberquerungen in der Nähe von Wesel
(Bild 117, Imperial War Museum, London)

kämpfte und von den Engländern als einzige noch ernstzunehmende Einheit bezeichnet wurde.

Südlich von Wesel drangen die Amerikaner über den Rhein bis Lippstadt vor, nördlich des Ruhrgebietes entlang der Lippe. Sie vereinigten sich dort am 1. April mit anderen amerikanischen Einheiten, die von Süden kamen. Das gesamte Ruhrgebiet war damit eingekesselt.

Etwa 325000 deutsche Soldaten gerieten in Gefangenschaft, die meisten werden es dankbar als große Gnade empfunden haben. Generalfeldmarschall Model jedoch empfand die Schmach so groß, daß er sich

General Eugen Meindl,
II. Fallschirm-Korps
(Bild 118, Buch von Günter Wegmann)

Generalleutnant Eberhard Rodt,
Kommandeur der
15. Panzergrenadier-Division
(Bild 119, aus „Krieg in der Heimat",
von Ulrich Saft)

am 21.4.1945 in Lintorf bei Düsseldorf erschoß.

Die englischen Truppen, welche am 8.4.1945 Spelle besetzten, überquerten vorher nördlich von Wesel und bei Rees den Rhein und erreichten uns durch das westliche Münsterland.

Wie schnell alles ging, zeigt am besten die in Bild 121 gezeigte Landkarte, in der einige Frontlinien eingetragen sind. Das Tempo ihres Vordringens wurde oft mehr durch die Trümmer der zerstörten Städte als durch die deutschen Truppen behindert. In Burgsteinfurt zum Beispiel verschwand das deutsche Militär am Karfreitag. Erst am Ostersonntag trafen die Engländer, von Ochtrup kommend, ein. Die Engländer konnten oft nicht so schnell nachkommen, wie die deutschen Einheiten sich absetzten. Ein ganzer Tag, der Karsamstag, lag zwischen den Fronten. So fanden dort keine Kämpfe statt.

Notdürftig aufgeräumte Straßen in Stadtlohn,
am 1.April 1945 aufgenommen
(Bild 120, Imperial War Museum, London)

Entlang der Linie Ems, Dortmund-Ems-Kanal, Teutoburger Wald änderte sich das. Die Front trat mehrere Tage lang auf der Stelle. Die englischen Truppen waren daran nicht gewöhnt, was Ursache dafür gewesen sein mag, daß sie durchweg mehr Verluste als die deutschen Einheiten hatten.

So schlimm es bei uns auch war, es war nicht vergleichbar mit den Ereignissen an der Ostfront, zum Beispiel im Raum Halbe, südöstlich Berlin. Dort fielen innerhalb weniger Tage auf engem Raum allein über 22000 deutsche und russische Soldaten, deren Massengräber ich vor einiger Zeit besuchte. Nur etwa jeder zehnte wurde später identifiziert. Die meisten liegen in Massengräbern. Noch heute findet man in den umliegenden Wäldern Skelette von gefallenen Soldaten.

Die Frontlinien am 22, 25. und 28. März 1945.
Danach bis zum 3. April Vorstoß
bis zum Dortmund-Ems-Kanal.
(Bild 121, aus „Der 2. Weltkrieg in Bildern und Dokumenten")

Mein Vater schrieb, daß in der Nacht zum 29.3.1945 (Karfreitag) um 1.00 Uhr nachts viele Soldaten und Fahrzeuge auf unseren Platz fuhren. Es ist mir nicht gelungen, herauszufinden, um welche Einheiten es sich gehandelt hat. Es ist auch deswegen so schwierig, weil in kurzer Folge immer wieder neue Einheiten zusammengestellt, umgruppiert und neu unterstellt wurden. Jedenfalls zogen sie am 1.4. (Ostersonntag) weiter. Sie waren sicher Teil des vom Münsterland her kopflos zurückflutenden Heeres.

Militärberichte
2

Das Regiment Wackernagel im Raum Rheine-Spelle-Dreierwalde

Vor dem 5.4.1945 jedoch trafen die Soldaten des „Panzerkorps Großdeutschland" ein, die, aus Schleswig-Holstein kommend, auf schnellstem Wege über Cloppenburg an die Westfront geworfen wurden und genau in unseren Raum kamen. Sie wurden der 15. Panzergrenadier-Division von Generalleutnant Rodt unterstellt. Hierüber gibt es in dem schon erwähnten Buch von Helmuth Später, "Die Geschichte des Panzerkorps GD", Band 3, genaue Aufzeichnungen, die ich wiedergeben und stellenweise erläutern möchte.

Im Kapitel "Lingen - Rheine - Cloppenburg" heißt es:

.....In diesem Stadium des Endkampfes im Westraum Deutschlands wird nun die im Raum Schleswig-Rendsburg liegende Panzergrenadier-Ersatz-Brigade Großdeutschland, mit dem Panzergrenadier-Ersatz- und Ausbildungs-Regiment und der Offiziers-Bewerber-Schule sowie allen weiteren kleineren Einheiten, beauftragt, einen Kampfverband auszugliedern und bereitzuhalten. - Die Vorbereitungen hierzu werden unter den den widrigsten Umständen aufgenommen. Bald zeichnet sich die erste Kampfgliederung ab:

Panzergrenadier Ersatz- und Ausbildungsregiment Großdeutschland
    Kommandeur   Major Wackernagel (versehrt)
    I.Bataillon   Major Gerbener
    II.Bataillon   Hauptmann Goeldel
    III.Bataillon   Hauptmann Schewe

Die Verpflegungsstärken sind je Bataillon genau aufgeführt. Sie betrugen im Schnitt etwa 12 Offiziere, 95 Unteroffiziere und 900 Mannschaften. Es heißt dann weiter:

Hinsichtlich der Kampfstärken ist zu sagen, daß man diese um etwa 50 % tiefer als die Verpflegungsstärken ansetzen muß, da jedes Bataillon mit der Hälfte aller Männer einschließlich Ausbildern wegen Versehrtheit, Krankheit, Behinderung und Rekruten, sogenannte Reserveeinheiten gebildet hat. Diese kommen für einen Erst-Kampf-Einsatz zunächst nicht in Frage, sondern sollen später im Feldersatz-Bataillon ausgebildet werden.

Hier einige Kampfstärken, mit denen die Bataillone in den Einsatz gehen:

	Offz.	*Uffz.*	*Mannschaften*
I.Bataillon	*8*	*41*	*436*
II.Bataillon	*4*	*18*	*234*
III.Bataillon	*7*	*51*	*460*

Das Regiment umfaßt zu diesem Zeitpunkt hauptsächlich Rekruten und Neu-Eingezogene, die gerade 8 Tage Soldat sind. Zum Teil sind sie noch nicht einmal vereidigt; von Feldbrauchbarkeit kann keine Rede sein. Die Waffen- und Geräte-Ausstattung ist nach den andauernden Abgaben an vorangegangene Neuaufstellungen so mangelhaft, daß es an Stahlhelmen fehlt, das Schuhzeug nur noch Ersatz und brüchig ist, keine oder kaum genügende Fußlappen da sind, die Munition in den Jackentaschen getragen werden muß, usw. usw. - Fahrzeuge sind nicht vorhanden, ausgenommen einige veraltete Kräder, ein-zwei Holzgas-LKW, sonst nichts!

Nur die Gruppen-, Zug- und Kompanie-Führer sind teilweise hochdekorierte und kampferfahrene Soldaten. Naturgemäß sind sie zum Teil bereits längere Zeit in der Heimat als

So etwa mag die deutsche Truppe auch in Spelle ausgesehen haben
(Bild 122, Imperial War Museum, London)

Ausbilder tätig und nicht mehr in jedem Fall kampfgewohnt. Auch sind die meisten durch Verwundungen behindert.

Anders lauten die Befehle für die Offiziersbewerberschule des Majors Poeschmann; diese soll ihre Ausbildung fortsetzen, und zwar an einem anderen Ort, wo sie zugleich als Besatzung anzusehen ist. Auf Anordnung des Oberkommandos der Wehrmacht ist Marschbereitschaft für Ende März vorgesehen, zur Bahnverlegung in den nordholländischen Raum.

Der Befehl lautet ausdrücklich auf die Verlegung der "Schul"-Einheit, bedeutet also auch Mitnahme des Schulmaterials, Ausbildungsgerätes sowie des weiblichen Schreibstuben-Personals.

Am 23. März abends erfolgt Alarm für alle Teile der Panzergrenadier-Ersatzbrigade Großdeutschland. Beginn der Bahnverladung am 24. März ab Mittag. Die Befehlsausgabe beim Kommandeur der Brigade, Oberst Gläsemer, ergibt für die ausgegliederten Kampfeinheiten Verlegung in den Raum hart ostwärts Bremen, für die Offiziersbewerberschule in die Gegend Roden, südlich Groningen.

Am 24. März verladen die ersten Teile der Offiziersbewerberschule unter Führung von Hauptmann Menzner, und zwar die 2., 3. und 6. Inspektion in Rendsburg, Abfahrt am 25. März 1945 früh gegen 0.45 Uhr. Der zweite Transport unter Führung von Hauptmann Erdmann, der die 1., 4. und 5. Inspektion und Stab der Offiziersbewerberschule umfaßt, dabei die weiblichen Angestellten, verlädt am Vormittag des 25. März und geht noch am gleichen Tage auf Fahrt.

Entladung in Ottersberg, ca. 10 km ostwärts Bremen, und Unterziehen in Dörfern nordostwärts Bremen.

Bis zum 28. März sind auch die Panzergrenadierersatz-Brigade-Kampfeinheiten nordostwärts, südostwärts und ostwärts Bremen versammelt und bereiten Weitermarsch in den Raum Weener-Papenburg an der Ems vor. Da keine Fahrzeuge vorhanden sind, ist mit Fußmarsch zu rechnen, vornehmlich nachts, da am Tage erhebliche feindliche Jabo-Tätigkeit über diesem Raum herrscht.

Aus den Unterkünften und Ortschaften werden Pferde und Gespanne beschlagnahmt, Geschirre besorgt und eingekauft. Mit der Bevölkerung besteht bereits in kurzer Zeit guter Kontakt; es wird Vieh gekauft - zur Verbesserung der Verpflegung, auf der Bekleidungskammer Flugplatz Varelbusch sind noch einzelne Uniformen zu holen. Alles bereitet sich auf den Verlegungsmarsch in den neuen Raum vor.....

... „werden Pferde und Gespanne beschlagnahmt"... . Davon können auch die Bauern in Spelle ein Lied singen! Alfons Kohle hat sich daran beteiligt, nach dem Durchmarsch der Engländer die 17 Pferde zurückzuholen, von denen niemand wußte, wie weit sie mitziehen mußten. Als in Schwagstorf auch nichts zu finden war, wurde man sich einig, daß nur noch Bernhard Kohle und Bernhard Hölscher die Suche weiter fortsetzen sollten.

Sie brauchten etwa eine Woche, um schließlich in Oyten bei Bremen fündig zu werden. Vier Pferde waren inzwischen „verscheuert" worden, aber auch sie konnten bei den Erwerbern aufgetrieben werden.

Die Bauern verkauften teilweise die wiedergefundenen Pferde an Ort und Stelle, andere führten sie nach Spelle zurück. Die letzten kamen erst nach einem halben Jahr.

Gregor Afting wurde gezwungen, mit seinem Deutz-Trecker ein Geschütz Richtung Fürstenau zu bringen. In Handrup fand er eine günstige Gelegenheit, das Geschütz abzuhängen und schleunigst nach Spelle zurückzukehren. So etwas konnte das Leben kosten. Die Pistolen saßen damals sehr locker!

.....Der Marsch wird jedoch gleichzeitig zur Erhöhung der Kampfbereitschaft ausgenutzt; er ist mit kleineren Übungen verbunden, dient der Verbesserung der Ausrüstung und Bewaffnung und der Verstärkung des Gemeinschaftsgefühls.

Die allgemeine Marschrichtung geht zunächst nach Westen, Richtung Holland. Sie wird wegen der Feindlage in der Nacht vom 31. März zum 1. April auf Süd-West in Richtung Lingen-Rheine abgeändert. Mit kurzfristigem Einsatz aller Teile, auch der Offiziersbewerberschule, muß gerechnet werden. Erste Tieffliegerangriffe auf die Marschkolonne finden statt, zumal die Bewegungen auch in der Dunkelheit nicht unerkannt bleiben.

Am Ostersonntag, dem 1. April 1945, wird die nähere Feindlage bekannt: Danach sind vorderste Teile einer britischen Einheit bis in den Raum westlich Rheine vorgestoßen und drohen mit Übergang über die Ems nach Osten. Entlang der Ems nur schwache deutsche Einheiten, zumeist Alarmverbände der umliegenden Fliegerhorste und des Luftgaukommandos XI.

Um der drohenden Gefahr des feindlichen Übergangs über die Ems rechtzeitig entgegentreten zu können, und zwar mit dem Verband, von dessen Kampfwert man in den höheren Kommandostellen noch etwas hält, wird in der Nacht vom 1. zum 2. April das I. Bataillon auf LKW verladen und bis zum Morgen des 2. April in den Raum hart ostwärts Rheine gefahren.

Dort Unterstellung unter die bereits in Stellung befindliche Kampfgruppe Knaust (Anm.: Oberstleutnant Knaust mit Beinprothese). *In der Frühe des 2. April sind die ersten Teile des I. Bataillons, Major Gerbener, bereits in Stellung auf dem Ostufer der Ems, zwischen Ems und Dortmund-Ems-Kanal. Feindberührung besteht keine, jedoch werden erste Feindpanzer im Bahnhofsgelände südlich Rheine beobachtet.*

Am 2. April 1945 (Anm.: Ostermontag) *erläßt der Kommandeur des Regiments* (Anm.: Major Wackernagel) *folgenden Befehl für die weiteren Marschbewegungen:*

Rgt.Gef.Stand, den 2.4.1945, 12.50 Uhr

Befehl für die weiteren Bewegungen des Rgt in den Einsatzraum.

I. Feind:

Nach Meldungen des bereits im Raum Rheine eingesetzten I. Bataillons bisher keine Feindberührung. Schwächere Feindspitzen mit einigen Panzern sollen das Bahnhofsgelände südlich Rheine erreicht haben. Feindliche Artillerie schoß am gestrigen Tage vereinzelt in den Ort Rheine.

II. Es werden verlegt

a) in der Nacht vom 2. auf den 3. April 1945
I. Bataillon: Reserve-Stab
1. und 4. Reserve-Kompanie durch Transportkolonne Ltn. Schumann aus dem Raum Wardenburg in den Einsatzraum. Meldung beim Meldekopf I. Bataillon, Ltn. Krüger, in Altenlünne. - Dort erfolge Einsatzbefehl.
b) in der Nacht vom 2. auf den 3. April 1945
II. Bataillon:-Stab
1. bis 4. Kampfeinheit aus dem Raum Sage/Großenkneten über Altenlünne in den Einsatzraum durch Transportkolonne Ltn. Schumann.
Bataillons-Kommandeur nach Altenlünne voraus, dort näherer Einsatzbefehl durch Regiments-Komandeur.
Rest II. Bataillon (Reserve-Einheit) im Fußmarsch aus dem Raum Sage/Großenkneten in den Raum Stapelfeld.
In der Nacht vom 3. auf 4. April 1945:
Weiterverlegung der Restteile des II. Bataillons durch Transportkolonne Ltn. Schumann über Altenlünne in den Einsatzraum. (Anm.: Der Einsatzraum war Spelle)
c) in der Nacht vom 2. auf den 3. April 1945:
III. Bataillon:
im Fußmarsch aus dem Raum Stapelfeld in den Raum Kettenkamp.
d) am 2. April 1945
Regiments-Stab:
mit Rest Führungsstaffel und Jagdkommando Reserver-Unteroffiziers-Bewerber-Kompanie Mot.-Marsch nach Altenlünne.

e) bis 2. April 1945
Reserve-Unteroffiziers-Bewerber-Kompanie:
bereitet sich für einen Stellungswechsel, 18 Uhr, wahrscheinlich im Mot. Marsch durch KFA-Kompanie, vor. Marsch- und Einsatzbefehl folgen.

f) in der Nacht vom 3. auf den 4. April 1945
KFA-Kompanie und I b Staffel:

bereiten Stellungswechsel vor und verlegen in den Raum Schale, südwestlich Fürstenau.

g) bis zum 3. April 1945 früh
   Pferdestaffeln:
      I. bis III. Bataillon folgen auf dem Marschwege des III. Bataillons und sammeln sich im Raume Basum, 3 km südlich Kettenkamp.

III. Die Verlegung der Mot.-Teile hat völlig ohne Licht zu erfolgen. Es ist in Fliegerabständen zu marschieren, bei jedem Fahrzeug der Beifahrer auf dem Kotflügel.

IV. Neuer Regiments-Gefechtsstand:
   ab 2.4.1945 - 21.00 Uhr in Altenlünne. Telefon: Altenlünne 101.
   Dorthin sämtliche Meldungen über erfolgte Verlegungen.
   Ich selbst ab 13.00 Uhr auf dem Marsch nach Rheine, ab etwa 18.00 Uhr durch Meldekopf I. Bataillon, Altenlünne, Appt. 101 zu erreichen.

                                   Mit der Führung beauftragt:
                                            gez. Wackernagel
                                                  Major

Verteiler:

   I. Bataillon
   II. Bataillon
   III. Bataillon
   KFA-Kompanie
   RUB-Kompanie
   Transport-Kolonne Schumann

Mit der Telefonnummer 101 Altenlünne kann heute keiner etwas anfangen. Ältere Bewohner von Altenlünne wissen aber, daß es sich damals um die Molkerei (Hunfeld) an der B70 handelte.

Der Regimentsgefechtstand des Majors Wackernagel war dort nur vorübergehend, wurde am nächsten Tag in die Gastwirtschaft Kerk in Spelle verlegt.

Er war dort bis zum Donnerstag, dem 5. April 1945. Weiter schreibt dann Helmuth Später in Band 3 seines Buches:

Der Gefechtsstand der Panzergrenadier-Ersatz-Brigade Großdeutschland verlegt zum gleichen Termin - 2.4.1945 abends - nach Freren. - Nach einem weiteren Regimentsbefehl wird ein Feldersatz-Bataillon unter Führung von Hauptmann Schmidt aufgestellt, zu dem vor allem unausgebildete Mannschaften der Reserve-Einheiten treten, dazu auch Offz.-Bewerber und Fahnenjunker als Ausbilder, Marschkranke usw. - Die RUB-Kompanie wird aufgelöst und aufgeteilt auf das Regiment und die Offiziersbewerber-Schule Großdeutschland.

Diese wiederum gibt ihrerseits Fahnenjunker und Offiziersbewerber an die einzelnen Bataillone als Gruppen-, Troß- und Trupp-Führer usw. ab, um bei einem zu erwartenden Einsatz der Offiziersbewerber-Schule GD zu verhindern, daß Führungspersonal, an dem es im gesamten Regiment mangelt, in einer Einheit verbraucht wird.

Am 2. April findet eine Adj.-Besprechung statt, bei der dann die Aufstellung eines Feldersatz-Bataillons befohlen wird. Führer: Hauptmann Schmidt, vorher Reserve-Unteroffiziersbewerber-Kompanie (RUB-Kompanie).

Es gibt dann eine genauere Auflistung und Beschreibung der Einheiten, aus denen heraus dieses neue Bataillon gebildet werden soll:

Offiziersbewerber-Schule:
  Die 1. Inspektion umfaßt Offiziersbewerber, eingetreten am 1. April 1945, (also gerade erst). Stärke: 4 Offiziere, 20 Unteroffiziere und 145 Mann, bisher keine Ausbildung.

Marsch-Kompanie:
  Stärke: 3 Offiziere, 14 Unteroffiziere und 180 Mannschaften, gesammelte Marschkranke, Versprengte, Nachzügler usw. Nur 2/3 haben überhaupt Waffen.

Panzer-Abteilung:
Hat noch ca. 80 Mann bei Bippen. - Besatzungen für Sturmgeschütze "Clausewitz".

Nachrichten-Abteilung:
Stärke: 2 Offiziere, 13 Unteroffiziere und 178 Mannschaften, diese werden als Grenadiere umgeschult und sind außerdem zur Ergänzung der Nachrichten-Abteilung der Division vorgesehen.

Pionier-Bataillon:
Stärke: 2 Offiziere, 7 Unteroffiziere und 147 Mannschaften, unausgebildete Rekruten, das heißt seit drei Tagen überhaupt erst Soldaten.

Regiment:
Stärke: 11 Offiziere, 43 Unteroffiziere, 50 Hilfsausbilder, 492 Mannschaften. - Mannschaften nicht ausgebildet, körperlich nicht leistungsfähig. Bewaffnung: Sechs MG, zwei Granatwerfer, alle Karabiner.

Man muß sich das Bataillon vorstellen, das daraus gebildet worden ist! So sah es in der deutsche Armee fünf Wochen vor der Kapitulation aus! Es wird dann weiter beschrieben, wie der Transport in die Einsatzräume Dreierwalde, Spelle und Lingen erfolgte:

Die auf dem Fußmarsch befindliche Offiziersbewerber-Schule erreicht mit ihren beiden Marschgruppen in der Nacht vom 2. zum 3 April den Raum Liener-Lindern.

Gegen 18.30 Uhr am 2. April 1945 erhält Hauptmann Schewe, Kommandeur des III. Bataillons, Anruf seitens des Regiments-Adjutanten, Oberleutnant Bensinger, in seinem Quartier in Kneheim, 10 km südwestlich Cloppenburg, mit folgendem Inhalt:

"Feind vor Lingen! Auf Befehl der Heeresgruppe H (Generaloberst von Blaskowitz) sind sofort 1.000 Mann der Einheit Großdeutschland auf dem schnellsten Wege nach Lingen zu befördern, um dort eingesetzt zu werden!"

Antwort:

Das Regiment habe nichts mehr an der Hand, da I. Bataillon bereits im Einsatz bei Rheine, das II. Bataillon motorisiert nach dort im Marsch, der Brigade-Kommandeur nicht erreichbar.-

Varaussichtliche Verladung auf Transport-Kolonne Hauptmann Schwelmer gegen 24.00 Uhr in Essen, nördlich Quakenbrück.

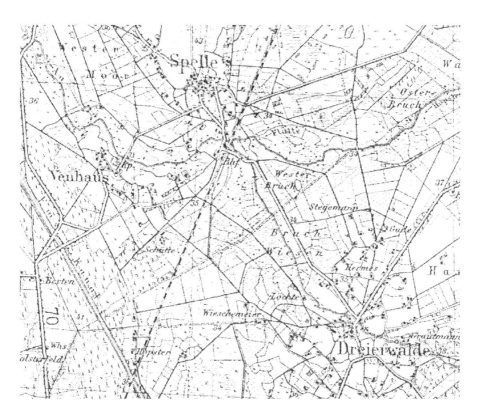

Eine Karte aus dem Jahr 1941. So sah der Einsatzraum damals aus.
Man beachte, daß die Rheiner Straße damals ein Sandweg war.
Die Beestener Straße gab es ebenfalls noch nicht.
In der Bahnhofsgegend befanden sich kaum Häuser.
(Bild 123)

Hauptmann Schewe trifft sofort Vorbereitungen zum Weitermarsch in Richtung Essen, unter Trennung der Reserve- und Kampfeinheiten. Letztere zeigen als III. Bataillon eine Gefechtsstärke von 7 Offizieren, 51 Unteroffizieren und 460 Mannschaften.

Gegen 23.30 dieses 2. April 1945 erfolgt Zusammentreffen des III. Bataillons mit der Transportkolonne Schwelmer am Bahnhof Essen und Verladung in Richtung Lingen.

Militärberichte

Schwerer Abwehrkampf blutjunger deutscher Soldaten

Neben den Einheiten der Panzergrenadier-Division „Großdeutschland" wurden auch andere Einheiten in unseren Raum befohlen. Der Befehl des I. Bataillon des Panzergrenadier-Regimentes 104 gibt über Einzelheiten Aufschluß:

I./Pz.Gren.Rgt. 104
   - Ia -   *Btl.Gef.Std., den 5.4.45*
                                     Abgang: ....

     Befehl für die Verteidigung des Dortmund-Ems-Kanals.

1.   *Feind ist von Rheine nach Norden vorgestoßen und hat mit Spitzen Bexten, Listrup erreicht.*

2.   *15. Pz. Gren. Div. verteidigt die Linie Listrup - Brücke bei Moorlage - Dortmund-Ems-Kanal bis in Höhe Venhaus - Verlauf des Aa-Flusses bis Bahnhof Spelle.*

3.   *Es sind eingesetzt:*
    II./104 von Listrup bis Brücke Moorlage
    I./104 entlang des Kanals mit Schwerpunkt an der Schleuse Venhaus
    H.G. (Anm.: Hermann Göring) vom Kanal bis Bahnhof Spelle

4.   *Dazu werden im Btl.Abschnitt eingesetzt:*
    rechts 3. Kompanie
    links 1. Kompanie

5.   *3. Kompanie*
    übernimmt von 1. Kp. die Brücke 2 km nw. Moorlage und den Übergang bei Moorlage.
    Die bei 4. Kp. befindlichen Teile der 3. Kp. sind durch 3. Kp.

abzuholen.
Gef.Std. 3. Kp. ehemaliger Gef.Std. 1. Kp.

<u>*1. Kompanie*</u>
sperrt Übergang an Schleuse Venhaus und Straße Varenrode - Rheine in Höhe des Aa-Flusses. Verbindung zum linken Nachbarn (Hermann Göring) ist aufzunehmen. Anschlußpunkt 1,5 km westl. Venhaus am 2. „D" vom Dortmund-Ems-Kanal.
Gef.Std. 1. Kp. 1 km no. Schleuse Venhaus in der Gehöftegruppe an der Aa-Brücke.
Die Kompanien halten durch Spähtrupps untereinander engste Verbindung.
Panzervernichtungstrupps sind besonders an die Übergänge zu legen.

<u>*4. Kompanie*</u>
setzt Selbstfahrlafette an Schleuse Venhaus und 2. Flak-Geschütz an Übergang Moorlage zur Sperrung der Übergänge ein.

<u>*5. Kompanie*</u>
unterstützt mit sGrW. und einem mGrW-Zug die Verteidigung des Überganges an der Schleuse Venhaus aus derzeitigen Stellungen. VB. an der Schleuse Venhaus.
2. GrW-Zug, 3. Kp. unterstellt, unterstützt die Verteidigung des Überganges bei Moorlage.

6. <u>*Nachrichtenverbindungen:*</u>
Nur 1. und 3. Kp. Draht

7. *T.V.Pl. ab 6.4. 6.00 Uhr Heitel. Bis dahin Varenrode.*

8. <u>*Btl.Gef.Std.*</u>
voraussichtlich ab 6.4. 6.00 Uhr Gehöftegruppe nördl. Heitel. Bis dahin Varenrode SO-Eingang.

(Mollub)

Der Gefechtsstand der 1. Kompanie ist offensichtlich auf dem Hof Butmeier gewesen.

In Spelle war also ein Bataillon der Division „Hermann Göring" eingesetzt, woran sich viele erinnern. Sie blieben bis Samstag abend in Spelle, bis zum Schluß. Die Soldaten von Großdeutschland wurden schon Freitag abend verlegt. Weiterhin ist bekannt, daß auch Einheiten der Waffen-SS im Einsatzraum agierten, zum Beispiel die Soldaten, die im Hause Schwert waren.

Eine Kopie des Originals des Einsatzbefehles beim 104. Regiment der 15. Panzergrenadier-Division.
(Bild 124, von Herrn Günter Wegmann erhalten)

In Band 3 des Buches von Major Spaeter heißt es dann weiter:

In dieser Nacht treten auch die Einheiten der Panzergrenadier-Ersatz-Brigade Großdeutschland ohne das III. Bataillon unter den Befehl der 15. Panzergrenadier-Division.

Gefechtsstand: Südeingang Beesten, ca. 20 km nördlich Rheine.

Die Befragung Beestener Bürger ergab zunächst keine Auskunft darüber, wo sich der Gefechtsstand genau befunden hat. Vermuten konnte man die Gastwirtschaft Meese. Georg Meese konnte sich zwar genau daran erinnern, daß zwei Tiger-Panzer, wahrscheinlich die aus Spelle, am Samstag, dem 7. April, bei Pelle an der Ecke gestanden hätten, aber einen Gefechtsstand habe es weder bei Meese noch bei Pelle gegeben.

Weitere Nachforschungen ergaben dann, daß der Hof Clemens Schulten an der Aa das zweifelhafte Glück hatte, von der 15. Panzergrenadierdivision auserkoren zu sein. Clemens Schulten (Jahrgang 1931) berichtet, daß der hohe Stab morgens verspätet eingetrudelt sei, nachdem man offensichtlich die Nacht hindurch gefeiert und gesoffen hatte.

Der Gefechtsstand der 15. Panzergrenadierdivision befand sich am 4. April 1945 auf der Hofstelle Clemens Schulten an der Aa, wurde sofort von Aufklärern entdeckt und von Jagdbombern angegriffen.
(Bild 125)

Kaum waren morgens um etwa 8.00 Uhr die Fahrzeuge eingetroffen, kreisten auch schon feindliche Aufklärer über dem Gehöft. Alles wurde schnellstens unter Bäumen und und in den Gebäuden versteckt, aber es war schon zu spät. Mittags um etwa 13.00 Uhr kamen mehrere Jagdbomber und griffen gezielt den Hof Schulten von zwei Seiten her an. Zwei Soldaten kamen zu Tode, mehrere wurden verwundet, ein Fahrzeug wurde beschädigt.

Die Briten hatten längst herausbekommen, daß die 15. Panzergrenadierdivision ein spezielles Funkgerät hatte, mit dem die feindlichen Befehle aufgefangen und entschlüsselt werden konnten. Daher das große Interesse.

Der Gefechsstand wurde noch am selben Tag, sofort nach dem Jabo-Angriff, nach Settrup verlegt.

Nun weiter zu Band 3 des Buches von Major Helmuth Spaeter:

Der Stand der Dinge ist zu diesem Zeitpunkt (Nacht vom 2. zum 3. April) so:

Die Kampfgruppe Knaust - Ein Verband aus Rekruten, Versehrten, Beinamputierten - in Stellung am Dortmund-Ems-Kanal.

Das I. Bataillon Rgt. Wackernagel unter Major Gerbener noch auf dem Westufer des Kanals mit Sicherungen in und ostwärts Rheine. Gefechtsstand Dreierwalde. (Anm.: Bei Reckers Lütkenfelde)

Das II. Bataillon Rgt. Wackernagel unter Führung Hauptmann Goeldel noch im Anmarsch mit Auftrag, rechts neben dem I. Bataillon am Dortmund-Ems-Kanal in Stellung zu gehen. Bat.-Gefechtsstand: Spelle.

Das III. Bataillon Rgt. Wackernagel unter Führung von Hauptmann Schewe aus dem Verband herausgenommen und mit Sonderauftrag des II. Fallschirm-Korps im Eintreffen am 3. April früh am Osteingang Lingen.

Regiment Poeschmann (Offiziersbewerber-Schule GD) mit 2 Bataillonen noch auf dem Fußmarsch, nunmehr ebenfalls abgedreht auf Lingen, zur Verstärkung des dort stehenden III. Bataillons Rgt. Wackernagel.

Feind mit vordersten Teilen in der Frühe des 3. April nach Rheine eingedrungen, schließt mit brit. XII. Korps in und beiderseits Rheine auf, bereitet Großangriff über den Dortmund-Ems-Kanal nach Osten und Nordosten vor.

Das brit. XXX. Korps mit vordersten Teilen kurz vor Lingen, schießt bereits mit Artillerie in die Stadt. Weiter nördlich, bei und westlich Meppen, Vorausgruppen der kanadischen 4. Panzer-Division, vermutlich mit Auftrag, ebenfalls den Dortmund-Ems-Kanal nach Osten zu überschreiten.

Auf deutscher Seite werden in größter Eile alle verfügbaren Einheiten an den Dortmund-Ems-Kanal herangezogen, um die dort sichernden Alarm-Einheiten zu verstärken und einen Übergang des Gegners zu verhindern. Es ist ein Wettrennen mit der Zeit und - der Truppe, ob beides noch gelingen kann. Zeit ist knapp, obwohl das Rennen noch gewonnen werden könnte, doch die Truppe mangelhaft - in Ausrüstung, Bewaffnung und Beweglichkeit. An der letzteren scheitert es, daß man noch rechtzeitig an den Kanal herankommt, es fehlen die Fahrzeuge.

Hierzu einige Befehle:

„I. Bataillon Rgt. Wackernagel (Batl Gerbener)   Gef.Std. 3.4.1945

An 1., 2., 3. und 4. Kompanie

Ab 3.00 Uhr unter Zurücklassen von Nachhuten zur Störung des Feindes Absetzen in neue Linie Dortmund-Ems-Kanal!

Rechte Grenze: Eisenbahnbrücke Rheine-Spelle.

Linke Grenze: Kleine Brücke südostwärts Altenrheine, 1 km südostwärts von Altenrheine, über dem Wort Hafen Rheine. - Straßenbrücke Rheine-Dreierwalde noch heil, sonst dort Kähne.

2. Kompanie: Von der rechten Grenze bis 1 km südostwärts Punkt 36 als linke Grenze.

1. Kompanie: Dort anschließend bis Straßenbrücke Altenrheine einschließlich.

3. Kompanie: Straßenbrücke Altenrheine ausschließlich bis zur linken Grenze. - 3. Kompanie marschiert über die Straße Rheine-Altenrheine und läßt in der Häusergruppe südlich unter dem Wort "Graude" eine Nachhut von 4 Mann.

1. und 2. Kompanie: Ebenfalls die Straße marschierend an derselben Stelle auch jeweils 4 Mann belassen.

Diese Leute unterstellen sich den dort liegenden Panzervernichtern von der SS. Sie haben den Befehl, das Absetzen des Bataillons zu sichern und gleichzeitig als Gefechtsvorposten für das Einrichten der neuen HKL (Anm.: Hauptkampflinie) vorgeschobenen Feuerschutz zu geben.

Gefechtsstand Gerbener braucht jetzt alle zugeteilten Leute des Stabes zurück. - Dieselben verbleiben unmittelbar hinter der Straßenbrücke Altenrheine und werden dort von uns abgeholt.

Ort: Btl.-Gefechtsstand kann erst im Laufe des frühen Morgens bekanntgegeben werden. Ich nehme selbst zu den Kompanien Verbindung auf. Unterstellte schwere Waffen bei den Kompanien mitführen.

Leutnant Reinarz wird von der Kompanie, bei der er sich befindet, benachrichtigt, sich mit einem Kompanie-Trupp an der Straße zu melden. Neuer Verbandsplatz in Dreierwalde!

Keinen verwundeten Kameraden zurücklassen!

Waffen von Gefallenen und Verwundeten mitbringen!
Absetzen schnell - aber keine Panik!

Gerbener

Major und Batl.-Kommandeur"

Der in aller Ausführlichkeit gegebene Batl.-Befehl für die Kompanien des I. Batl. Wackernagel zeigt bereits die ersten Bewegungen für das Instellunggehen entlang des Dortmund-Ems-Kanals, die in der Frühe des 3. April 1945 durchgeführt werden.

Der nachfolgende Regiments-Befehl zeigt weitere Einzelheiten für den Aufbau einer durchgehenden Verteidigungslinie entlang des Kanals:

„Regiment Wackernagel   Gef.-Stand 3.4.1945
Ia

Panzergrenadier Regiment Wackernagel ist der 15. Panzergrenadier-Division unmittelbar unterstellt. - Dazu scheidet I. Bataillon (Anm.: Dreierwalde) aus dem Unterstellungsverhältnis zur Kampfgruppe Knaust aus. Die enge Verbindung ist jedoch weiter wie bisher zu halten. Uhrzeit des Ausscheidens aus der Kampfgruppe Knaust wird noch befohlen. Voraussichtlich 4.4.1945 - 8.00 Uhr. - Das Bataillon richtet sich in dem bisherigen Abschnitt zur nachhaltigen Verteidigung ein und verhindert ein Übersetzen des Feindes über den Kanal. Dazu wird dem Batl. eine Kompanie Marder (Panzerjäger 7,5 cm lang, Selbstfahrlafette) unterstellt. Zuführung noch heute Nacht. Einweiser durch I. Batl. zu stellen. Geschütze sind unmittelbar nördlich des Kanals beiderseits der Straße Altenrheine-Dreierwalde so in Stellung zu bringen, daß sie Panzer-Vorstöße und Schwimmpanzer wirksam bekämpfen können und den Abwehrkampf des Batl. bei feindlichen Übersetzversuchen unterstützen.

II. Bataillon, Batl. Goeldel in Spelle, mit unterstellter SS Panzerzerstörer-Kompanie hat den Auftrag, die Hauptkampflinie vorzuschieben.
Anschlußpunkt: Stelle 36. - Das Regiment ist auf Zusammenarbeit mit der Flak-Abt. I/31 mit Feuerstellung in Varenrode angewiesen. Die Abteilung hat Auftrag, Störfeuer in die auf der Karte eingetragenen Räume zu schießen. Bei Feindangriff ist Feuer über das Rgt. anzufordern.
Bataillone über Nacht mit freiwilligen Panzerzerstörer-Trupps vor der HKL, mit freier Jagd auf Panzer-Fahrzeuge und andere lohnende Ziele.
Verlauf der Nacht ist dem Regiment bis morgen früh 6.00 Uhr zu melden.

Gez. Wackernagel
Rgt.-Führer"

Das noch zurückhängende II. Batl. Wackernagel (Batl. Goeldel) wird in den frühen Abendstunden dieses 3. April auf Lastwagen verladen und in Eile in die neuen Stellungen westlich Spelle am Dortmund-Ems-Kanal gefahren. Hier keine Feindberührung, Beziehen der Stellungen und Einrichten zur Verteidigung.

Gegen 6.50 Uhr am 4. April 1945 trifft auch bereits die erste Funkmeldung beim Divisions-Stab ein:

„Vom Rgt. Wackernagel in Stellung entlang des Dortmund-Ems-Kanals gegenüber Rheine.

6.50 Uhr - Feuer hält an - Flammpanzer zwischen Straßenbrücke und Schleuse, südlich des Kanals - vor Abschnitt des I. Bataillons Gerbener, bitten dringend Artillerie-Feuer nach dort!

Wackernagel"

„7.40 Uhr - Feind, zwischen Straßenbrücke Altenrheine und Schleuse unter starkem Feuerschutz von Artillerie und Flammpanzern über den Kanal in Hauptkampflinie eingedrungen! - Gegenstöße angesetzt! - Erbitten nochmals dringend A.V.Ko. oder V.B.

Panzer-Abteilung nicht beim Regiment.

Wackernagel"

7.45 Uhr - meldet II. Bataillon Rgt. Wackernagel - Batl. Goeldel, Spelle

„Stärke 5 Offiziere - 16 Unteroffiziere - 254 Mannschaften.

Feind fühlte während der Nacht mit Spähtrupps bis an unsere Stellungen vor. Spähtrupps der Kompanien stellen fest, daß sich am Bahnübergang nach Rheine eine feindliche Sicherung befindet.

Ab 7.00 Uhr feindliche Panzergeräusche in Rheine.

Von den zugewiesenen drei Selbstfahrlafetten ist bisher nur eine eingetroffen.

Goeldel"

9.30 Uhr meldet Kampfgruppe Knaust an Regiment Wackernagel:

„Feind bei Straßenbrücke Rheine-Dreierwalde über den Kanal bei Altenrheine mit schon 1 - 2 Kompanien, nach starker Artillerie-Vorbereitung und Flammpanzer-Einsatz eingebrochen. Lage noch ungeklärt, Reserven bis jetzt nicht vorhanden. Spruch wurde an Korück mit Bitte um Weitergabe an 15. Panzergrenadier-Division gegeben.

Knaust"

Und damit reißen zunächst die Meldungen über die feindlichen Angriffstätigkeiten ostwärts Rheine ab. Dort toben die Kämpfe hin und her; Major Gerbener versucht, mit einigen Mann den feindlichen Brückenkopf einzudämmen. Doch das Panzer- und Artillerie-Feuer vom Westufer des Kanals her zwingt alles in Deckung. Jede Bewegung auf deutscher Seite wird sofort mit einem Feuerhagel beantwortet - es ist zum Verzweifeln. Alles hofft auf die Dunkelheit. Schweres feindliches Artillerie-Feuer liegt auf den umliegenden Orten Dreierwalde-Venhaus-Spelle.

Schließlich treffen gegen Abend dieses 4. April erste Meldungen ein, die nähere Einzelheiten aufzeigen:

„18.30 Uhr - An Regiment Wackernagel!

1. Feind bei 3. Kompanie, links der Schleuse durchgebrochen! Kampflärm bereits zu hören 18.30 Uhr!

2. Weg Schleuse - Wischemeier durch Reserve-Zug mit Leutnant Hoffmann (nur Gewehre) gesperrt!

3. Der kann bestimmt nicht halten!

4. Ab 19.45 Uhr - Kann RUB-Kompanie helfen? - da sonst schlecht!

Gerbener, I. Bataillon"

Fast gleichzeitig eine Meldung des I. Bataillons an Kampfkommandant Rheine, Oberstleutnant Knaust:

„An Kommandant!

1. Links der Schleuse Einbruch - 18.35 Uhr!

2. Der Reserve-Zug am Weg Schleuse-Wischemeier in Stellung gegangen - hat nur Gewehre!

3. Pak wird von mir verständigt. Steht fest eingebaut!

4. Ab 19.35 Uhr - Habe keine Leute mehr!

Gerbener, I. Bataillon"

Sofort gehen auch erste Befehle seitens des Regiments heraus, die Gegenmaßnahmen anordnen:

„Rgt. Wackernagel　　　　　　　　　Rgt. Gef. Std. 4.4 1945
Kommandeur

An Kommandeur I./-

1. Auf Befehl der Division ist der Feind mit allen Mitteln unter Zusammenfassung aller nur verfügbaren Kräfte aufzuhalten, um eine weitere Ausdehnung des Brückenkopfes - besonders nach Nordwesten - zu vermeiden.

2. Ich beauftrage Major Gerbener, mit dem Jagdzug des Regiments und allen sonstigen verfügbaren Soldaten mit unterstelltem Marder-Zug den Feind im Gehöft zu werfen.

3. Die RUB-Kompanie ist zum Abriegeln des Brückenkopfes sofort einzusetzen.

Wackernagel
Major"

Bei einbrechender Dunkelheit werden schleunigst die Gegenmaßnahmen getroffen; Major Gerbener rennt herum, sucht sich Männer zusammen, um gegen den eingebrochenen Feind vorzugehen.

Doch dieser ist auch nicht faul; er nutzt die Dunkelheit bei anhaltendem Artillerie-Feuer zur Deckung seiner Vorhaben, um ununterbrochen neue Infanterie-Kräfte über den Kanal zu ziehen und schnelle Vorbereitungen für den Übergang seiner leichten Panzer zu treffen. .....

..... Eben an jenem 5. April 1945, als in Lingen jeder deutsche Widerstand erlischt, setzen die Kämpfe im Raum Dreierwalde-Hopsten mit aller Macht ein.

Es ist dem Feind über Nacht gelungen, starke Kräfte über den Dortmund-Ems-Kanal zu bringen, zugleich eine Brücke zwischen Straßenbrücke und Kanalhafen zu bauen und erste Panzer auf das Ost-Ufer zu ziehen.

Sehr früh schon tritt der Gegner mit stärkster Artillerie-Unterstützung in Begleitung erster Panzer zum Angriff nach Nordosten an. Er durchbricht im ersten Schwung die Stellungen des I. Bataillon, Rgt. Wackernagel (Btl. Gerbener). Nur noch einzelne Gruppen des Bataillons können sich in Richtung Dreierwalde durchschlagen und am Ortsrand neue Stützpunkte beziehen. Alles ist durcheinander, kaum noch einige Mann sind durchgekommen.
Major Gerbener gerät in Gefangenschaft, kann sich später aber wieder befreien. Hauptmann Blumenthal, bisher beim Stab /Rgt. Wackernagel, erhält Befehl, sofort nach Dreierwalde zu gehen und die Reste des zerschlagenen I. Bataillons zu sammeln. Einzelne Stoßgruppen des im gleichen Raum liegenden Regiments 115 der 15. Panzergrenadier-Division suchen verzweifelt, mit Restteilen des I. Bataillons Wackernagel, Dreierwalde zu halten.

Auch das II. Bataillon (Anm.: Bataillon Goeldel in Spelle) *gerät in den Strudel des Feindangriffes und muß seinen linken Flügel nach Norden einbiegen. Fast gleichzeitig gehen vorderste Teile der Briten gegen Spelle vor und verwickeln damit auch das noch mit Masse in alter Stellung ausharrende II. Bataillon /Rgt. Wackernagel in schwere Kämpfe. So kommt Bewegung in die Fronten; das II. Bataillon zieht sich hinhaltend kämpfend nach Nordwesten zurück, mit rechtem Flügel allerdings noch immer am Dortmund-Ems-Kanal haltend.*

Die nun folgenden Aufzeichnungen beziehen sich auf die Kämpfe im Hopstener Raum. Dort wurde zunächst das Regiment Poeschmann eingesetzt, welches aus den jungen Soldaten der Offiziersbewerber-Schule Großdeutschland aufgestellt worden war. Die meisten waren vom Jahrgang 1927, also knapp 18 Jahre alt. Vor der Beschreibung der Kämpfe in Hopsten, die in diesem Buch nicht mehr wiedergegeben werden sollen, werden noch einige mir interessant erscheinende Ausführungen über die Besonderheiten des Regiments Poeschmann gemacht:

..... Inzwischen ist das Regiment Poeschmann (OB-Schule GD) alarmiert und auf Grund des gegen 16.30 Uhr gegebenen Brigade-Befehls in Marsch nach Hopsten gesetzt, um dort eine Auffanglinie zu errichten.

Hier im Raum Hopsten wird das Rgt. Poeschmann seinen ersten Einsatz erleben.

An Kompanie- und teilweise Zug-Führern sind beim Regiment vornehmlich, ja fast nur die alten Ausbilder der OB-Schule GD (Anm.: Offiziersbewerber-Schule Großdeutschland) *eingesetzt, somit die bisherigen Betreuer der Fahnenjunker und Offiziers-Anwärter. Jeder dieser alten Ausbilder wird nun die Gelegenheit erhalten, seine Jungen auch im Kampf beobachten zu können, festzustellen, ob ihre Ausbildung und Persönlichkeitsformung die richtige gewesen ist.*

Stärke am ersten Tage des Einsatzes: 30 Offz., 150 Uffz., 700 Mann.

Die 15. Panzergrenadier-Division, Kommandeur Generalleutnant Rodt, mit Gefechtsstand am 5. April ostwärts Settrup, trägt mit ihrem Panzergrenadier-Regiment 115, Kommandeur Ritterkreuzträger Oberst

Haucke, an diesem Tage des Durcheinanders im Raum Dreierwalde - Spelle - Hopsten die Hauptlast des Kampfes. Sie sucht als alte, bewährte Frontdivision die jungen, gerade aufgestellten Bataillone des Regimentes Wackernagel zu sammeln und ihnen Rückhalt zu geben.

Das nun auch der 15. Panzergrenadier-Division unterstellte Regiment Poeschmann geht in den Abendstunden des 5. April etwa in Linie entlang der Hopstener Aa südlich und südwestlich Hopsten in Stellung, mit rechts I. Bataillon, links II. Bataillon, Rgt.-Gefechtsstand in Borken bei Schapen. Beide Bataillone Poeschmann richten sich zur Verteidigung ein. Heftiges feindliches Artillerie-Störfeuer auf Hopsten. Eigene Spähtrupps stellen gegen Abend Nordrand von Dreierwalde als noch feindfrei fest.

Das zersprengte I. Bataillon Rgt. Wackernagel wird in den Nachtstunden gesammelt und in Gegend Ruschendorf, nördlich Hopsten verlegt, links daneben das II. Bataillon Rgt. Wackernagel im Aufbau einer erneuten Abwehrlinie hinter den Stellungen des Regiments Poeschmann.....

Und so geht es dann weiter. Die Soldaten, die Spelle in der Nacht zum Weißen Sonntag verlassen, durchziehen Schapen, Hopsten, Schwagstorf, Stapelfeld, Cloppenburg, Achim, Zeven...... . Immer weiter, immer weiter, im Prinzip immer gleiche, mehr oder weniger unnötige Kampfhandlungen, bis dann am 8.5.1945 der Krieg endet.

Militärberichte
4

Selbstaufopferung des 3. Bataillons Wackernagel in Lingen

Inzwischen ist das III. Bataillon unter Hauptmann Schewe bis nach Lingen gelangt und in der Frühe des Tages auf dem Marktplatz abgesessen. Die jungen Männer - meistens Rekruten - sind so freudig und kampfentschlossen, daß sie singend die Lastwagen verlassen. Sofort setzt Hauptmann Schewe seine Kompanien zur Sicherung ein und nimmt selbst mit dem Kampfkommandanten Verbindung auf, um die gemeinsame Abwehr zu organisieren. Dort erfährt er auch, daß die Brücken über die Ems - Lingen liegt ostwärts der Ems - schon gesprengt seien und der Gegner bereits an das Ost-Ufer des Flusses herangekommen sei. Wiederholte Granatwerferfeuerüberfälle in die Stadt hinein erschweren das Instellunggehen des Bataillons.

Je näher sich jedoch die Kompanien des Bataillons an die Ems

Die Sprengung der Brücke in Wachendorf mißlang!
(Bilder 126 und 127, Imperial War Museum, London)

Das ist Captain I.O.Liddel, fünfte Batterie der „Goldstream Guards", dem es gelang, über die 90 m lange Brücke zu kriechen, das Zündkabel zu zerschneiden und so die Brücke zu retten.
Im oberen Bild zusammen mit seinen Kameraden, die als erste die Brücke überquerten, vor dem Frisiersalon Otto Kalkhoff an der Burgstraße photographiert.
(Bilder 128 und 129, Imperial War Museum, London)

heranschieben, um ihre Stellungen zu besetzen, umso mehr werden sie durch feindliche Scharfschützen und Panzer-Feuer vom Ostufer gestört. Sobald sich auch nur ein Mann auf dem Westufer zeigt, wird er sofort aus zahlreichen Rohren beschossen. Die ersten Ausfälle treten ein, so bei der 9. Kompanie drei Schwer- und zwei Leichtverwundete. Die Leichtverwundeten wollen jedoch die Stellung nicht verlassen, sondern lieber bei ihren Kameraden bleiben.

Nach Angaben des Kampf-Kommandanten sollte noch eine größere Zahl anderer Einheiten in und bei Lingen stehen, die dort zur Verteidigung eingesetzt seien. Doch zu bemerken ist von ihnen nichts.

In den Nachmittagsstunden des 3. April erfolgt dann seitens der Heeresgruppe Befehl zum Sprengen aller Brücken zwischen Lingen und Meppen über den Kanal; die Ausführung erfolgt auf dem Fuß - mit dem Nachteil, daß das III. Bataillon Rgt. Wackernagel nunmehr außer einem kleinen Steg südlich Lingen (im Abschnitt der 9. Kompanie) keinen Übergang mehr nach Osten hat.

Die Ausfälle durch den immer mehr an die Ems heranrückenden Gegner und sein Panzer-Feuer nehmen in den Reihen der Verteidiger stetig zu. Es treten schon Schwierigkeiten ein, die Verwundeten nach hinten abzuschieben.

Gegen 23.00 Uhr in der Nacht vom 3. zum 4. April trifft Befehl seitens des II. Fallschirm-Korps (General Meindl) mit folgendem Inhalt ein:

„Gen. Kdo. II. Fallschirm-Korps   K. Gef. Std., 3.4.1945
Führungsgruppe Ia Nr. 1064/45 geheim

An den Kampfkommandanten Lingen!

Mit sofortiger Wirkung werden Ihnen sämtliche in Lingen stehenden Truppen einschließlich III. Rgt. Brandenburg unterstellt.

Auftrag: Beziehen einer Brückenkopfstellung (siehe Karte) und Verhinderung eines Feinddurchbruchs entlang der Straßen aus Süden und Westen auf Lingen. Bei starkem Feinddruck darf der Brückenkopf im Westen auf die Kanallinie zurückgenommen werden. Diese Linie ist bis zum letzten Mann zu halten!

Bei einem Absetzen auf die Kanallinie sind sämtliche Brücken innerhalb des Brückenkopfes über die Ems und den Dortmund-Ems-Kanal zu sprengen!

Sie sind als Kommandant für das Halten von Lingen verantwortlich.

gez. Meindl"

Fast gleichzeitig eröffnet der Kampfkommandant von Lingen dem Hauptmann Schewe, daß er seitens der Heeresgruppe zu anderer Verwendung abberufen und er - Schewe - nunmehr Kampfkommandant von Lingen sei. Die Über-gabe geschieht recht flüchtig. Hauptmann Schewe, dem immer wieder versichert wird, daß noch andere Einheiten in Lingen

seien, kann beim besten Willen außer einem Flak-Kampftrupp im Norden keine finden. So sitzt er nun mit seinem Bataillon fast allein in Lingen in Erwartung schwerer feindlicher Angriffe, die mit Sicherheit in der Frühe des 4. April losbrechen werden.

In der Nacht vom 3. zum 4. April scheint der Feind entlang der Ems seine Bereitstellung beendet zu haben. Die anhaltenden Panzergeräusche vom jenseitigen Ufer, wie das Einschießen der britischen Artillerie lassen nach. Die Ruhe vor dem Sturm! .....

Schnell hatte die „Guards Armoured Division" auch bei Hanekenfähr eine Brücke gebaut, ihre Panzer dringen nach Lingen ein.
(Bilder 130 und 131, Imperial War Museum, London)

..... Inzwischen setzt auch in der Stadt Lingen der Kampf ein. Erste Meldungen erreichen Hauptmann Schewe gegen 4.00 Uhr früh am 4. April, daß der Feind nördlich Lingen den Kanal überschritten habe. Hier sei ein OT-Mann (Anm.: Organisation Todt) in voller Uniform durch eine Furt gegangen und habe dem Gegner die Möglichkeit dieser Überquerung gezeigt.

Sofort werden Spähtrupps nach dort entsandt, die dies nur bestätigen können: Feind im Übergang über den Kanal nach Osten! Feind beim Brückenschlag über den Kanal!

Die 11. Kompanie, die gegen diesen Brückenschlag ihres Gegners mit ihrem Jagdzug vorgehen will, gerät dabei in einen feindlichen Artillerie- und Panzer-Feuerriegel, der den Jagdzug vollkommen vernichtet.

Gleichzeitig ist weitere britische Infanterie mit Panzern im Vorgehen von Nordwesten gegen die Stadt. Hauptmann Schewe eilt mit den schnell zusammengefaßten Meldern, Kradfahrern usw. nach dort, um sich dem Feind entgegenzuwerfen. Es gelingt zunächst auch, ihn wieder zum Stehen zu bringen.

Die Burgstraße in Lingen, am 6. April 1945
(Bilder 132 und 133, Imperial War Museum, London)

Gleichzeitig erfolgt Befehl an die übrigen Kompanien, sich von der Ems zu lösen und hinter den Kanal in das Innere der Stadt zurückzuziehen. Erste eintreffende 9. Kompanie beim Batl. Gef. Stand tritt sofort nach Nordwesten gegen dortigen Feind an und kann unter erheblichen Verlusten Raum gewinnen.

Die anderen Kompanien werden zu starken Stoßtrupps umgegliedert und in Stellung gebracht. Erst nach und nach treffen auch die einzelnen Kompanien auf dem Batl. Gef. Stand ein, nur die 11. Kompanie fehlt noch immer, in ihren Stellungen sind bereits die Briten.

Verzweifelt wehrt sich die im Nordteil der Stadt kämpfende 9. Kompanie gegen eine erdrückende Übermacht, wird schließlich durchbrochen, und erste Briten stehen plötzlich vor dem Gefechtsstand. Der Batl.-Troß ist ebenfalls verloren, er fuhr mitten in den Feind.

Oben: Fahrzeuge auf der Burgstraße
unten: Häuserkampf
(Bilder 134 und 135, Imperial War Museum, London)

Nun konzentriert sich die eigene Abwehr in den Häusern um den Gefechtsstand, und es ist der entschlossenen Haltung aller zu verdanken, daß die Reste des noch kämpfenden Bataillons nicht sogleich überrannt werden. Mit Panzerfäusten wird gegen feindliche MG-Nester vorgegangen, ein Gegenstoß mit nur fünf Mann gemacht, der den Gegner zum Weichen bringt und ihn bis zum Marktplatz wieder zurückwirft. Die 9. und 12. Kompanie, die nicht mehr rechtzeitig zum Gefechtsstand zurückkamen und sich an anderen Stellen einigelten, haben sich fast gänzlich verschossen.

Kleinere Gruppen können sich noch bis zum Gefechtsstand durchschlagen; hier wird zur Rundumverteidigung eingerichtet.

Hauptmann Schewe gibt seinem Ord. Offizier, der nun versucht durchzubrechen, einen genauen Lagebericht an das Regiment mit. Es gelingt, und er kann auch wieder zurückkommen - mit dem Befehl der Heeresgruppe:

„*Lingen ist zu halten. Keine Truppe verläßt die Stadt!*"

Zwei britische Panzer-Divisionen sind unterdessen in der Stadt und drauf und dran, das allein auf sich gestellte III. Bataillon Rgt. Wackernagel zu erdrücken.

Hauptmann Schewe schreibt eine neue Meldung an das Regiment, seine letzte Meldung, die der Ord.-Offizier - sich wiederum durchschlagend - an Major Wackernagel überbringen kann:

„*Lingen, den 4.4.1945*

Hochverehrter Herr Major!

Ich führe den Befehl des Generalkdo. II. Fallschirm-Korps durch, wonach Lingen zu halten ist!

Meine mir noch zur Verfügung stehenden Kräfte ermöglichen es nicht mehr, die Stadt zu halten. Ich bilde einen Igel um meinen Gefechtsstand und kämpfe bis zur letzten Patrone.

Leider verliert die Brigade dadurch ein Bataillon, das zu kämpfen und zu sterben weiß!

Das III. Bataillon / Panzergrenadier E. u. A. Rgt. Großdeutschland grüßt die andere Bataillone!

Es lebe der Führer!

Es leben die stolzen Großdeutschland-Verbände!

Schewe
Hauptm. und Kampfkommandant
von Lingen"

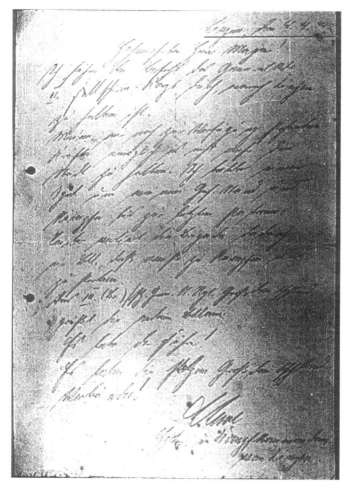

Eine leider sehr undeutliche Kopie des Originalbriefes, den Hauptmann Schewe von Lingen her an Major Wackernagel schickte.
(Bild 136, von Major Helmuth Spaeter erhalten)

Es geht auf 23.00 Uhr. Von der 10. Kompanie ist noch immer nichts zu sehen, die 9. Kompanie hat noch knapp 60 Mann. Die schweren MG und Granatwerfer der 12. Kompanie sind alle ausgefallen, verloren, vernichtet!

Bei den einzelnen Stützpunkten ist etwas Ruhe eingetreten. Auf dem Verbandsplatz im Keller des Nachbarhauses liegen etwa 150 Verwundete, junge tapfere Soldaten des III. Bataillons Rgt. Wackernagel.

Endlich gegen 24 Uhr trifft der Kompanieführer der 10. Kompanie, Leutnant Feinauer, ein. Es wird beschlossen, aus dem Einschließungsring im Innern der Stadt, der nur noch einen schmalen Weg nach Süden offen läßt, auszubrechen. Die notwendigen Vorbereitungen werden getroffen. Schwere Waffen fehlen fast völlig, viele Männer haben sich restlos verschossen.

In der Frühe des 5. April setzen die Briten in Lingen bald wieder zum Angriff an, können einige Stützpunkte überrennen und gelangen schließlich in die Häuser gegenüber dem Batl.-Gefechtsstand.

Häuserkämpfe in Lingen, unaufhörlicher Nachschub über die Brücke in Wachendorf
(Bilder 137 und 138, Imperial War Museum, London)

Der vorgesehene eigene Angriff kommt nicht mehr zur Ausführung. Aus Häusern und Dachluken wird mit der letzten Munition der Gegner in Deckung gezwungen, bis er schließlich mit zwei Sherman vorn, einem Flammpanzer in der Mitte, zwei Sherman hinten die Straße entlang kommt. Ein junger Batl.-Melder greift zur letzten vorhandenen Panzerfaust, zündet sie und - ist zu aufgeregt, um sie abzufeuern. Sie geht los und - tötet den jungen Kerl, der in den Feuerstrahl gerät.

Das Ende der Verteidiger Lingens,
soweit sie mit dem Leben davonkamen!
Die Jugendlichen im unteren Bild
hatten zwei Tage vorher bei der Ankunft
auf dem Lingener Marktplatz vor Begeisterung noch
Nazi-Lieder gesungen!
(Bilder 139 und 140, Imperial War Museum, London)

Schließlich sind noch 12 Mann bei Hauptmann Schewe im Keller, den der Gegner nun auch als Gefechtsstand erkannt hat. Keine Munition mehr! Alles hat sich verschossen! - Widerstand zwecklos! Sie müssen sich dem Stärkeren ergeben, mit der Genugtuung, daß durch ihr tapferes Aushalten allein zwei feindliche Panzer- und eine Infanterie-Division fast drei Tage in Lingen aufgehalten wurden.

Das III. Bataillon ist nicht mehr. - Einzelne können sich durchschlagen, andere halten sich noch 24 Stunden in kleinen Widerstandsnestern. Die Masse aber geht in Gefangenschaft! .....

Soweit die Aufzeichnungen im dritten Band des Buches „Die Geschichte des Panzerkorps Großdeutschland", verfaßt von Major Helmuth Spaeter.

Militärberichte
5

Die britischen Einheiten in unserem Raum

An Versorgung mit Essen, Benzin, Bewaffnung und Munition fehlte es nicht. Und trotzdem, auch die Engländer, Waliser, Schotten und Nordiren hatten zu leiden, haben tapfer gekämpft, hatten Verluste. Auf unseren „herrlichen Führer" waren sie nicht gut zu sprechen!

Die englische Beschreibung des Bildes: „Männer der „Cameronians" zeigen eine Nazi-Fahne, die sie im Reichsbank-Gebäude der Stadt Rheine erobert hatten."
(Bild 141, Imperial War Museum, London)

Wen wundert es, daß sie aus allen Nazi-Symbolen, die sie eroberten oder irgendwo fanden, Siegestrophäen machten, wie es im Eingangsportal der Reichsbank in Rheine geschah. Das Gebäude war während des Krieges auf der anderen Seite von einer Bombe getroffen worden, und der Bankdirektor und seine Frau kamen unter den Trümmern ums Leben.

Nicht nur Kämpfen, sondern auch Lustigsein gehört zum Soldatenleben; deswegen unten auf dieser Seite ein Bild derselben Cameronians im gleichen Portal, die sich „mit Speis und Trank" stärken.

Die Britischen Truppen haben sich durchweg ehrenhaft und ordentlich benommen, wenn sie die Städte und Dörfer besetzten. Lediglich hört man immer wieder, besonders von den Hausfrauen, daß sie oft gehaust haben „wie die Vandalen", indem sie Einmachgläser öffneten, sich jede Menge Spiegeleier braten ließen, Schinken vertilgten und gute Handtücher benutzten, ihre verdreckten Panzer zu putzen.

Gegessen und getrunken werden muß auch!
(Bild 142, Imperial War Museum, London)

Ich meine, daß man das nicht zu streng bewerten darf; es waren junge Leute in schwerem Einsatz, und nirgendwo auf der Welt gibt es Truppen, die sich in dieser Hinsicht viel besser verhalten haben.

Etwas bedenklicher war die Unsitte einiger Soldaten, unvernünftige Mengen von Taschen- und Armbanduhren zu sammeln. Hier und dort füllten sie kleinere Tragetaschen damit. Es sind aber Kleinigkeiten gegenüber den Dingen, die im deutschen Osten beim Einmarsch der Russen passierten.

Ab und zu wurde auch einmal Weinbrand gefunden, wie im oberen Bild in Rheine.
Das untere Bild zeigt eine Auffrischung beim Vormarsch in der Nähe von Lingen.
(Bilder 143 und 144, Imperial War Museum, London)

Auf dem Weg von Rheine zum Speller Dorf wurde die kämpfende Truppe viermal abgelöst:

1. Das 7. Bataillon der schottischen Cameronians überquerte mit Booten die Ems beim Bootshaus und besetzte Rheine.

2. Den Dortmund-Ems-Kanal bei Rielmann in Altenrheine überquerte das 6. Bataillon derselben Cameronians und hatte dabei schwere Verluste.

3. In Dreierwalde und halbwegs Spelle im Südfelde erfolgte die Ablösung durch die 4. Panzerbrigade („Desert Rats" mit schwarzer Ratte auf weißem Grund) mit
      dem 44. Bataillon der „Royal Tanks",
      dem 2. Bataillon des „King's Royal Rifle Corps"
      und dem 4. Bataillon der „Royal Horse Artillery".

4. Am Speller Bahnhof löste das 5. Bataillon der „King's Own Scottish Borderers" das 2. Bataillon des „King's Royal Rifle Corps" ab.

5. An der Speller Aa wurde am Samstag, dem 7. April 1945 um 14.00 Uhr noch das 5. Bataillon „King's Own Scottish Borderers" abgelöst durch das 6. Bataillon der „Royal Welch Fusiliers"

Soldaten des 6. Bataillons der „Royal Welch Fusiliers" waren es dann, die am Weißen Sonntag, dem 8. April 1945, um 10.00 Uhr vormittags in das Speller Dorf eindrangen. Es war nur ein Zug des Bataillons mit vielleicht 70 Soldaten, die zu diesem Zweck zurückblieben.

Das Bataillon selbst wurde am Weißen Sonntag nach Hoya an der Weser transportiert und überquerte am nächsten Morgen um 9.15 Uhr schon die Weser, was später aus den Tagebüchern hervorgeht. So sehr war in Spelle die Front im Rückstand!

Im Nachhinein darf man feststellen, daß am Weißen Sonntag die Gefahr für Spelle nicht mehr so groß wie befürchtet war. Artillerie und Panzer waren ebenfalls schon abgezogen und operierten vor Voltlage. Die Eroberung Spelles ist gewissermaßen „verklüngelt" worden. Gott sei Dank!

Mehr als beim deutschen Militär wurden die Einheiten immer wieder neu unterstellt und zugeordnet. Sie blieben allerdings wenigstens bis auf Bataillonsebene meistens zusammen, sonst ist es aber schwierig anzugeben, welche Divisionen welche Regimenter bzw. Brigaden und Bataillone zu einem bestimmten Zeitpunkt unter sich hatten.

Dasselbe galt für die Kommandeure. Nicht nur bei Beförderungen, sondern auch sonst, ohne ersichtlichen Grund, wurden sie immer wieder von dieser zu jener Einheit versetzt. Generalfeldmarschall Erwin Rommel, der „Wüstenfuchs", der die Engländer ja genau kannte, machte sich über diese „Unart" lustig und hätte das in seiner Truppe nie getan.

Nun zur Zugehörigkeit der in unserem engeren Raum eingesetzten britischen Einheiten:

1. Bataillone (etwa 800 Soldaten und 35 Offiziere)
    a. 7. „Cameronians"
        (Rheine, Altenrheine bis über den Kanal)
    b. 6. „Cameronians"
        (Dreierwalde, Hopsten, Voltlage, Höckel, Westerholte)
    c. 2. „KRRC"   (2. Bat. des „King's Royal Rifle Corps")
        (Spelle, Dosenbrücke, Osterbruch)
    d. 5. „KOSB"   (5. Bat. „King's Own Scottish Borderers")
        (Spelle, Voltlage)
    e. 4. „RHA"   (2. Reg. „Royal Horse Artillerie")
        (Spelle)
    f. 6. „RWF"   (6. Bat. „Royal Welch Fusiliers")
        (Salzbergen, Flugplatz Salzbergen, Spelle, Hoya)

2. Regimenter und Brigaden
    a. 4. Panzerbrigade (Desert Rats)
        (Spelle, Halverde, Voltlage)
    b. 155. Brigade
    c. 156. Brigade
    d. 160. Brigade

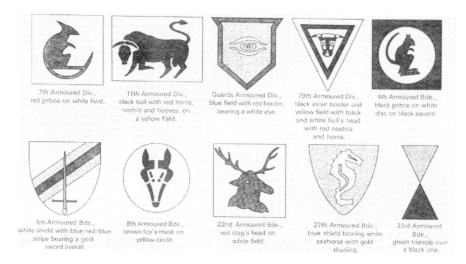

Einige „Identification Symbols", Erkennungszeichen,
welche die Einheiten auf ihren Panzern und Fahrzeugen trugen.
(Bild 145, aus dem Buch „D-Day To Berlin" von Terence Wise)

3. Divisionen
    a. 52. Division (Lowland) Infanterie (Dreierwalde,
       Spelle und Hopsten)
    b. 53. Division (Welsh) Infanterie
    c. 7. Panzerdivision (Desert Rats) (Ibbenbüren)
    d. 11. Panzerdivision (Black Bulls)
    e. Guards Panzerdivision (Lingen)

4. Corps
    a. 12. Corps (Rheine und Ibbenbüren)
    b. 30. Corps (Lingen)

5. Armeen
    a. 2. Britische Armee (Nordwestdeutschland)

Den Oberbefehl über die westlichen Streitkräfte hatte bekanntlich General Dwight D. Eisenhower (Jahrgang 1890), der spätere Präsident der Vereinigten Staaten. Ihm unterstellt war Generalfeldmarschall Montgom-mery (Jahrgang 1887), der in Nordafrika gegen Rommel erfolgreich war.

Über die Feldherrn-Qualitäten von Montgommery gibt es unterschiedliche Meinungen. Viele können ihm nicht verzeihen, daß er in der Normandie bei Caen nur sehr langsam vorankam und daß im September 1944 die Luftlandung bei Arnheim und Nijmwegen mißglückte.

In England und bei seinen Truppen war er sehr populär, sie nannten ihn „Monty". Mit General Eisenhower hatte er ein gespanntes Verhältnis.

Den Vormarsch in den nordwestdeutschen Raum, also auch in unsere Gegend, unternahm die 2. Britische Armee, deren Kommandeur Sir Miles C. Dempsey (Jahrgang 1896) war.

Die 2. Armee hatte fünf Corps (nicht der Reihe nach durchnummeriert), wobei das 12. Corps unter Generalleutnant N. M. Ritschie in unserem Raum operierte.

Sir Winston Churchill ließ es sich nicht nehmen, die Rheinüberquerung zu beobachten. Im unteren Bild läßt er sich mit einem Jeep zu seinen Truppen fahren. Hinter ihm General Dempsey, Kommandeur der 2. Britischen Armee
(Bilder 146 und 147, Imperial War Museum, London)

Von links nach rechts: General Sir Miles C. Dempsey, 2. Britische Armee,
Generalfeldmarschall Montgommery
und General W. H. Simpson, 9. Amerikanische Armee,
die südlich von Wesel den Rhein überquerte und an der Lippe entlang
bis Lippstadt vordrang, dort den Ruhrkessel bildend.
(Bild 148, Imperial War Museum, London)

Dem 12. Corps wiederum waren etwa 15 Divisionen, Brigaden und Regimenter unterstellt. Die 4. Panzerbrigade unter Brigadier R. M. P. Carver, auch Baron Carver genannt, hatte den Auftrag, Spelle zu besetzen und nach Möglichkeit Richtung Schapen weiter vorzustoßen. Weiterhin waren in unserem engeren Raum die 52. Infanterie-Division (Lowland), die 53. Infanterie-Division (Welsh) und die 7. Panzerdivision („Desert Rats", mit schwarzer Ratte auf weißem Feld) eingesetzt. Weiter nördlich im Raum Lingen operierte die Guards Panzer-Division, die allerdings zum 30. Corps unter Generalleutnant Horrocks (der bei der mißglückten Luftlandung bei Arnheim die Panzer befehligte).

Auf Bataillonsebene führt die Aufzählung zu weit, in den weiteren Ausführungen werden die jeweils eingesetzten Bataillone genannt.

Es gab zwei Einheiten, welche die „Desert Rats" als Erkennungszeichen hatten:

1. Die in Spelle eingesetzte 4. Panzerbrigade (schwarze Ratte),
2. die in Rheine und Ibbenbüren kämpfende 7. Panzerdivision (weiße Ratte).

Beide hatten sich das Zeichen in Nordafrika zugelegt, bei den Kämpfen gegen Rommel. Die 4. Panzerbrigade nahm für sich in Anspruch, die „erste" zu sein. Viele werden sich noch gut an das „Desert Rats" - Kennzeichen erinnern.

Im oberen Bild überquert General Dempsey den Rhein.
Im unteren Bild sind wichtige Strategen versammelt;
von links nach rechts:
Generalleutnant Ridgeway, Am. Luftlandetruppen,
Generäle Dempsey und Simpson,
Feldmarschall Montgommery
(Bild 149 und 150, Imperial War Museum, London)

Die vorrückenden britischen Truppen wurden stets von Fotografen begleitet. Viele Fotos sind in einer besonderen Abteilung des „Imperial War Museum" in London aufbewahrt.

Leider habe ich keine Fotos von Spelle direkt gefunden. Möglicherweise waren die Fahrzeuge, die unmittelbar nach dem Einrücken der Engländer an der Aa-Brücke umkehrten, wie mein Vater berichtet, mit solchen Fotografen besetzt. Die Aa mit ihren gesprengten Brücken war ein so großes Hindernis, daß nicht einmal Panzer ins Dorf kamen und nur Infanterie das Speller Dorf besetzte.

Die Übersetzung der englischen Texte ist manchmal schwierig, weil viele Spezialausdrücke und militärische Redewendungen vorkommen. Deswegen bin ich John Ward aus Spelle, gebürtig aus Leicester /England, sehr dankbar für seine Mithilfe.

Wer versteht schon einen Ausdruck wie „SA-fire". Es ist sicher nicht Gewehrfeuer der „SA" damit gemeint, sondern „Small Arms fire", also das Feuer leichter Waffen.

Militärberichte
6

Die Kampfhandlungen der „Cameronians"

Im Vorwort war schon erwähnt worden, daß sie 1881 aus zwei Vorgänger-Regimentern gebildet wurden, die ihrerseits den 14. Mai 1689 als Gründungsdatum nachweisen können. Ihren Namen führen sie auf Richard Cameron zurück, einen tapferen Heerführer im 17. Jahrhundert.

Die Geschichte der Cameronians umfaßt vier Bände, von denen Band 3 die Zeit von 1933 bis 1946 erfaßt und von Brigadier C. N. Barclay geschrieben worden ist.

Nachdem sie in den Kolonien (Burma, Indien) gekämpft hatten, zogen sie von England aus durch Frankreich, Belgien, Holland durch unsere Gegend und schließlich bis nach Bremen und über die Elbe (siehe untenstehende Karte). Dabei machten sie um die Jahreswende 1944/45 zwischendurch den Umweg über die Ardennen, der Ardennenoffensive wegen!

Die abgedruckten Original-Textseiten schildern die Ereignisse zwischen Rheine und Hopsten. Hier die sinngemäße Übersetzung:

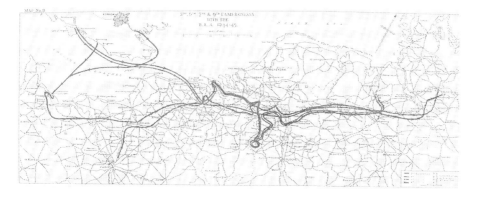

Der Zug der Cameronians in den Jahren 1944 und 1945
(Bild 151, aus dem Buch „Die Geschichte der Cameronians", von Barclay)

Das 6. Bataillon der Cameronians

Bei Alpen (Niederrhein) wurde die C-Kompanie praktisch ausgelöscht, nur ein Offizier und etwa zwölf Soldaten blieben übrig.

Man entschloß sich, in Issum eine neue Kompanie unter Major S. Storm zu bilden, die dort bis zur odnungsgemäßen Durchorganisation bleiben und ein paar Tage trainieren sollte. Die neue Kompanie wurde aus den wenigen Überlebenden, aus den aus anderen Kompanien umgesetzten Offizieren und aus jüngeren Soldaten gebildet, die zumeist aus neu eingetroffenen Verstärkungen stammten. Es wurde eine große Kampfbereitschaft gezeigt. Sie ergab sich ohne Zweifel aus dem Willen, die Kameraden zu rächen; warum auch immer, gut eine Woche später sollte die Kompanie wieder kämpfen. Sie folgte dem Bataillon rechtzeitig bei der Rheinüberquerung und

---

another Cameronian connection, as Brigadier C. N. Barclay, D.S.O. vacated the command which he had held since December 1941. He was succeeded by Brigadier G. D. Renny of the Kings Own Scottish Borderers.

6TH CAMERONIANS

At Alpon "C" Coy. of the 6th Cameronians virtually ceased to exist, only one Officer and about twelve N.C.O's. and men being left.

It was decided to form a new Company at Issum under Major S. Storm, which would remain there until it was properly organised, and had carried out a few day's training. The new Coy. was formed from the few survivors of the old, from a cadre of Officers and N.C.O's. gleaned from other Coys., but the junior ranks were mainly from a draft of recently arrived reinforcements. The enthusiasm shown no doubt emanated from a resolve to revenge their comrades; but whatever the cause the Coy. was judged fighting fit in a little over a week, joined the Battalion in time to cross the Rhine with it, and took a conspicuous part in the final operations of the campaign

The 6th Cameronians crossed the Rhine on the 29th March. By this time British Armour had broken out of the Bridgehead, and had swept many miles to the East. There were, however, still pockets of resistance left in rear of the armoured thrusts awaiting elimination by the Infantry.

The 157th Brigade had moved ahead of the 156th and eventually made contact with the enemy in the region of the Rhine, where he was holding the line of the Dortmund-Ems Canal in great strength. They had forced a crossing of the canal, and when the 6th Cameronians arrived on the scene a small bridgehead had been established on the far bank.

A Brigade plan for the attack was quickly made. The 1st Glasgow Highlanders were to cross the canal by assault boat and enlarge the bridgehead; a Bailey Bridge was then to be erected, over which the Battalion was to pass in an attack on Drierwalde, a small village lying just to the East of the Glasgow Highlanders' expansion of the bridgehead; and the 4/5th R.S.F. were to complete the plan by passing through to exploit East from Drierwalde in the direction of Hopsten, the next village on the axis of advance. The Battalion plan was that the attack should take the form of a three-pronged drive, with "B" Coy. in the centre, moving along the line of the main road to secure the village and the main bridge over the river flowing through the village. "A" Coy. was to swing round to the right with the bridge on the Eastern outskirts of the village as its objective; whilst "D" Coy. executed a similar movement on the left, directed on to the area of the most Westerly bridges. "C" Coy. were meanwhile to cross the canal in assault boats, before the Battalion plan came into operation, in order to reinforce the bridgehead, and were then to come into Battalion reserve.

At dawn on the 5th April the Glasgow Highlanders put in their attack, and after stiff fighting succeeded in gaining their objective. "C" Coy. then followed and were soon dug-in on the Eastern bank, and by mid-day the Sappers, in spite of the heavy Artillery and Mortar fire to which they were subjected, had managed to get the bridge across. At 12.45 p.m. the companies moved over the completed bridge and made for their forming-up positions, in each case about two thousand yards from their objectives. "D" Coy. had little difficulty in getting on to the forming-up position, and could have gone into the assault at the pre-arranged time of 3.15 p.m. The other companies, however, had to fight their way forward almost from the time they left the bridge, and were harassed by small-arms fire continuously. For the most part the fire was directed from well-concealed positions in the hedgerows, which afforded not only cover, but admirable and safe lines of approach and withdrawal to the defenders. The defence was also helped by the fact that the water-logged nature of the ground made it quite impossible for the tanks to leave the road during the approach march. In spite of the many difficulties, however, the companies pressed on, taking some sixty prisoners on their way, and at 6 p.m. the triple assault was launched.

"D" Coy. on the left made swift progress. Some trouble came from the well-sited automatics and snipers, who caused some casualties, but the attack was pressed home with vigour and, helped on by the accurate and effective gunnery of the Sherman Tank crews, the company was quickly on its objective and in possession of the destroyed bridge. "B" Coy's. attack, too, went extremely well. The enemy attempted a stand on the outskirts of the village, but the hail of fire to which he was subjected by the small-arms weapons of the company, and the guns of the Tanks, broke his resistance completely and the subsequent advance was hampered only by the occasional sniper and automatic. "A" Coy. had a more difficult

Original der Seiten 214 und 215
(Bild 152, aus Band 3 des Buches „The history of the Cameronians" von Barclay)

hatte einen hervorragenden Anteil an den letzten Gefechten des Krieges.

Das 6. Bataillon überquerte den Rhein am 29. März. Zu dieser Zeit waren die Panzer aus dem Brückenkopf heraus durchgebrochen und viele Meilen nach Osten vorgestoßen. Es gab aber noch Widerstandsnester im Rücken der Panzerspitzen, die durch die Infanterie zu vernichten waren.

Die 157. Brigade war der 156. Brigade voranmarschiert und erhielt schließlich in der Gegend von Rheine Feindberührung, wo der Dortmund-Ems-Kanal mit äußerster Härte gehalten wurde. Sie hatte einen Übergang über den Kanal erzwungen und zur Zeit der Ankunft des 6. Bataillons einen kleinen Brückenkopf am gegenseitigen Ufer gebildet.

Seiten 216 und 217
(Bild 153, aus dem Buch „The History of the Cameronians" von Barclay)

Die Brigade machte schnell einen Plan für den Angriff:

Das 1. Bataillon der Glasgow Highlander sollte den Kanal mit Sturmbooten überqueren und den Brückenkopf vergrößern.

Eine Bailey-Brücke war dann zu bauen, über welche hinweg das Bataillon in den Angriff auf Dreierwalde eingreifen sollte, ein kleines Dorf genau östlich des von den „Glasgow Highlandern" ausgeweitetem Brückenkopf gelegen;

Sofort nach Fertigstellung der Brücke in Altenrheine gingen Panzer und Infanterie über den Kanal. Das alte deutsche Straßenschild steht noch! Die Soldaten liefen, weil sie beschossen wurden.
Für viele war es der letzte Tag des Lebens
(Bilder 154 und 155, Imperial War Museum, London)

*das 4/5 Bataillon der Royal Scotch Füsiliere hatte den Plan zu vervollständigen, indem es östlich Dreierwalde in Rich-*tung Hopsten weiter vorstoßen sollte, dem nächsten Dorf in der Angriffsachse.

Für das Bataillon war geplant, den Angriff in drei Stoßrichtungen durchzuführen, mit der B-Kompanie in der Mitte entlang der Hauptstraße, um das Dorf und die Brücke über den durch das Dorf führenden Fluß zu sichern. Die A-Kompanie sollte nach rechts ausschwenken und hatte die Brücke am östlichen Dorfrand zum Ziel; die D-Kompanie sollte einen entsprechenden Vormarsch nach links machen, mit dem Ziel der Gegend der westlichsten Brücken. Die C-Kompanie sollte inzwischen den Kanal vor Ausführung des Planes mit Sturmbooten zur Verstärkung des Brückenkopfes überqueren, um anschließend in Reserve gehen.

Der Nachschub rollt und rollt
(Bilder 156 und 157, Imperial War Museum, London)

Bei Tagesanbruch des 5. April begannen die „Glasgow Highlander" ihren Angriff und erreichten nach harten Kämpfen ihr Ziel. Die C-Kompanie folgte dann und hatte sich bald auf dem östlichen Ufer eingegraben.

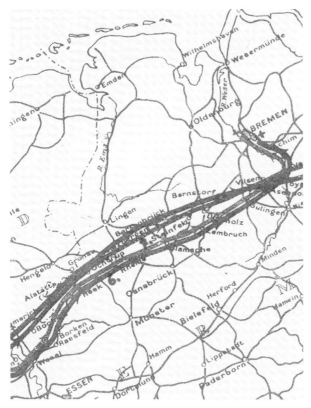

Der Durchzug der Cameronians durch unser Gebiet
(Bild 158, aus dem Buch „The History of the Cameronians")

Mittags hatten die Pioniere eine Brücke fertig, trotz schweren Artillerie- und Granatwerferfeuers. Um 12.45 zogen die Kompanien über die Brücke und gingen in ihre Ausgangspositionen, an allen drei Stoßrichtungen etwa 2000 m vor dem gesteckten Ziel.

Die D-Kompanie hatte nur geringe Schwierigkeiten, zur Ausgangsstellung zu gelangen und hätte zur vorgesehenen Zeit um 15.15 Uhr den Angriff starten können. Die anderen beiden Kompanien mußten jedoch bald nach Überqueren der Brücke ihren Weg freikämpfen und erhielten dauernd Störfeuer aus leichten Waffen. Das Feuer kam größtenteils aus gutgetarnten Stellungen in den Wallhecken, die für die Verteidiger nicht nur gute Deckung brachten, sondern auch bewundernswert sichere Wege für den Zugang und zum Rückzug. Die Verteidigung wurde weiterhin dadurch unterstützt, daß der morastige Boden es den Panzern total unmöglich machte, die Straße beim Vormarsch zu verlassen. Trotz der zahlreichen Schwierigkeiten drangen die Kompanien jedoch weiter vor, wobei sie etwa 60 Gefangene machten. Um 18.00 Uhr wurde der dreifache Angriff gestartet.

Die D-Kompanie auf der linken Seite machte schnellen Fortschritt. Einige Schwierigkeiten kamen von gut positioniertem Maschinengewehr- und

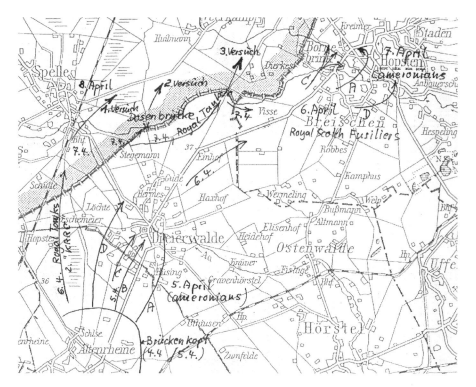

Auf dieser Karte aus dem Jahre 1942 sind die Bewegungen der einzelnen Kompanien eingezeichnet. Man beachte die drei Versuche, nach Schapen zu gelangen.
(Bild 159)

Gewehrfeuer, das uns einige Verluste zufügte, jedoch wurde der Angriff mit großer Anstrengung schließlich gewonnen, auch durch das genaue und effektive Feuer der Sherman-Panzerbesatzungen. Die Kompanie war schnell am Ziel und im Besitz der leider zerstörten Brücke. Der Angriff der B-Kompanie verlief ebenfalls äußerst gut.

Der Feind versuchte, eine Haltelinie am Ortsrand herzustellen, aber das Höllenfeuer, dem er aus dem Feuer der leichten Waffen der Kompanie ausgesetzt war, weiterhin das Feuer der Panzer, brach seinen Widerstand vollständig. Unser weiterer Vormarsch wurde nur noch durch gelegentliches Gewehr- und Maschinengewehrfeuer behindert.

Die A-Kompanie hatte eine schwere Zeit auf der rechten Seite. Von Anfang an gab es Widerstand durch leichte Waffen, die wir erfolgreich bekämpften, aber an der Straßenkreuzung unmittelbar südlich des Dorfes wurde der führende Panzer von einem direkten Treffer einer 8,8 cm Kanone abgeschossen. Der zweite Panzer konnte nur durch geschicktes Fahren entkommen. Trotzdem drang die Kompanie unter Schutz von künstlichem Nebel vor, der von den 2-Zoll-Granatwerfern erzeugt wurde. Sie säuberte das Gebiet der Brücke und des davorliegenden Gehöftes.

Für die C-Kompanie verblieb das Gebiet der Kirche, das sie ohne viel Widerstand säuberte, und sie vervollständigte damit das Werk des Bataillons.

Am nächsten Tag zog ein Bataillon der Royal Scotch Fusiliers durch Dreierwalde und kämpfte sich Richtung Hopsten vor, ein weiteres Dorf auf der Hauptangriffsachse, etwa sieben km weiter nordöstlich. Wir hofften, einfach schnell durchstoßen zu können. Es wurde aber bald klar, daß der Ort mit Entschiedenheit gehalten wurde. Die vordere Kompanie mußte wegen Artilleriebeschusses in der Gegend der Brücke, etwa ein km vor dem Ort, in Deckung gehen. Unsere D-Kompanie wurde deswegen dem Kommando der 4/5 Royal Scotch Fusiliere unterstellt, als Ersatz für die Kompanie, die unter dem Beschuß in Deckung bleiben mußte.

Es war klar, daß das Bataillon von Südwesten her einen koordinierten Angriff auf Hopsten machen mußte. Unser Plan war, daß die Füsiliere die beiden im Südwesten des Dorfes liegenden Brücken erobern und sichern sollten, von denen wir annahmen, daß sie nicht zerstört seien, um dann in das Dorf selbst vorzustoßen. Die D-Kompanie, noch immer unter dem Kommando der Füsiliere, sollte der rechts vorangehenden Kompanie über die südliche Brücke folgen und die Brücke, die nahe dem Abzweig der Hauptachse und Hilfsachse des Angriffs lag, sichern. Gleichzeitig sollte die C-Kompanie die nördlichere Brücke überqueren und links durch das Gelände vordringen, zwischen dem größeren und dem kleinere Fluß, um die beide Hauptstraßenbrücken zu sichern, vor denen die Kompanie der Füsiliere zuvor aufgehalten wurde.

Die A-Kompanie sollte der D-Kompanie folgen, um das Gebiet zwischen den Zielen der anderen beiden Kompanien zu besetzen, während die B-Kompanie die Bataillonsreserve zu bilden hatte.

Auf der rechten Flanke wurde der Angriff verzögert, weil die Brücke dort zerstört war. Es war zu warten, bis eine Scherenbrücke gelegt werden konnte. Danach hatte die D-Kompanie geringe Schwierigkeiten, abgesehen vom vereinzelten Feuer leichter Waffen, die sofort zum Schweigen gebracht wurden, wo auch immer sie bemerkt wurden. Während die D-Kompanie ihre Lage festigte, kam sie unter Feuer von Selbstfahrgeschützen und erlitt einige Verluste. Sie eroberte jedoch eine unversehrte Brücke und war in der Lage, die Straße offenzuhalten, so daß die „Rifle-Brigade" am späten Abend durchmarschieren konnte.

Die C-Kompanie begann, unbeeindruckt von dem Stillstand zu ihrer Rechten, im Schutz der Dunkelheit und unter Vermeidung von Geräuschen nach Fahrplan vorzurücken. Eine Einheit des Feindes, die eingegraben auf ihrem Vormarschweg lag, wurde überrascht und überrannt. Es wurde wenig Widerstand angetroffen, bis der Flaschenhals erreicht wurde, der durch den Fluß auf der rechten und einem Wasserteich auf der linken Seite gebildet wurde. Hier stieß sie auf heftiges Feuer aus leichten Waffen und auf Maschinengewehrfeuer aus einem großen Gehöft heraus, das dicht neben der Hauptstraße lag.

Sie wurde auch aus dem Gebiet zwischen den beiden Brücken, dem Ziel der Kompanie, beschossen. Für einen Augenblick wurde die Situation äußerst gefährlich, aber der 15. und der 14. Zug brachten sich sofort in Feuerposition, während der andere Teil des 14. Zuges den Fluß überquerte, um von der anderen Seite her anzugreifen. Unter dem Schutz von Sperrfeuer ihrer Maschinenpistolen, 2-Zoll-Granatwerfer- und „Piat gun"- Feuer vollbrachte der 13. Zug eine großartige Tat und nahm die Positionen unter Einsatz ihrer Bajonette. Später wurde bekannt, daß das Gebiet in Kompaniestärke besetzt war.

Von da an gab es wenig Schwierigkeiten, und, nachdem die Kompanie ihr eigenes Zielgebiet bei Tagesanbruch abgesichert hatte, entschloß sich der Kompaniechef, nach rechts zum Zielgebiet der A-Kompanie einzuschwenken. Sie war bekanntlich durch die Sprengung der südlichen Brücke aufgehalten worden. Dieser weitere Angriff wurde ebenfalls erfolgreich beendet, und die Kompanie sicherte ihr erreichtes Ziel ab.

Bald später traf die A-Kompanie ein, nachdem sie nur wenig Widerstand beim Durchfahren des Dorfes vorgefunden hatte.

Hiernach rückte die 157. Brigade weiter vor, jedoch marschierte das Bataillon am 9. April wieder weiter vor, um das 5. Bataillon der King's Own Scottish Borderers in Voltlage abzulösen. Es wurde ein Brigadeangriff auf die deutschen Stellungen bei Höckel vorbereitet.

Während der Nacht vom 9. zum 10. April wurde das Dorf ohne Widerstand eingenommen, und das Bataillon rückte weiter nach Westerholte vor, ein Dörfchen etwa 8 km vor Ankum. An dieser Verbindungsstelle übernahm die 51. Division (Highland) die Jagd, und, nachdem sie hervorragend ihre Arbeit getan hatte, konnte die Truppe bei warmem Frühlingswetter einige Tage damit verbringen, sich zu reorganisieren, zu reinigen und die wohlverdiente Ruhe zu nehmen. .....

Soweit die Geschichte des 6. Bataillons der Cameronians bei ihrem Einsatz in unserer Heimat.

Militärberichte
7

Der Einsatz der „Desert Rats"

Die Haupangriffsachse der 52. britischen Division (Lowland) verlief von Rheine aus nach Nordwesten über Dreierwalde nach Hopsten, Voltlage, Schwagstorf usw. Richtung Cloppenburg und Bremen.

Nach Überschreiten des Dortmund-Ems-Kanals in Altenrheine war Spelle der erste Ort auf der linken Flanke. Die 4. Panzerbrigade fuhr am 3. April 1945, von Ochtrup kommend, auf die Hügel von Rothenberge und ging kurz in Reserve. Zum Hauptquartier wurde die Gastwirtschaft Hagenhoff auserwählt.

Wilhelm Hagenhoff (Jahrgang 1932) erinnert sich, daß die Panzer ringsherum sauber in Reihe aufgestellt waren. Ein Panzer fuhr äußerst dicht an das Haus heran und war mit Funkgeräten ausgestattet. Oben auf dem Panzer sei eine hohe Stabantenne ausgefahren gewesen, und dicke Kabel führten ins Haus.

Am 5. April 1945, als zwischen Altenrheine und Dreierwalde die Kämpfe tobten, erhielt die Brigade den Befehl, Spelle einzunehmen, was aus folgender Übersetzung des Buches „The History of the fourth Armoured Brigade" von R.M.P. Carver hervorgeht. Brigadier „Baron Carver", wie er auch genannt wurde, war zu dieser Zeit übrigens der Kommandeur der Brigade:

..... *Die „Sharpshooters"* (Anm.: Wörtl. übersetzt „Scharfschützen", es war aber ein Panzerbataillon mit dem offiziellen Namen 3/4 „CLY", „County of London Yeomanry", Yeomanry = berittene Miliz) *kamen wieder unter unser Kommando, blieben jedoch zu deren*

Die Hautangriffsachse der britischen 52. Division (Lowland) von Rheine aus
(Bild 160)

first half of the night prepared to pass through 2 KRRC if we had to clear the whole town. We did not get a definite decision from the Welsh Division as to whether we or 158 Brigade were to clear it until after midnight. The enemy withdrew from Ochtrup during the night, 158 Brigade occupying it at first light. 160 Brigade passed through while we searched the area south of the town, clearing many mines and road blocks. The Sharpshooters returned to our command but remained with 158 Brigade ready to support them while The Greys moved to Neuenkirchen, supporting 160 Brigade in that area. A counterattack by 15 PG Division was expected from the north and the brigade less The Greys and 1 HLI, who had reverted to 71 Brigade, moved on the 4th to the high ground north-west of Wettingen in div reserve.

On the 5th we passed to the command of 52nd Lowland Division for the first time. The Greys, relieved by The Sharpshooters in support of 160 Brigade north-west of Rheine, moved through Rheine supporting 155 Brigade in forming a bridgehead over the Dortmund-Ems canal. By last light Brigade HQ was on the south edge of Rheine, 44th and 2 KRRC concentrated just north of the town. Soon after first light on the 6th The Greys were over the canal and up in Dreierwalde with 155 Brigade. While they continued the advance towards Hopsten, the brigade, with 44 Royal Tanks, 2 KRRC, 5 KOSB and 4 RHA under command, passed through 155 and 156 Brigades towards Spelle, carrier patrols of 2 KRRC having already reached the railway line. South of Spelle the enemy were holding a bridgehead which knocked out a recce patrol of 44th and was well supported by artillery and mortars from the north. There were a considerable number of Germans in the woods east of the canal, mostly from Gross Deutschland SS Panzer Training Battalion, but they were surprised by our appearance in their rear and gave little trouble. Shortly before last light 5 KOSB cleared the area south of the stream, supported by RAF Typhoons and a squadron of the 44th. Meanwhile The Greys with 155 Brigade were just south of Hopsten where there was considerable opposition. On the morning of the 7th 2 KRRC and 44 Royal Tanks tried to advance north towards Schapen. This proved impossible owing to bog and

Teil der Seite 39 des Buches
„The History of the Fourth Armoured Brigade" von R.M.P. Carver
(Bild 161)

Unterstützung bei der 158. Brigade. Die „Scottish Greys" (Anm.: Auch ein Panzerbataillon) *drangen zur Unterstützung der 160. Brigade nach Neuenkirchen vor. Es wurde ein Gegenangriff durch die 15. deutsche Panzerdivision von Norden her erwartet. Die „Greys" und die 1. „HLI"* (Anm.: Erste Higland Infanterie) *kehrten zur 71. Brigade zurück, und unsere 4. Panzerbrigade fuhr zu den Anhöhen nordwestlich Wettringen in die Divisions-Reserve.*

Es war der 4. April 1945. Mit den Anhöhen nordwestlich von Wettringen ist Rothenberge gemeint. Dort wurde der in Bild 162 dargestellte geheime Befehl herausgegeben. Er regelt den Aufmarsch der 4. Panzerbrigade in der

Umgebung von Rheine und den Zeit-punkt der Überquerung des Dortmund-Ems-Kanals bei Altenrheine, vorgesehen für Donnerstag, den 5. April, um 12.00 Uhr. Es kamen jedoch nur einige Panzerspähwagen nachmittags über die Brücke, die übrigen Einheiten erst am Freitagmorgen. Die Panzerspähwagen tauchten Donnerstag abend um 11.30 Uhr plötzlich bei Leugers auf, wie früher schon berichtet, verschwanden aber sofort wieder.

Auch konnte man am 4. April (Mitttwoch) noch nicht wissen, daß der Vormarsch auf Dreierwalde am Donnerstag viel mehr Zeit als vorgesehen beanspruchen würde, der bekanntlich dann ja für die Cameronians sehr verlustreich wurde.

Der in Rothenberge herausgegebene Aufmarschbefehl für die 4. Panzerbrigade
(Bild 162, Public Record Office, London)

Bild 163 zeigt den ebenfalls am 4. April herausgegebenen geheimen Befehl, der die Hauptangriffsachse des Vorstoßes festlegte und den unterstellten Einheiten bekanntgab, daß am nächsten Morgen um 9.30 Uhr eine Lagebesprechung der kommandierenden Offiziere stattfinden sollte, um alle Einzelheiten zu besprechen.

Entsprechend der Landkarte in Bild 164 sollte sich der Vorstoß auf das Gebiet links der Hauptangriffsachse der 52. Division erstrecken. Beim Erreichen der jeweiligen Etappen sollten über Funk verschlüsselte Kennwörter gemeldet werden, in Spelle zum Beispiel hätte es geheißen: „We drink *whisky*“.

Hier die Etappenziele und die entsprechenden Geheimwörter:

Dreierw.	Gin
Spelle	Whisky
Schapen	Vermouth
Schale	Brandy
Engelern	Vodka
Merzen	Claret
Ankum	Kümmel

E

Subject: PROVISIONAL CL & BOUNDS. SECRET

Main HQ 4 Armd Bde,
No. 2/G.
4 Apr 45.

List "B" Copy to: AQ - I - LOs (5)

1 Provisional CL

DREIERWALDE 8415 - SPELLE 8119 - SCHAPEN 8823 - SCHALE 9227 - rd junc 989327 - rd junc 996320 - rd junc 013318 - X rds 040317 - ANKUM 0938

2 Provisional bounds

(a) DREIERWALDE 8415 GIN

(b) SPELLE 8119 WHISKY

(c) X rds 895222 - X rds 856251 VERMOUTH

(d) X rds 945256 - X rds 911295 BRANDY

(e) X rds 939299 - rd junc 982334 VODKA

(f) MERZEN 0631 - X rds 033333 CLARET

(g) ANKUM 0938 KUMMEL

3 There will be a conference for COs at 0930 hrs 5 Apr at Main Bde HQ (693026). CO GREYS may attend or send a rep.

4 No moves likely before 1100 hrs 5 Apr.

B L A,
GJ/P/ch.

Major,
Brigade Major.

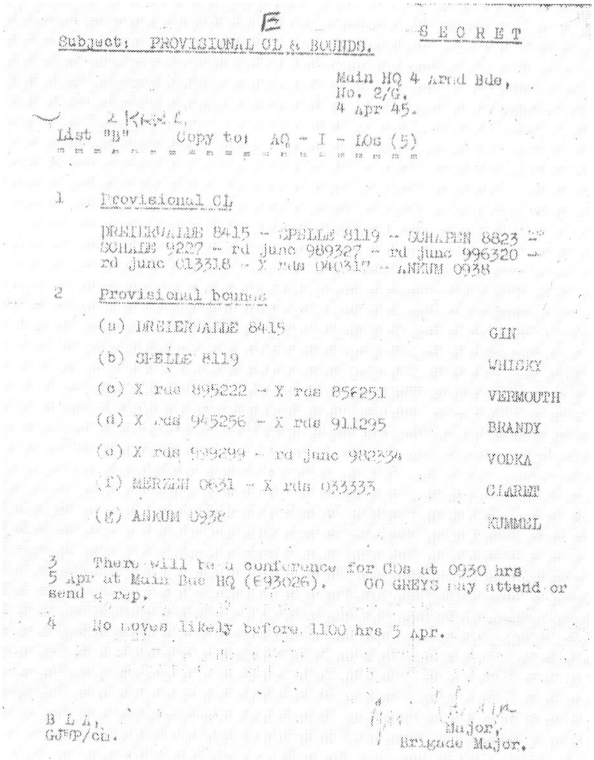

Die Hauptangriffsachse mit Festlegung der Geheimwörter für die Etappenziele
(Bild 163, Public Record Office, London)

Nur ein Geheimwort wurde später wirklich gebraucht, nämlich das Wort „Gin“ für Dreierwalde.

Der Vorstoß Richtung Spelle dauerte nämlich länger als vorgesehen, insbesondere wegen der günstigen Position der deutschen Soldaten durch den höherliegenden Quakenbrücker Bahndamm.

Weiterhin hatte man durch Befragung gefangener deutscher Soldaten herausbekommen, daß sie zur Elite-Einheit „Großdeutschland“ gehörten.

Die Etappen der vorgesehenen Angriffsachse über Spelle sind durch schwarze Punkte gekennzeichnet. In Wirklichkeit war man gezwungen, die gestrichelte Linie zu nehmen. Vor Spelle wurde der Angriffsplan nach drei Versuchen vereitelt.
(Bild 164)

Am Tag zuvor hatte man in Dreierwalde mit dem I. Bataillon Regiment Wackernagel unter Major Gerbener bitterböse Erfahrungen gemacht. Sollte man das in Spelle fortsetzen mit dem II. Bataillon unter Hauptmann Goeldel?

Die im Ortsteil England und in Varenrode aufgestellte deutsche Artillerie schoß aus allen Rohren, und das sehr zielgenau, wie die Briten berichten. Das war ein weiterer Grund dafür, bei Annäherung an Spelle größte Vorsicht walten zu lassen.

Man ahnte aber noch nicht, daß hinter der Aa an verschiedenen Stellen auch noch deutsche Tiger-Panzer (Siehe Bild 78 auf Seite 163) aufgefahren waren, mit der gefürchteten 8,8-cm-Kanone ausgestattet. Das gab den Rest, als Freitag um etwa 12.30 Uhr zwei Sherman-Panzer eines Spähtrupps an der Molkerei abgeschossen wurden.

Man hatte es eilig, also versuchte man rechts an Spelle vorbei einen Umweg, um in Richtung Schapen weiterzukommen. Im Gebiet der Dosenbrücke gelang es, einen größeren Brückenkopf über die Hopstener Aa zu bilden.

Wären die Wege für Ketten- und Allradfahrzeuge einigermaßen passierbar gewesen, hätte man die Aa dort schnell überbrückt, um an den Königstannen vorbei zur Schapener Straße durchzustoßen.

Ortskundige ältere Speller Bürger wissen, wie dort die Wege damals aussahen: Eng, mit tiefen wassergefüllten Drecklöchern, die Spuren der Ackerwagen waren teilweise so tief, daß die Achsen fast die Erde berührten. Das war nichts für den Durchzug einer Panzerbrigade!

Auf den Seiten 359 bis 362 ist dann noch eingehend ein dritter Versuch, nach Schapen zu gelangen, beschrieben. Das war im Bereich der früheren „Trogbahn-Brücke".

Die 44. „Royal Tanks" und das 2. „KRRC" haben mit allen Mitteln versucht, links an Hopsten vorbei vorzudringen. Sogar Flammpanzer wurden eingesetzt! Schließlich stellte sich auch dort heraus, daß die Feldwege einfach zu schlecht waren, abgesehen davon, daß man beim Verlegen der Scherenbrücke über die Hopstener Aa feststellen mußte, daß man vorher falsch ausgemessen hatte. Die Brücke war zu kurz!

Wäre der erste Versuch nicht gescheitert, so kann man wohl mit Sicherheit annehmen, daß am Freitagnachmittag viele Panzer am Ufer der Aa aufgefahren wären, die das dorfseitige Ufer beherrscht hätten. Aber die beiden abgeschossenen Panzer ließen das nicht ratsam erscheinen.

lack of bridges, but we managed to collect a number of prisoners and inflict damage on the enemy in the attempt. 155 Brigade had captured Hopsten during the night and it was now decided that the brigade should lead the advance to Halverde as soon as we could get through Hopsten, again a matter of boggy tracks until the bridges west of it were complete. 44 Royal Tanks and 2 KRRC were to lead, The Sharpshooters, now returned from 160 Brigade, being in reserve, grouped with 5 KOSB, neither yet relieved from watching the north flank between Hopsten and Spelle: Greys with 157 Brigade were to pass through towards Recke during the night. 44 Royal Tanks and 2 KRRC began their attack, by-passing Hopsten from the south, at about six o'clock. There was a considerable amount of shelling and a certain number of bazooka teams about. By dark they had reached the road east of Hopsten and continued their advance during the night by artificial moonlight to Halverde, taking about 40 prisoners. At first light The Sharpshooters and 5 KOSB in Kangaroos passed through Hopsten and continued the advance from Halverde to Weese. An enemy company at Weese were surprised by our appearance from the rear and were soon liquidated. Voltlage, two miles to the north, presented greater difficulties. The first tank to go up the road towards it was blown up near the bridge and every attempt to outflank met with impenetrable peat bog. 44 Royal Tanks and 2 KRRC meanwhile had moved round through Recke and tried to find a route forward to the right of The Sharpshooters, but without success. The Sharpshooters eventually found a way forward and attacked with 5 KOSB in Kangaroos, supported by RAF Typhoons at six o'clock. In spite of the fact that one company in Kangaroos took the wrong turning and drove straight into the middle of the village, all went well in the end. By nine o'clock the whole village had been cleared and was on fire after some stiff fighting which brought in over a hundred prisoners. Owing to the many possibilities of demolitions on the road north o Voltlage, the div commander decided to transfer the main thrust to the road further east leading to Uffeln. 52 Recce were in contact with a small party of enemy

Teil der Seite 40 des Buches
„The History of the Fourth Armoured Brigade" von R.M.P. Carver
(Bild 165)

Man hätte wie in Dreierwalde eine Brücke über die Aa geschlagen und Freitag abend wäre Spelle besetzt worden, möglicherweise Schapen in der folgenden Nacht zum Samstag.

Also änderte man den in Rothenberge aufgestellten Angriffsplan und ließ die Brigade den in Bild 164 gestrichelt eingezeichneten Weg über Hopsten, Halverde, Weese, Voltlage und Ueffeln nehmen. Spelle würde von selbst in die Hände der Briten fallen, man hielt es mit Artillerie und Jagdbombern in Schach. Erst unmittelbar nach Abzug der deutschen Soldaten besetzte man es dann am Weißen Sonntag kampflos.

Das ist in kurzen Zügen dargestellt der Gang der Dinge von britischer Seite aus gesehen. Doch nun weiter zu den Einzelheiten; hier die weitere Übersetzung des Buches „The History of the Fourth Armoured Brigade" von Brigadier R.M.P. Carver:

Am 5. April wurden wir erstmalig der 52. (Lowland) Division unterstellt. Die „Greys", zur Unterstützung der 160. Brigade nordwestlich Rheine von den „Sharpshooters" abgelöst, durchquerten Rheine und hatten die 155. Brigade zwecks Bildung eines Brückenkopfes über den Dortmund-Ems-Kanal zu unterstützen.

Am späten Abend war der Brigade-Gefechtsstand im südlichen Teil von Rheine. Die 44. „Royal Tanks" und das 2. „KRRC" (Anm.: „King's Royal Rifle Corps") *waren am Nordrand der Stadt konzentriert. Sofort nach Tagesanbruch des 6. April gingen die „Greys" zur Unterstützung der 155. Brigade in Dreierwalde über den Kanal.*

Während sie den Angriff gegen Hopsten fortsetzten, rückte unsere 4. Panzerbrigade vor den Stellungen der 155. und 156. Brigade gegen Spelle vor.

Ihr unterstanden dabei die 44. „Royal Tanks", das 2. „KRRC", die 5. „KOSB" (Anm.: 5. „Kings Own Scottish Borderers") *und die 4. „RHA"* (Anm.: 4. „Royal Horse Artillerie"). *Zu diesem Zeitpunkt hatten Spähwagen des 2. „KRRC" die Eisenbahnlinie schon erreicht.*

Südlich von Spelle hielt der Feind einen Brückenkopf, der eine Panzer-Späheinheit der 44. „Royal Tanks" vernichtete und durch Artillerie und Granatwerfer von Norden her gut unterstützt wurde.

In den Wäldern östlich des Kanals gab es eine beträchtliche Zahl deutscher Soldaten, zumeist von der Trainings-Panzergrenadier-Division „Großdeutschland" und von der Waffen-SS. Sie wurden von uns durch unser Erscheinen in ihrem Rücken überrascht und gaben uns wenig Schwierigkeiten. Kurz vor Einbruch der Dunkelheit eroberten die 5. „KOSB" das Gebiet südlich des Flusses (Anm.: Der Aa), *unterstützt durch Taifun-Jagdbomber und eine Squadron der 44. „Royal Tanks".*

```
Instructions regarding War Diaries and Intelligence          WAR DIARY                        Army Form C. 2118.
Summaries are contained in F.S. Regs. Vol. I.                    or                       Unit HQ 4th (Brit) ARMOURED
Monthly War Diaries will be enclosed in A.F.      INTELLIGENCE SUMMARY                                    BRIGADE
C.2119. If this is not available, and for
Intelligence Summaries, the cover will be
prepared in manuscript.
       Month and Year  APRIL 1945              (Delete heading not required).     Commanding Officer
                                                                                  Brig EMF CARVER   DSO MC
  Place | Date | Hour |           Summary of Events and Information              | References to Appendices

              Tac Bde joined Main Bde at 618001 and remainder of Bde was
              disposed as follows for night: GREYS 742057, 3/4 CLY 637014,
              44 R Tks 655004, 2 KRRC 611134.
              GREYS went to u/c 160 Bde in area WEST of RHEINE.
         4    Comd held conference at 0900 hrs. Intended transfer to
              u/c 52 (L) Div postponed in view of possibility of counter-
              attack from NORTH. Bde moved to new area commencing 1300 hrs
              to combat this threat. 44 R Tks ordered to concentrate in
              area 7004. Bde now located : Tac & Main HQ 693026, GREYS
              742057, 3/4 CLY 692029, 44 R Tks 691074, 2 KRRC 689031,
              4 RHA 700043. Lt. JO HAINES, RAC taken on strength as LO.
              Adm Order No. 3 issued                                                G 1
         5  0930 Conference for COs incl CO 1 KOSB and OC 554 Fd Coy RE u/c
              wef 5 Apr. GREYS sent one sqn to RHEINE aerodrome at 0815 hrs.
              No opposition. Rd block encountered at 787104.
            0845 GREYS had one tp at 757126, opposition SA and mortar.
              Another tp was at 762127.
              Bde commenced move to area RHEINE at 1100 hrs under comd
              52 (L) Div, Tac HQ controlling move from 777082. 3/4 CLY
              now u/c 160 Bde.
            1500 GREYS had one tp at 842156, one enemy SP found bogged.
              Locations at last light: Bde HQ 815074, GREYS 785091, 44 R Tks
              763070, 2 KRRC 777088, 3/4 CLY 738084.
              At 2300 hrs one sqn 3/4 CLY were put at 2 hrs notice to move
              from 061100 with one bn of 160 Bde to relieve 1 KOSB and
              protect left flank.
              Bde "Who's Who" issued                                                J 1
```

Kriegstagebuch der 4. Panzerbrigade (Desert Rats)
(Bild 166, Public Record Office, London)

Mittlerweile waren die „Greys mit der 155. Brigade unmittelbar südlich Hopsten, wo es beträchtlichen Widerstand gab.

Am 7. April (Anm.: Samstag) versuchten das 2. „KRRC" und die 44. „Royal Tanks" gegen Schapen vorzurücken.[1] Das erwies sich wegen Morast, und in Ermangelung von Brücken als unmöglich. Wir waren aber insofern erfolgreich, als wir eine Anzahl Gefangener machten und dem Feind durch den Angriffsversuch Verluste zufügten.

Die 155. Brigade hatte während der Nacht Hopsten erobert, und es wurde entschieden, daß unsere Brigade nun, sobald wir Hopsten passieren konnten, den Angriff gegen Halverde führen sollte. Das war wieder eine Frage der Passierbarkeit der morastigen Wege und der Existenz von Brücken westlich von Hopsten.

---

[1] Dieser Versuch wurde, wie schon erläutert, in der Gegend der Dosenbrücke und im Osterbruch (frühere „Trogbahn-Brücke") vorgenommen. Man hatte großen Respekt vor den „Großdeutschland-Truppen", insbesondere nach den bitteren Erfahrungen in Dreierwalde; man wagte es nicht, sich direkt durch Spelle vorzukämpfen!

Die 44. „Royal Tanks" sollten den Angriff anführen. Die von der 160. Brigade zurückgekehrten „Sharpshooters" und die 5. „KOSB" gingen in Reserve, mußten aber die Nordflanke zwischen Hopsten und Spelle beobachten. Die „Greys", der 157. Brigade zugeteilt, hatten während der Nacht nach Recke vorzudringen.

Die 44. „Royal Tanks" und das 2. „KRRC" umfuhren Hopsten südlich und begannen ihren Angriff um etwa 6 Uhr. Sie erhielten starken Artilleriebeschuß und trafen auf einige verstreute Panzerfaustgruppen. Bei Anbruch der Dunkelheit erreichten sie die Straße östlich von Hopsten und setzen ihren Vormarsch, bei künstlichem Mondlicht, während der Nacht nach Halverde fort. Sie machten dabei 40 Gefangene.

Bei Tagesanbruch passierten die „Sharpshooters" und die 5. „KOSB" Hopsten in Schützenpanzerwagen und setzten den Vormarsch von Halverde nach Weese fort. Eine feindliche Kompanie in Weese wurde durch unser rückwärtiges Erscheinen überrascht und schnell liquidiert.

Voltlage, 3 km weiter nördlich, bereitete uns größere Schwierigkeiten. Der erste auf der Straße nach Voltlage vorrückende Panzer wurde in der Nähe der Brücke abgeschossen. Jeder Versuch des Ausflankens stieß auf undurchdringlichen Morastboden. Die 44. „Royal Tanks" und das 2. „KRRC" waren inzwischen von Recke her herangekommen und versuchten vergeblich, rechts der „Sharpshooters" einen Weg zu finden.

Schließlich fanden die „Sharpshooters" einen Weg vorwärts und griffen zusammen mit den 5. „KOSB" in Schützenpanzerwagen um 6 Uhr an, unterstützt durch Taifun-Jagdbomber der Royal Air Force.

Trotz der Tatsache, daß eine Kompanie mit ihren Schützenpanzerwagen zur falschen Richtung einbog und versehentlich in die Dorfmitte fuhr, kam alles schließlich zu einem guten Ende. Um 9 Uhr war nach harten Kämpfen das ganze brennende Dorf besetzt. Über 100 Gefangene wurden eingebracht.

In der Straße nördlich Voltlage wurden zahlreiche Sprengungen vermutet. Der Divisionskommandeur entschied sich deswegen, den Hauptvorstoß auf die nach Osten führende Straße nach Ueffeln zu verlegen. An der Brücke dieser Straße stieß ein Spähtrupp der 52. Division auf eine kleinere feindliche Einheit. Unglücklicherweise war die Straße in der Nacht auch noch gesprengt worden. .....

Genauere Informationen erhält man aus den Kriegstagebüchern (War Diary) der britischen Truppen. Sie sind in einem Archiv in London aufbewahrt, dem „Public Record Office". Jedermann hat dort Zutritt, wenn man sich entsprechend ausgewiesen hat und die strengen Vorschriften in solchen Archiven genau beachtet.

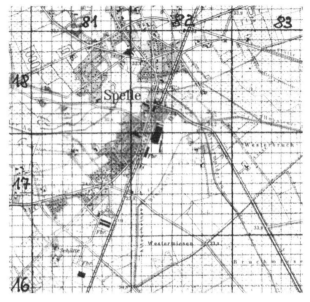

Eine rekonstruierte Karte mit Planquadraten.
Sie ermöglicht die genaue Ortsbestimmung der Zahlenangaben in den britischen Kriegstagebüchern.
(Bild 167)

Dort sind also im Original die mit Schreibmaschine oder in Handschrift in den Gefechtsständen hergestellten DIN A4-Blätter zu sehen, die hier in Spelle und Umgebung vor fast 50 Jahren geschrieben wurden! Die Ortsangaben bestehen aus 6-stelligen Zahlen. Die ersten drei Stellen bedeuten mit 100 Meter Genauigkeit die West-Ost-Position, die letzten drei Stellen die entsprechende Position in Süd-Nord-Richtung.

Leider waren keine Original-Meßtischblätter mit den entsprechenden Planquadraten zu finden, es ist aber nicht schwierig, dieses Gitternetz zu rekonstruieren.

Hier einige Ortsangaben und deren heutige Bedeutung:

822185	Aa-Brücke /Bernard-Krone-Straße
823185	Eisenbahnbrücke
816194	Dorf Spelle
795167	frühere B70-Brücke /Dortmund-Ems-Kanal

```
Instructions regarding War Diaries and Intelligence     WAR DIARY                                    Army Form C. 2118.
Summaries are contained in F.S. Regs., Vol. I.               or                          Unit HQ 4th (Brit) ARMOURED
C.2118. If this is not available, and for        INTELLIGENCE SUMMARY                              BRIGADE
Monthly War Diaries will be enclosed in A.F.
C.2139. If this is not available, and for                                                 Commanding Officer
Intelligence Summaries, the cover will be        (Delete heading not required).           Brig RMP CARVER  DSO MC
prepared in manuscript.
Month and Year APRIL 1945
 Place │ Date │ Hour │           Summary of Events and Information        │ References to Appendices
       │  6   │      │ 3/4 CLY still u/c 160 Bde.
       │      │      │ GREYS completed crossing of R EMS by 0610 hrs and advanced
       │      │      │ towards DREIERWALDE 8415.  Div gave orders that no advance
       │      │      │ should be made beyond HOPSTEN 9020 except with their orders.
       │      │      │ Bridge across canal at 8415 opened at 0800 hrs and at 1000 hrs
       │      │      │ Tac HQ moved up to 825112. On right of Bde GREYS were temp-
       │      │      │ orarily held up by a broken down scissors bridge and SA from
       │      │      │ 850170, but made steady progress towards HOPSTEN.  2 KRRCs
       │      │      │ carriers reached 828151 by 1100 hrs and 806115 by 1500 hrs.
       │      │      │ 44 R Tks following on behind 2 KRRC came up in support and
       │      │      │ encountered A tk guns with MG and mortar fire coming from
       │      │      │ 827282.  Inf at 823183 were engaged by 4 RHA.  at 1400 hrs
       │      │      │ Tac HQ moved to 843155.
       │      │      │ Progress during afternoon was slow and at 1700 hrs an air
       │      │      │ attack on SPELLE 816194 was called for with 2 KRRC patrols
       │      │      │ just over a mile away.  These reported bridges at 795167
       │      │      │ and 805182 both blown.  Little further progress was made
       │      │      │ during the day and positions at 2230 hrs were:
       │      │      │ 2 KRRC coys at 816175, 808177, 802168;  44 R Tks sqns at
       │      │      │ 826158, 835157, 835153; GREYS sqns at 896198, 902186,
       │      │      │ 844154.  5 KOSB (under comd) working with GREYS reached
       │      │      │ objective just SOUTH of river with 3 coys.
       │      │      │ 12 – 15 PW were taken during day, mostly from GROSSE DEUTSCHLAND
       │      │      │ Trg Bn.
       │  7   │      │ During night 5 KOSB sent out patrols which brought back
       │      │      │ detailed infm about bridges just SOUTH of SPELLE.  Rd and
       │      │      │ rail brs at 822185 and 823185 both blown.  All others intact.
       │      │ 0830 │ 6 RWF and one sqn 3/4 CLY moved up to area 826157, and the
```

Kriegstagebuch der 4. Panzerbrigade (Desert Rats)
(Bild 168, Public Record Office, London)

805182   Aa-Brücke /Dorfstraße in Venhaus
819174   Bahnübergang Löchteweg
822183   Aufmündung Dreierwalder Str. /B.-Krone-Str.
822181   Bahnhof Spelle
816168   Bahnübergang Portlandstraße
821174   Haus Heinr. Fleege /Löchteweg
817183   Kampelbrücke

Bei der Übersetzung der Kriegstagebücher sind die uns verständlichen Ortsangaben eingesetzt worden. Sie werden dadurch viel besser lesbar.

5. April 1945 (Donnerstag)

9.30   Konferenz der kommandierenden Offiziere ..... Um 8.15 Uhr hatten die „Greys" eine Squadron Panzer zum Flugplatz

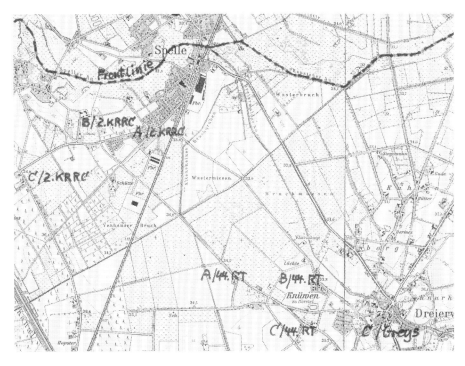

Am 6. April (Freitag) sind abends um 11.30 Uhr diese Positionen
der 2. „KOSB" und der Panzereinheiten 44. „RT" und „Greys" angegeben.
(Bild 169)

*Rheine-Bentlage geschickt. Kein Widerstand. Eine Straßensperre
wurde an der B65 bei Bonnekessen angetroffen.*

8.45   *Die „Greys" hatten einen Panzertrupp* (Anm.: etwa 3 Panzer) *in
Hummeldorf links der B65, einen anderen rechts der B65,
Widerstand durch leichte Waffen und Granatwerfer. Die Brigade
wurde nach Rheine verlegt und der 52.Infanteriedivision (Lowland)
unterstellt, der taktische Gefechtsstand in Wadelheim. Die 3/4
„CLY"* (Anm.: „County of London Yeomanry") *ist jetzt unter dem
Kommando der 160. Brigade.*

15.00 *Die „Greys" hatten einen Panzertrupp in Dreierwalde, ein
feindliches Selbstfahrgeschütz hatte sich festgefahren. Folgende
Positionen bei Sonnenuntergang: Brigadegefechtsstand in
Gellendorf, die „Greys" in Rheine* (Anm.: Frankenburg),

```
Instructions regarding War Diaries and Intelligence          WAR DIARY                    Unit HQ 4th (Brit) ARMOURED     Army Form C. 2118.
Summaries are contained in F.S. Regs., Vol. 1.                    or                              BRIGADE
Monthly War Diaries will be enclosed in A.F.        INTELLIGENCE SUMMARY
C 2118. If this is not available, and for
Intelligence Summaries, the cover will be
prepared in manuscript.
     Month and Year APRIL 1945         (Delete heading not required).    Commanding Officer ................
                                                                         Brig RMP CARVER DSO MC
 Place  |  Date  |  Hour  |         Summary of Events and Information                    | References to Appendices
```

| | | | Bde continued its advance in a general NE direction, on left of Div CL to HOPSTEN. This afternoon reserve sqn of GREYS went in sp 157 Bde to take RECKE 9819, and 2 KRRC sent out patrol to 877193 collecting 16 PW, but meeting very little trouble. 44 R Tks reached 914222 without opposition and Tac HQ moved up to 914192. After dark 44 R Tks and 2 KRRC continued advance and reached objective (rd junc SOUTH of HALVERDE 9524) at 2315 hrs, 2 KRRC taking 35 PW incl 3 offrs. 3/4 CLY remained SOUTH of HOPSTEN for night and GREYS continued to support 157 Bde towards RECKE. | |
| | | 8 | At first light Tac HQ moved to 924214 and the Bde were ordered to go EAST to rd at 995242 seizing all bridges possible. 3/4 CLY leading met very little opposition and quickly reached first objective fiiding bridge on side rd at 999248 blown and crater in main rd at 982244. Progress then became very slow through bad going and blows, and 44 R Tks tried to find way round to the NORTH.. The first enemy in strength were encountered at 999248 and engaged by 5 KOSB from this side of the river whilst RE worked on a 40 ft gap in rd at 992232. This afternoon the Bde concentrated along rd RECKE - WEESE and 3/4 CLY with 5 KOSB advanced slowly up rd to VOLTLAGE 0026 reaching 002251 at 1700 hrs, KO-ing one half-track and 2 x 4 barrel guns (AA). A request for an attack on gun area in wood 015274 was accepted at 1800 hrs and carried out with good results. On our left flank good progress was made in area of FÜRSTENAU 9536 and on our right 52 Recce reported enemy in some strength with A tk weapons in wood 057207. | |

Kriegstagebuch der 4. Panzerbrigade (Desert Rats)
(Bild 170, Public Record Office, London)

die 44. „Royal Tanks" beim Kalkwerk Breckweg, das 2. „KRRC" (Anm.: „King's Royal Rifle Corps") in Wadelheim und die 3/4 „CLY" in Landersum.
Um 23.00 Uhr wurde einer Panzersquadron der 3/4 aufgetragen, nach zwei Stunden mit einem Bataillon der 160. Brigade aufzubrechen, die 5. „KOSB" abzulösen und die linke Flanke zu schützen. Die Aufstellung „Wer ist Wer" in der Brigade wurde ausgegeben.

6. April 1945 (Freitag)

Die 3/4 „CLY" ist noch unter dem Kommando der 160. Brigade. Die „Greys" hatten um 6.10 Uhr die Ems vollständig überquert und rückten nach Dreierwalde vor. Die Division befahl, nicht über Hopsten hinaus vorzustoßen, wenn nicht anders angeordnet. Die

Aa-Brücke in Dreierwalde wurde um 8.00 Uhr benutzbar, und um 10.00 Uhr wurde der taktische Gefechtsstand nach Altenrheine (Anm.: Hopster) verlegt.

Auf der rechten Flanke wurden die „Greys" durch eine eingebrochene Scherenbrücke gestoppt, ferner durch leichte Waffen, die von Dreierwalde (Anm.: Kahlenborg) her schossen. Sie rückten aber trotzdem stetig weiter nach Hopsten vor. Die Schützenpanzer des 2. „KRRC" erreichten Dreierwalde (Anm.: Knüven) um 11.00 Uhr und die Gegend des Hofes Sandtel um 15.00 Uhr. Die 44. „Royal Tanks" folgten dem 2. „KRRC" und trafen auf PAK-, MG- und Granatwerferfeuer aus der Gegend der Speller Aa. Infanterie in der Gegend der Eisenbahnbrücke wurde

FORMATION HQ 4th (Brit) ARMOURED BRIGADE — SITUATION AT 2359 Hrs. DAILY — In lieu of AF C2118B FORMATION SHEET
OFFICER COMMANDING Brig R M P CARVER DSO MC — Ref. Maps Series GSGS 4346
MONTH and YEAR APRIL 1945 — Scale 1/250,000
Sheets K 52 K 53 L 53 L 54

DATE	LOCATIONS (Map. Ref.)		CHANGES IN COMMAND			STRENGTHS			
	Tac. H.Q.	Main H.Q.	Higher Formation	Formation & Units under Comd. incl. Adm.	Time of Changes	Tanks	Armd. Cars	SP Fd and AA Guns	A.Tk. Guns
1	A 337763	A 337763		1 HLI u/c	0600	219		25	16
				129 A Tk Bty &)					
				82 Aslt Sqn RE)	0600				
				left comd)					
2	A 545984	A 545984		1 HLI left comd	1800	220		25	16
3	V 618001	V 618001		3/4 CLY u/c	1200	228		24	16
4	V 693026	V 693026	u/c 52(L) Div	4 RHA & GREYS)	2330	225		25	16
				left comd					
5	V 815074	V 815074		554 Fd Coy RE)	1200	221		27	16
				& 5 KOSB u/c)					
				3/4 CLY left cmd	0600				
6	V 841155	V 841155				216		28	16
7	V 921211	"		GREYS & pl 241)		206		27	16
				Fd Coy RE u/c)	0600				
				552 Fd Coy RE)					
				left comd					
8	V 996219	V 996219				211		27	16
9	W 048195	"				211		27	16
10	W 857650	W 857650	u/c 12 Corps	4 RHA u/c)		210		27	16
				GREYS, 5 KOSB)	0900				
				& pl 241 Fd)					
				Coy RE left cd)					
11	"	"	u/c 53(W) Div		0600	202		28	16
12	"	"				209		26	16
13	"	"		GREYS u/c	0900	205		25	16

Übersichtsblatt des Kriegstagebuches der 4. Panzerbrigade unter Brigadier Carver.
Gegen den Raum Spelle zogen 216 Panzer, 28 Selbstfahr- und 16 Pak-Geschütze.
Der Hauptgefechtsstand war in der Wirtschaft Sasse in Dreierwalde,
der taktische Gefechtsstand in Dreierwalde, im Knüven und dann in Hopsten.
(Bild 171, Public Record Office, London)

mit Artilleriefeuer der 4. „RHA" (Anm.: „Royal Horse Artillerie") belegt. Um 14.00 Uhr wurde der taktische Gefechtsstand nach Dreierwalde verlegt.
Am Nachmittag kamen wir nur langsam voran, und um 17.00 Uhr wurde ein Luftangriff auf Spelle angefordert, zur Unterstützung der Einheiten des 2. „KRRC", noch etwa 1,5 km von Spelle entfernt. Es wird berichtet, daß sowohl die B70-Kanalbrücke als auch die Aa-Brücke an der Dorfstraße in Venhaus zerstört seien. Es wurden nur geringe Fortschritte während des Tages gemacht, und um 22.30 Uhr waren die Positionen so, wie in Bild 169 eingetragen.

Die 5. „KOSB", unter unserem Kommando, mit den „Greys"-Panzern zusammenarbeitend, erreichten ihre Zielgebiete unmittelbar südlich der Speller Aa mit drei Kompanien. 12 bis 15 Gefangene wurden während des Tages genommen, zumeist von der Panzergrenadierdivision „Großdeutschland".

7. April (Samstag)

Während der Nacht brachten Spähtrupps genaue Informationen über den Zustand der Brücken südlich von Spelle: Die Straßen- und Eisenbahnbrücke seien beide gesprengt. Alle anderen intakt.
8.30   *Die 6. „RWF" und eine Squadron der 3/4 „CLY" wurden in das Gebiet Knüven verlegt ...*

Ein großer Teil der vor Spelle eingesetzten Truppen wurde Richtung Recke, Hopsten, Halverde, Weese und Voltlage abgezogen. Nur ein kleiner Teil der 6. „RWF" blieb zurück, um am Weißen Sonntag Spelle zu besetzen. Die Ereignisse in den unterstellten Bataillonen werden in den folgenden Kapiteln wiedergegeben.

Militärberichte
8

Die Operationen der „King's Own Scottish Borderers"

..... In Stadtlohn hatten die flüchtenden Deutschen eine Strumpffabrik mit großen Vorräten zurückgelassen. Das war für uns eine sehr nützliche Sache. Der Vorrat an Socken verminderte sich rasch, und die meisten kamen eine ganze Zeit lang ohne den Chef der Kleiderkammer aus.

Am Abend des 1. April erhielten wir plötzlich einen Marschbefehl. Um 1.00 Uhr nachts stand die Truppe zum Vorrücken nach Neuenkirchen bereit. Die Nacht war stockfinster, es war keinerlei Beleuchtung erlaubt. Die Informationen über den Feind waren spärlich, und man konnte fast nichts sehen.

"SWANNING" with the 7th Armoured Division

Brunen
Gemen
Stadtlohn
Rheine

At 1700 hours we were relieved by the Royal Welsh Fusiliers of 53 Division and the C. O's. Recce Group moved off in carriers to Brunen.

As the Recce Group approached the town they were heavily shelled. At the time the C. O. was standing talking to the 7th Armoured Divisional Commander, who was in his Scout Car and the rest of the column were spread along the road. The carriers were evacuated with lightning speed and everyone took cover in the nearby houses. A few minutes later the C. O. came ambling down the road, unscathed, although where he had been standing there was not a scrap of cover and a large shell hole.

Brunen was shelled all the afternoon and the Recce Group, going round organising positions for the Battalion, had a sticky time.

At 1700 hours the Battalion arrived and was greeted by a heavy concentration of 88 millimeter shells and there were several casualties. But as darkness fell the shelling ceased and the rest of the night was quiet.

On the following day, the 29th of March, the German crack up began. Armoured columns rumbled through all day and all night. The troops were in infectious high spirits and the scent of Victory was in the air. A little early perhaps but events justified optimism.

We spent two days in Brunen, during which time there was a never ending stream of traffic going through, and reports were flowing back as to where the leading armour had reached. We never knew exactly how far the advance had gone on but it was quite obvious that the Germans were being pushed back fast.

About 30 very frightened Germans were found hiding in the cellars and they were sent back to join the thousands of others that were sitting around the Rhine bank, waiting to be sent to the rear areas. Ages of these prisoners ranged from 15 to 65 years and common to all of them was a look of the utmost dejection.

Early morning on the 30th. March found us on the move again, following up the 7th. Armoured Division. We passed through Raesfeld and Borken to relieve the 15th. Bn. Queens at Gemen. As soon as we arrived the Carrier Platoon went out on a long range patrol, clearing

Seite 46 der Geschichte der 5. „KOSB"
(Bild 172, Imperial War Museum, London)

309

woods and the surrounding villages. They came back with 28 prisoners, including a complete mortar detachment.

Just after lunch Field Marshall Montgomery drove through in an open Mercedes, wearing the cherry beret of the Airborne troops and a voluminous sheepskin jacket. The other event of the same afternoon was the arrival of the canteen and everyone was able to stock up again with cigarettes and the few other things that were available.

The Battalion were now completely mobile and we went off the next day to Stadtlohn, passing through Weseke and Sudlohn. All these places had been most expertly bombed and in some villages it was necessary to get a bulldozer to clear the road before wheeled vehicles could get through.

The Carrier Platoon again had a successful day patrolling and brought in quite a bag of prisoners. In one outlying village they met some Russians who led them to all the Germans' hiding places and even produced some civilians whom they said had been wearing uniform the day before. They were right and the Jerries were still wearing them — underneath two civilian suits.

The column was by now assuming a rather racy look with a few luxurious Mercedes Benz sedans, and some quite smart looking lorries. It rather brought back the days of 1940 when

Stadtlohn, much blitzed town. Here the Carrier Platoon bagged more than thirty prisoners.

the Battalion travelled in tradesmens vans with the names still painted on the outside.

In Stadtlohn the fleeing Germans had left a sock factory with rather large stocks and this was a most useful thing. The stock went down quite rapidly and the majority were able to last for some considerable time without calling on the aid of the Quartermaster.

A sudden message to advance arrived late on the night of the 1st. April and at 0100 hours the column formed up on the road to go to Neuenkirchen. The night was pitch black and no lights were allowed. Information about the enemy was scanty and visibility was almost nil.

The Carriers led off but after only three miles the column was stopped by a huge tree

Seite 47 der Geschichte der 5. „KOSB"
(Bild 173, Imperial War Museum, London)

Die Schützenpanzer fuhren voran. Nach nur 5 km wurde die Truppe gestoppt, weil ein großer Baum quer über der Straße lag. Es erforderte eine ganze Stunde harter Arbeit, den Baum in so kleine Stücke zu schneiden, daß wir sie von der Straße wegräumen konnten. In der Morgendämmerung erreichten wir Neuenkirchen, eine Stadt mit einem Krankenhaus. Es war die einzige saubere und gut erhaltene Stadt, die wir in den letzten Monaten gesehen hatten. Sie sah sehr attraktiv aus.

Wir hatten Zeit für ein Frühstück, während unser kommandierender Offizier schon mit seinem Spähtrupp in Schützenpanzerwagen nach Rheine weiterfuhr, das für feindfrei gehalten wurde. Das erste Fahrzeug wurde angeschossen, der Fahrer kehrte blitzschnell auf der Stelle um und fuhr in den Graben.

Centre of the ruined town of Stadtlohn.

lying across the road. It took an hour's hard work with assault saws to cut the tree into pieces small enough to clear the road. As dawn broke we arrived at Neuenkirchen, which was a hospital town. It was the only clean and well preserved town that we had seen in months and looked most attractive.

We just had time to make breakfast and the Commanding Officer with his Recce Group moved forward in Carriers to Rheine which was reported to be clear of enemy. The first Carrier was fired on, and the driver in turning quickly, threw a track. Everyone tumbled out unhurt, clambered on to the other carriers and the Recce Group went back to Neuenkirchen with all speed.

Plans for a Battalion attack were made and at 1445 hours the leading companies crossed the start line, "C" on the left and "D" on the right. "A" Company were following up on the right and the Carriers took the left. "B" Company had been sent out to some high ground on the right flank from where they had perfect observation over the whole area.

The town itself had been badly bombed and shelled and the narrow streets were piled high with rubble. As the companies entered the town they fanned out and worked slowly through each street, searching the houses one by one. Occasionally a small group of once proud Wehrmacht types were found hiding in a cellar and a few of the bolder spirits tried a shot with their spandaus but they also were rooted out.

It was when the companies got down to the banks of the River Ems that the enemy on the other side opened up with everything. Spandaus were firing from all angles; snipers were shooting from the high buildings and 20 mm cannon shells were being pumped over. But each company went slowly on and by 1800 hours they were consolidated on the river bank.

Meanwhile the Carriers were clearing a large part of the town but finding little opposition. They went sailing down one street to be greeted by a cheering crowd of men and women who stopped the leading carrier. Some of them ran off to their nearby huts and returned with huge bunches of daffodils which they insisted on

Seite 48 der Geschichte der 5. „KOSB"
(Bild 174, Imperial War Museum, London)

Alle flogen aus dem Fahrzeug heraus, blieben aber unverletzt und kletterten auf die anderen Panzerspähwagen. Sie kehrten mit Vollgas nach Neuenkirchen zurück.

Auf Bataillonsebene wurde schnell ein Angriffsplan gemacht. Um 14.45 Uhr (Anm.: 2. April) gingen die vorderen Kompanien zum Angriff über. Die „C"-Kompanie links und die „D"-Kompanie rechts. Die „N"-Kompanie folgte auf der rechten Seite, und die Schützenpanzer waren auf der linken Flanke. Die „B"-Kompanie war zu einer höhergelegenen Stelle auf der rechten Flanke beordert, von wo man einen ausgezeichneten Überblick über die ganze Gegend hatte.

Die Stadt war schwer bombardiert und mit Artillerie beschossen worden. In den engen Straßen türmte sich der Schutt. Wo die Kompanien die Stadt erreichten, verstreuten sie sich und arbeiteten sich von Straße zu Straße

draping over the carriers and motor cycles. The large "D" sewn on their clothes gave us the reason why they were so pleased to see us. For them, as for many more, our arrival was the end of their bondage.

During the evening the enemy shelled our positions slightly but it was little more than nuisance value.

At 2000 hours the 7th. Bn. Cameronians crossed the River Ems and assaulted the German positions on the far side. "C" and "D" Companies supported this crossing by fire and soon came the message that the Cameronians were on their objective.

"D" Coy. and the Carriers were pulled back at 2000 hours to the rear end of the town to guard against a counter attack from the North.

That night, shortly before midnight, a Jet plane dropped three bombs in the middle of the Battalion area and we were shelled for three hours but there were no casualties.

The next day was quiet. There were a lot of our aircraft going over and not very far away we could hear the scream of the rockets as they tore through the air and then the noise of the explosion. A patrol went out from "C" Company and collected some thirty Italian prisoners who had been working on an airfield.

At 1600 hours "B", "C" Companies and the Carrier Platoon moved across the Ems and took over from the Cameronians who were going

on to cross the Dortmund-Ems-Canal. They attacked at 2000 hours and their efforts seemed to be keeping the enemy busy for there was nothing happening in our area at all.

By this time the bridge over the R. Ems had been completed and troops and vehicles started to cross and form up on the other side. Two more battalions had come into Rheine and a battalion of the R. W. F. passed through and went out to guard the northern approaches to the town.

At 1700 hours the Battalion was ordered to

The start line at Rheine. In the foreground is a demolished German strongpoint.

Seite 49 der Geschichte der 5. „KOSB"
(Bild 175, Imperial War Museum, London)

voran. Sie durchsuchten die Häuser eins nach dem anderen. Gelegentlich wurden kleinere Gruppen der einst so stolzen Wehrmacht gefunden, die sich in Kellern versteckt hielten. Einige mit tapferer Denkweise schossen mit ihrem Gewehr, wurden aber ebenfalls ausgeschaltet.

Als die Kompanien am Ems-Ufer ankamen, begann der Feind vom anderen Ufer her mit allem, was verfügbar war, zu feuern. Gewehrschützen schossen von allen Seiten. Scharfschützen schossen von den hohen Gebäuden, und Geschosse von 20 mm Kanonen kamen herüber. Jedoch kam jede Kompanie langsam voran. Um 18.00 Uhr hatten sie das Flußufer fest in ihrer Hand.

Inzwischen säuberten die Schützenpanzer einen großen Teil der Stadt und fanden dabei wenig Widerstand. Sie fuhren eine Straße entlang und wurden von einer Menge fröhlicher Männer und Frauen begrüßt, die den ersten Schützenpanzer anhielten.

The sniping continued the next morning and any movement near the river was dangerous. A sniper in a water tower was being troublesome but after a little Piattention there wasn't much left of the water tower and the sniper wasn't sniping any more.

Orders came through to go "swanning" again, this time with the 4th. Armoured Brigade and on the morning of the 6th. April we were relieved by the 5th. Bn. Welch Regt. During the afternoon we moved with one squadron of the 44th. Regt. R. T. R. to capture and consolidate the area South of Spellen.

The attack started from Drierwalde and went in from two different directions. "B" Company came in from the north, with the Carriers on their right flank and "A" and "D" went in from the south, with "C" and Bn. Headquarters following.

"A" Company ran into trouble quite early and had several small battles with groups of enemy who were holding strongly defended positions and had a commanding view from the railway embankment. They also had positions in houses from which they threw grenades. On the right "B" Company were having a sticky time as they were very close to the enemy and machine gun fire was exchanged on their front all night.

The Germans were using a great deal of artillery and the shelling hardly stopped. They seemed to have our positions pretty well taped and we suffered some casualties.

The banks of the river Ems, which overlooked our positions at Rheine

go to the assistance of the Cameronians to block the approaches to Rheine from the Dortmund-Ems Canal and two hours later we moved off and assembled at Graute.

At 2230 hours "A" and "D" companies crossed the start line and within an hour had captured their objectives against light opposition. "D" Company had some trouble with sniping from the other side of the canal but they eventually managed to subdue this and shortly after midnight Bn. Headquarters moved up to Hopster. "F" Echelon also moved up and the Anti-tank guns were put into position. There was intermittent shelling and sniping throughout the night but no damage was done.

Seite 50 der Geschichte der 5. „KOSB"
(Bild 176, Imperial War Museum, London)

Einige von ihnen rannten zu ihren nahgelegenen Unterkünften und kamen mit riesigen Sträußen von Osterblumen zurück. Sie bestanden darauf, daß unsere Schützenpanzer und Motorräder damit geschmückt würden. Das große „P" auf ihrem Rücken machte uns klar, warum sie so froh waren, uns zu sehen. Für sie, wie für so viele andere, war es das Ende der Gefangenschaft.

Während des Abends beschoß der Feind unsere Positionen leicht mit Artillerie, aber es war nur wenig mehr als eine kleine Belästigung.

Um 20.00 Uhr überquerten die 7. „Cameronians" die Ems und griffen die deutschen Stellungen am anderen Ufer an. Die „C" und „D"-Kompanienen unterstützten diese Überquerung mit ihrem Feuer, und bald kam die Nachricht, daß die „Cameronians" ihre Angriffsziele erreicht hätten.

By midnight the whole Battalion was established. There was still sniping and our men were firing at any flash they could see. Our Gunners put down several "stonks" on the enemy which kept them a little quieter.

Patrols were sent forward by all companies but little information could be obtained. The night was very dark but later on the moon came up and to move in the open gave the enemy snipers a perfect target.

When daylight came the forward platoon of "B" Company found that it was under direct observation from the enemy and they spent a most uncomfortable morning. The enemy had the advantage, being on the higher ground, and our men could do little but get in the odd shot now and again.

At 1400 hours the 1/5 R. W. F. came to take over but the one platoon of "B" Company had to stay where it was until nightfall and then silently withdraw.

"C" and "D" Companies and the Carrier Platoon moved off to a concentration area at Drierwalde. Later the Carriers searched a huge wooded area and then handed over the position to "A" Company. There was no enemy activity and we were all set for a quiet night and some sleep but at 0100 an "O" Group was called. What made this worse was that Bn. Headquarters was in the most inaccessible place and it was only

Showing another of the concrete emplacements at Rheine.

by the Grace of God that some of the commanders arrived. It was a bitterly cold night, everyone was dog tired but the sight of the C. O., standing in a dingy room lighted only by candles, with a half-pint glass of rum in his hand was a cheering sight and once each visitor had got outside the rum spirits improved tremendously.

Orders were issued to start off at 0600 hours which knocked the bottom out of any ideas we had regarding sleep. All the time left was needed to brief the companies and get everything teed up for the morning.

There was no other incident that night except that Major Henderson and Capt. Tullett bogged their carrier and were pulled out by the T. O. driving a Jeep in reverse!

Seite 51 der Geschichte der 5. „KOSB"
(Bild 177, Imperial War Museum, London)

Die „D"-Kompanie und die Schützenpanzer wurden um 20.00 Uhr zum Ende der Stadt zurückgezogen, um auf einen Gegenangriff aus dem Norden gefaßt zu sein.

Kurz vor Mitternacht warf ein Düsenflugzeug drei Bomben auf die Mitte unseres Bataillonsgebietes ab. Wir wurden drei Stunden lang mit Artillerie beschossen, erlitten aber keinerlei Verluste.

Der nächste Tag war ruhig. Über uns flog eine Menge unserer Flugzeuge hinweg. Sehr weit weg konnten wir das Zischen der Raketen hören und dann den Lärm der Explosionen. Eine Patrouille der „C"-Kompanie traf auf etwa 30 italienische Arbeiter, die auf einem Flugplatz gearbeitet hatten.

Um 16.00 Uhr überquerten die „B"-, „C"-Kompanien und der Schützenpanzer-Zug die Ems und übernahmen das Gebiet der „Cameronians", die sich anschickten, den Dortmund-Ems-Kanal zu überqueren. Sie griffen um 20.00 Uhr an und schienen den Feind beschäftigt zu halten, weil sich in unserem Gebiet gar nichts abspielte.

Zu dieser Zeit war die Brücke über die Ems fertiggestellt. Truppen mit Fahrzeugen fuhren hinüber, um sich auf der anderen Seite zu formieren. Zwei weitere Bataillone kamen nach Rheine, und die „RWF" übernahmen die Aufgabe, die Nordeingänge der Stadt zu sichern.

Um 17.00 Uhr bekam das Bataillon den Befehl, in Unterstützung der „Cameronians" die Zugänge der Stadt vom Dortmund-Ems-Kanal her zu sichern. Zwei Stunden später fuhren wir nach Graute, um uns dort zu sammeln.

Um 22.30 Uhr waren die „A"- und „D"-Kompanien ausgerückt und erreichten ihr Angriffsziel gegen leichten Widerstand. Die „D"-Kompanie hatte etwas Ärger mit Heckenschützen vom anderen Kanalufer her, aber schaltete diese schließlich aus.

Kurz nach Mitternacht wurde der Bataillons-Gefechtsstand nach Hopster (Anm.: In Altenrheine) verlegt. Die „F"-Staffel folgte ebenfalls, und die PAK-Geschütze wurden in Position gebracht. Es gab während der Nacht immer wieder Artillerie- und Heckenschützenfeuer, aber es wurde kein Schaden angerichtet.

Das Heckenschützenfeuer setzte sich am nächsten Morgen fort. Jede Bewegung in der Nähe des Kanals war gefährlich. Ein Heckenschütze in einem Wasserturm war für uns besonders ärgerlich. Nach einer „kleinen Anteilnahme" blieb nicht viel von dem Wasserturm übrig. Der Heckenschütze hat niemals wieder geschossen.

Es kamen Befehle, wieder weiterzuziehen. Diesmal mit der 4. Panzerbrigade. Am Morgen des 6. April wurden wir vom 5. Bataillon des „Welch Regiments" abgelöst. Während des Nachmittags marschierten wir mit einer Squadron der 44. „Royal Tanks" ab, um das Gebiet südlich von Spelle zu erobern und zu säubern.

Der Angriff startete von Dreierwalde her und ging von zwei Richtungen aus. Die „B"-Kompanie kam mit den Schützenpanzern auf ihrer rechten Flanke auf einem nördlichen, die „A"- und „D"-Kompanien auf einem südlichen Weg, mit der „C"-Kompanie und dem Bataillonsgefechtsstand im Gefolge.

Die „A"-Kompanie geriet sehr bald in Schwierigkeiten und hatte mehrere Gefechte mit kleinen Gruppen des Feindes, der energisch verteidigte Positionen hielt und vom Eisenbahndamm her guten Einblick hatte. Er hatte sich außerdem in Häusern verschanzt, von denen aus er Granaten abfeuerte.

Die „B"-Kompanie hatte eine schlimme Zeit auf der rechten Flanke, denn sie war sehr dicht am Feind. Die ganze Nacht hindurch ging Maschinengewehrfeuer hin und her.

Die Deutschen hatten gute Artillerieunterstützung vom Norden her. Das Artilleriefeuer wurde nur selten unterbrochen. Sie schienen unsere Stellungen sehr genau zu kennen. Wir hatten einige Verluste.

Um Mitternacht war das ganze Bataillon in den vorgesehenen Stellungen. Es gab immer noch Heckenschützenfeuer. Unsere Soldaten feuerten bei jedem Aufblitzen, das sie entdeckten. Unsere Artillerie feuerte mehrere Salven auf den Feind, was ihn etwas ruhiger machte.

Von allen Kompanien wurden Spähtrupps geschickt, aber sie konnten nur wenig entdecken. Die Nacht war sehr dunkel, als jedoch später der Mond aufstieg, konnte man sich kaum bewegen, weil wir den Heckenschützen ein erstklassiges Ziel boten.

Bei Anbruch des Tages bemerkte der vorderste Zug der „B"-Kompanie, daß er sich unter direkter Beobachtung des Feindes befand. Er verbrachte einen äußerst unangenehmen Morgen. Der Feind hatte den Vorteil, sich auf höhergelegenem Gelände zu befinden. (Anm.: Das war im Gebiet zwischen der Molkerei und dem Hof Brüggemann). Unsere Soldaten konnten wenig tun, wenn sie nicht immer wieder unter einzelnen Beschuß kommen wollten.

Um 14.00 Uhr kam das Bataillon „1/4 Royal Welsh Fusiliers", uns abzulösen. Der eine Zug der „B"-Kompanie mußte jedoch bleiben, wo er war, erst bei Einbruch der Dunkelheit konnte er sich geräuschlos zurückziehen.

Übersichtsblatt des Kriegstagebuches der 5. „KOSB" vom 1. bis 6. April 1994
(Bild 178, Public Record Office, London)

Die „C"- und „D"-Kompanien, ferner der Schützenpanzerzug, zogen zu einem Sammelplatz in Dreierwalde ab. Die Schützenpanzer suchten sich später einen Platz in einem großen Waldgebiet und traten ihren bisherigen Platz an die „A"-Kompanie ab. Es gab keinerlei Aktivitäten des Feindes. Wir richteten uns für eine ruhige Nacht mit ein wenig Schlaf ein. Jedoch wurde um 1.00 Uhr eine „O"-Gruppe gerufen.

Das schlimmste war, daß sich der Bataillonsgefechtsstand an einer äußerst unzugänglichen Stelle[1] befand. Es war wohl eine Fügung Gottes, daß einige Offiziere zu uns kamen. Es herrschte bittere Kälte. Alle waren hundemüde, aber der Anblick des kommandierenden Offiziers in dem nur mit Kerzenlicht beleuchteten schmutzigen Raum mit einem „half-pint" Glas Rum in seiner Hand war erfrischend, und jeder war, neben der Belebung durch den Geist des Rums, gut zurecht.

Es wurde angeordnet, schon um 6.00 Uhr aufzubrechen, was all unsere Hoffnungen auf Schlaf zunichte machte. Alle noch zur Verfügung stehende

---

[1] Im Hause Heinrich Fleege in Spelle am Löchteweg

Übersichtsblatt des Kriegstagebuches der 5. „KOSB" vom 6. bis 12. April 1945
(Bild 179, Public Record Office, London)

Zeit wurde gebraucht, die Kompanien zu instruieren und alles für den Morgen vorzubereiten.

Während der Nacht gab es keine anderen Ereignisse, mit der Ausnahme, daß Captain Tullet einen Schützenpanzer festfuhr und mit einem Jeep rückwärts freigezogen werden mußte.

Bevor im nächsten Kapitel die Ereignisse in Voltlage geschildert werden, sollen die Kriegstagebücher der 5. „KOSB" über die Ereignisse in Spelle genauere Auskunft geben:

Am Abend des 5. April (Donnerstag) war der Gefechtsstand noch jenseits des Kanals in der Gegend der Schleuse bei Rielmann. Das Bataillon war 881 Mann stark, hatte sechs 6-pounder Pak-Geschütze, keine Verluste und keine Gefangenen gemacht.

Am nächsten Abend, am Freitag, dem 6. April 1945, hatte man die neue Frontlinie, die Speller Aa, erreicht. Dabei hatte man zwei Soldaten verloren und elf Gefangene gemacht. Der Gefechtsstand wurde im Haus Heinrich Fleege am Löchteweg eingerichtet. Vorher war das Haus von den 44. „Royal Tanks" als Gefechtsstand benutzt worden, was im späteren Kapitel über die 44. „Royal Tanks" erläutert wird.

Am Samstag wurden die 5. „KOSB" von den 6. „RWF" abgelöst. Das Bataillon zog zur Kahlenborg nach Dreierwalde, man verlor einen Soldaten und machte keine Gefangenen. Ein Zug der B-Kompanie konnte erst abends in der Dunkelheit abgezogen werden, weil man sich unter direkter Einsicht der deutschen Soldaten befand und aus den Löchern nicht herauskam. Das war offensichtlich in den Wiesen zwischen der Bahn bei der Molkerei und dem Hof Brüggemann /Aa. Die deutschen Soldaten von der Panzergrenadierdivision „Hermann Göring" hatten eine günstige Position auf dem höheren Gelände zwischen Bauer Senker und der Aa, weiterhin durch den Schutz des Bahndammes. Trotzdem mußten mindestens zwei deutsche Soldaten dort ihr Leben lassen.

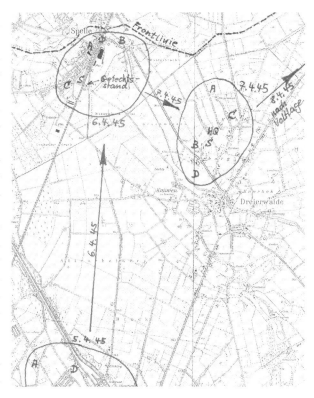

Das 5. Bataillon der „King's Own Scottish Borderers" eroberte am 6.4.45 (Freitag) abends das Gebiet des Speller Bahnhofs, mußte aber am folgenden Tag schon wieder weiter über die Kahlenborg (Dreierwalde) nach Voltlage.
(Bild 180)

```
                                    ORIGINAL                                    Sheet 4
Instructions regarding War Diaries and Intelligence                             Army Form C. 2118.
Summaries are contained in F.S. Regs., Vol. I.      WAR DIARY
Monthly War Diaries will be enclosed in A.F.              of          Unit...5th Bn The K.O.S.B.
C.2118. If this is not available, and for
Intelligence Summaries, the cover will be       INTELLIGENCE SUMMARY
prepared in manuscript.
        Month and Year  April 1945          (Delete heading not required).   Commanding Officer  Lt Col G.G.M. Batcheler

  Place     Date  Hour           Summary of Events and Information                    References to Appendices
 GRAUTE    4 Apr  2200   forward of 7 Cams - between canal and River EMS.
                  2240   "C" coy cross start line to occupy reserve coy area HOPSTER.  No enemy
                         encountered, but slight shelling.
                  2350   All positions occupied except "D" coy who are having trouble with sniping
                         from far side of canal.
 HOPSTER   5 Apr  0015   Bn HQ move to area HOPSTER.
                  0030   "D" coy in position - 'F' Echelon moves up and all A tk guns in position.
                         Intermittent shelling and sniping throughout the night.  "B" coy remain
                         in former area, also 'A' Ech (W of RHEINE).
                  0730   "C" coy move off and come under comd 5 HLI.
                  1000   Mortaring and sniping intermittently, otherwise quiet.  Bn receives warning
                         orders to go "swanning" and to come under comd 4 Armd
                  1900   "D" and "A" coys move back slightly to concentrate bn.  Kangaroos and TCVs
                         arrive.
 HOPSTER   6 Apr  1000   Recce parties arrive from 5th WELCH to take over. ................/Over
```

Kriegstagebuch der 5. KOSB
(Bild 181, Public Record Office, London)

Auf dem Hof Brüggemann /Aa wurde ein gefallener Engländer neben dem Haus beerdigt, nachdem die Kameraden ihn in ein Oberbett eingewickelt hatten. Einige Wochen später wurde der gefallene Engländer umgebettet, und das zwischenzeitlich vermißte Oberbett kam wieder zutage.

Nun zu den Eintragungen ins Kriegstagebuch der 5. „KOSB":

5. April (Donnerstag)

0.15   Der Bataillonsgefechtsstand zieht in das Gebiet bei Hopster (Anm.: Altenrheine)
0.30   D-Kompanie in Position, F-Staffel rückt vor. Alle Pak-Geschütze sind in Position. Zeitweise Artillerie-Beschuß (Anm.: Von Spelle her). Heckenschützenfeuer die ganze Nacht hindurch.
Die B-Kompanie bleibt im bisherigen Gebiet, ebenfalls die A-Staffel (Anm.: Westlich von Rheine).

```
                                    ORIGINAL                              Sheet 5
Instructions regarding War Diaries and Intelligence                     Army Form C. 2118.
Summaries are contained in F.S. Regs., Vol. 1.
Monthly War Diaries will be enclosed in A.F.     WAR DIARY
C.2118. If this is not available, and for              or              Unit 5th Bn The K.O.S.B,
Intelligence Summaries, the cover will be        INTELLIGENCE SUMMARY
prepared in manuscript.
      Month and Year April 1945              (Delete heading not required)   Commanding Officer Lt Col G.G.M. Batcheler
```

Place	Date	Hour	Summary of Events and Information	References to Appendices
HOPSTEN	6 Apr	1200	"C" coy return from 5 HLI and take over area by bridge over canal.	
		1400	Bn relieved by 5 WELCH.	
		1600	Bn ordered to move with 1 sqn in support from 44 RTR to capture and consolidate	
Move to SOUTH of SPELLEN.			area SOUTH of SPELLEN.	
		1730	Bn move in Kangaroos taking 'F' Ech and "C" and "D" coys in TCVs.	
		1930	Bn attack from DRIEKWALDE up 2 axis.	
SE and S of SPELLEN	6 Apr 2000		North "B" coy with 1 tp in support. South "A" and "D" coys with remainder and "C" and Bn HQ followingup. Bn take objectives.	
		2350	Mortaring and MG fire from far bank of ditch S of SPELLEN.	
		2400	Bn established. Reserve coy in position. Still sniping and shelling. STONK on enemy.	
	7 Apr	1400	Bn relieved by 1/5 RWF. 1 pl of "B" coy (pinned by fire) remain till dark.	
		1500	"C" and "D" coys move in Kangaroos to occupy area N of DRIEKWALDE also Carrier Pl.	
DRIEKWALDE		1730	Remainder of Bn follow and go to concentration area DRIEKWALDE............/Over	

Kriegstagebuch der 5. „KOSB"
(Bild 182, Public Record Office, London)

7.30   Die C-Kompanie wird abgezogen und dem 5. Bataillon der „Highland Light Infanterie" unterstellt.

10.00   Zwischendurch Granatwerfer- und Heckenschützenfeuer, sonst aber ruhig. Das Bataillon erhält die Vorankündigung, daß es unter dem Kommando der 4.Panzerbrigade vormarschieren solle.
(Anm.: Bis jetzt war es der 7. Panzerdivision unterstellt, beide Einheiten nannten sich bekanntlich die „Desert Rats")

19.00   Die D- und A-Kompanien ziehen sich leicht zurück, um das Bataillon zu konzentrieren. Schützenpanzer und Transportfahrzeuge kommen an.

6. April 1945 (Freitag)

10.00   Spähtruppeinheiten des 5. Bataillons der „Royal Welch Fusiliers" lösen uns ab.

```
                                                                          Sheet 6
  Instructions regarding War Diaries and Intelligence                 Army Form C. 2118.
    Summaries are contained in F.S. Regs., Vol. 1.
    Monthly War Diaries will be enclosed in A.F.         WAR DIARY
    C.2118. If this is not available, and for                  or            Unit  5th Bn The K.O.S.B.
    Intelligence Summaries, the cover will be    INTELLIGENCE SUMMARY
    prepared in manuscript.
         Month and Year  April 1945              (Delete heading not required).  Commanding Officer  Lt Col G.G.M. Batcheler

  Place        Date    Hour           Summary of Events and Information                      References to Appendices

  DRIEWALDE   7 Apr   1730   (less "A" coy, who go to hold position N of "D" coy).   Quiet night -
                             'A' Ech join Bn.
              8 Apr   0600   (a) "C" and "D" coys move in Kangaroos under comd 3/4 CLY to seize WEEZE.
  DRIEWALDE                  (b) Remainder of Bn Gp, followed by 'A' Ech, move to area WEEZE (marching
     to                          personnel in TCVs.
  WEEZE                0930  Bn established in WEEZE - no opposition - slight shelling - 30 PW.
                       1100  Leading tanks held up at Bridge over burn north of WEEZE - 2 pls "C" coy move
                             to their assistance - more shelling.
                       1530  Bn and CLY ordered to attack VOLTAGE.
                       1600  Phase I  "C" coy capture high ground beyond bridge in face of very heavy
                             opposition.  About 30 casualties.
  VOLTAGE              1630  Phase II  "D" coy in Kangaroos with 1 sqn in support pass through "C" coy.
                             Debus on outskirts of village.  "D" coy make slow advance through village
                             against fanatical resistance.  Much trouble from snipers.
                       1715  "B" coy with Kangaroos and 1 sqn in support debus in "D" coy area and......../Over
```

Kriegstagebuch der 5. „KOSB"
(Bild 183, Public Record Office, London)

12.00 Die C-Kompanie kehrt von der 5. „HLI" zurück und bezieht das Gebiet der Altenrheiner Kanalbrücke.

14.00 Das Bataillon wird vom 5. Bataillon der „RWF" abgelöst.

16.00 Dem Bataillon wird befohlen, zusammen mit einer Squadron der 44. „Royal Tanks" (Anm.: Etwa zehn Panzer) *das Gebiet südlich von Spelle* (Anm.: Den Bereich des Speller Bahnhofs) *zu erobern.*

17.30 Das Bataillon wird in Schützenpanzerwagen transportiert, die F-Staffel, die C- und D-Kompanien werden in Transportfahrzeugen mitgenommen.

19.30 Das Bataillon greift das Gebiet Speller Bahnhof in zwei Angriffsachsen von Dreierwalde her an.

20.00 Nördlich (Anm.: Über die Dreierw. Straße) *die B-Kompanie mit einem Troop* (Anm.: Etwa drei Panzer), *südlich* (Anm.: Über den Löchteweg und die Portlandstraße) *die A- und D-Kompanien samt Rest, mit dem Bataillonsgefechtsstand im Gefolge. Das Bataillon nimmt die Zielgebiete in Besitz.*

23.30 Granatwerfer- und MG-Feuer vom anderen Ufer der Speller Aa, etwa aus der Dorfmitte von Spelle.
24.00 Das Bataillon hat sein Ziel erreicht. Die Reserve-Kompanie ist in Position. Immer noch Gewehr- und Artilleriefeuer. Schwerer Artillerie-Beschuß auf den Feind.

7. April 1945 (Samstag)

14.00 Das Bataillon wird vom 1/5 Bataillon der „Royal Welch Fusiliere" abgelöst. Der 1. Zug der B-Kompanie muß bis Einbruch der Dunkelheit an Ort und Stelle bleiben, weil unter direktem Beschuß des Feindes (Anm.: Zwischen Eisenbahn und Bauer Brüggemann /Aa).
15.00 Die C- und D-Kompanien fahren in Schützenpanzern, um das

Dieses Bild wurde am 7. April 1945 zwischen Spelle und Hopsten aufgenommen:
Der englische Text dazu: „Dr. F.L.Lones aus Bolton befestigt einen
Mandelbaumzweig an der Kühlerhaube seines Wagens".
Es war Frühling, das Wetter war schön!
(Bild 184, Imperial War Museum, London)

> *Gebiet Kahlenborg nördlich von Dreierwalde zu erobern, ebenfalls die Transportkolonne.*
>
> *17.30* *Der Rest des Bataillons folgt und konzentriert sich im Raum Kahlenborg, ohne die A-Kompanie, welche die Gegend der Dosenbrücke halten muß. Während der Nacht ist es ruhig. Die A-Staffel folgt dem Bataillon.*

Der 8. April, der „blutige Weiße Sonntag" vor Voltlage, folgt im nächsten Kapitel. Die „King's Own Scottish Borderers" wären besser in Spelle geblieben!

Militärberichte
9

Von Spelle nach Voltlage: Schwere Verluste der „KOSB"

Zunächst weiter mit den Aufzeichnungen im Kriegstagebuch (Bild 183 auf Seite 322):

8. April 1945 (Weißer Sonntag)

6.00 *Die C- und D-Kompanien rücken in Schützenpanzern unter Kommando des 3/4 Bataillons der „County of London Yeomanry"* (Anm.: Ein Panzerbataillon, die „Sharpshooters", die „CLY") *vor, um Weese zu erobern. Der Rest des Bataillons, gefolgt von der A-Staffel, fahren ebenfalls in die Gegend von Weese, mit ihren persönlichen Transportfahrzeugen.*

9.30 *Das Bataillon befindet sich in Weese, kein Widerstand, leichtes Artilleriefeuer, 30 Gefangene werden gemacht.*

11.00 *Die vorderen Tanks werden bei einer Brücke über einen Bach nördlich von Weese gestoppt. Zwei Züge der C-Kompanie eilen zu ihrer Unterstützung herbei, - mehr Artilleriebeschuß.*

15.30 *Das Bataillon und die 3/4 „CLY" erhalten den Befehl, Voltlage anzugreifen.*

16.00 *Phase I: Die C-Kompanie erobert das höhergelegene Gelände jenseits der Brücke gegen erbitterten Widerstand. Etwa 30 Mann Verluste.*

16.30 *Phase II: Die D-Kompanie rückt vor der C-Kompanie mit Schützenpanzern und einer Squadron Panzer vor. Am Dorfrand von Voltlage verlassen sie die Schützenpanzer. Die D-Kompanie kämpft sich langsam gegen fanatischen Widerstand durch das Dorf hindurch vor. Viel Ärger durch Heckenschützen.*

17.15 *Die B-Kompanie, unterstützt durch eine Squadron Panzer, steigt im Gebiet der D-Kompanie aus ihren Schützenpanzern aus und reinigt den Rest des Dorfes. Das ganze Dorf brennt. Granatwerfer- und Geschützfeuer.*

Kriegstagebuch der 5. „KOSB"
(Bild 185, Public Record Office, London)

18.45 Das Dorf ist vollständig in unserer Hand. Etwa 100 Gefangene wurden gemacht. Viele Feinde sind getötet.

19.30 Die A-Kompanie kommt zur Festigung der Positionen nach, gefolgt vom Bataillonsgefechtsstand, der C-Kompanie und der F-Staffel. Die Nacht ist ruhig, - leichtes Granatwerfer- und Geschützfeuer.

9. April 1945 (Montag)

8.00 Das Bataillon wird vom 6. Bataillon der Cameronians abgelöst
(Anm.: Diese Soldaten hatten bekanntlich am vorherigen Donnerstag Dreierwalde erobert). *Rückkehr nach Weese......*

Günter Wegmann beschreibt in seinem Buch „Kriegsende zwischen Ems und Weser 1945" die Ereignisse wie folgt:

..... Am 8. April flackerte deutscher Widerstand auf, der sich am 9.[1] zu einem schweren Kampf um Voltlage steigerte. Vorausgegangen war die Besetzung von Weese durch Teile der 156. und der 4. Armoured Brigade. Die Briten hatten sich eingegraben, als sie plötzlich mit schwerem Artilleriefeuer überschüttet wurden. Ein vorfühlender Spähtrupp mußte wegen zu starker Feindeinwirkung umkehren. Nur ein planmäßiger Angriff konnte Voltlage in britischen Besitz bringen. Die Männer von „Großdeutschland"[2] warteten. Die britischen Panzer konnten sich wegen der moorigen Landschaft nicht entfalten, ein querlaufender Bach mußte überbrückt werden. Das angreifende 5. Btl. der King's Own Scottish Borderers hielt die Einnahme von Voltlage später für das verlustreichste und schwierigste Gefecht. Dieses Btl. mußte am 9. April über die einzige Brücke stoßen, auf der sich das deutsche Abwehrfeuer konzentrierte. Erst ein Bajonettangriff brachte Luft. Als dann die Panzer schließlich in den Straßenkampf eingreifen konnten und Typhoons - raketenbestückte Jagdbomber der RAF - an diesem sonnigen Nachmittag die deutschen Widerstandsnester angriffen, war bis 19 Uhr Voltlage in britischem Besitz. .....

Die Angaben über Verluste schwanken. Auf deutscher Seite sind es 20 bis 30 Gefallene gewesen, auf britischer Seite zwischen 40 und 100. Die englischen Quellen nennen offensichtlich zu geringe Verluste. Das Wort „Casualties" bedeutet Verluste, schließt also Verwundete und Gefangene mit ein.

In der „Geschichte der 5. KOSB" heißt es dann weiter:

---

[1] hier ist offensichtlich irrtümlich eine Verschiebung des Datums um einen Tag unterlaufen. Die schweren Kämpfe waren mit Sicherheit am 8. April, dem Weißen Sonntag
[2] Es war das I. Bataillon des Regimentes Poeschmann, Offiziersanwärter des Jahrganges 1927 der Offiziersbewerberschule in Hannover, mit deren Ausbildern. Aber auch andere Einheiten, z.B. ROB's (Reserver-Offiziers-Anwärter) aus der Schule in Bergen wurden in den Kampf geworfen.

... with the 4th Armd. Bde.
Voltlage

Shortly before 0600 hours we met the 4th. County of London Yeomanry (Sharpshooters) and the various supporting arms slowly formed up and moved off.

The column stretched for miles down the road. Tanks, Kangaroos, Carriers and trucks in a never ending stream, crawling along narrow roads, driving the enemy farther and farther back towards final destruction.

It was a perfect spring day, warm and sunny and the war all seemed rather far away. But only a few miles ahead lay a small village called Voltlage which the Battalion was destined to remember for all time. A village where the graves of our dead will forever be a monument to the superb courage and gallantry of the men of the Fifth Battalion.

The column had advanced some 12 miles and at about 1030 hours on 8th April the Bn. was ordered to sieze Weese, a village just a mile ahead. "A" and "C" Companies went ahead in their Kangaroos but apart from the odd sniper there was no opposition and both Companies got their objective quite easily, taking about 30 prisoners and capturing some armoured cars. The rest of the Bn. moved into the village and had only just got themselves dug in when the enemy commenced to shell heavily.

A patrol was sent out from "C" Company to go up the road towards Voltlage but when approaching the river north of Weese they came under fire and withdrew. But they established the fact the enemy had withdrawn to Voltlage.

Owing to the boggy nature of the ground it was impossible for the tanks to get round the village. They did try it but all the tanks were "bogged" after a few yards. One reconnaissance tank went straight up the road but just as it got over the bridge it was bazooka'd.

Accordingly a plan was made to attack this next village. "C" Company were ordered to cross the river and secure the high ground about 300 yards to the north and for "D" Company to pass through them in Kangaroos to another high feature to the north east and then for both companies to shoot "B" Company into the village. "A" Company were to remain in reserve.

At 1600 hours "C" Coy. crossed the start line with one troop of Sherman tanks in support. 13 Pl. were on the left, 14 Pl. on the right and 15 pl. in reserve. As they approached the river they came under fire but they kept steadily on. It was necessary now to cross the river by the only bridge available and this was done section by section in the face of withering fire. Now the whole of the Company were under direct observation by the enemy and they were suffering heavy casualties. The Germans were in well camouflaged positions, many of them on the flanks and the whole front was covered by small

Seite 52 der Geschichte der 5. „KOSB"
(Bild 186, Imperial War Museum, London)

Kurz vor 6.00 Uhr trafen wir die „County of London Yeomanry" (Anm.: Die „Sharpshooters") und die unterschiedlichen unterstützenden Waffen-Einheiten, wir sammelten uns und rückten ab.

Die Kolonne entlang der Straße war sieben km lang. Tanks, Panzerfahrzeuge Schützenpanzer und Lastwagen in endloser Länge, sich durch enge Straßen zwängend, den Feind weiter und weiter vor sich hertreibend bis zur endgültigen Vernichtung.

Es war ein ausgezeichneter Frühlingstag, warm und sonnig, der Krieg schien weit entfernt zu sein. Aber nur wenige Meilen voraus lag ein Dorf namens Voltlage, an das sich das Bataillon für alle Zeit erinnern sollte. Ein Dorf, in dem die Gräber unserer Toten für immer ein Denkmal der äußersten Tapferkeit und Ritterlichkeit der Soldaten des 5. Bataillons sein werden.

Die Kolonne war etwa 18 km vorangekommen. Am 8. April, um etwa 10.30 Uhr, hatte das Bataillon Weese einzunehmen. Das Dorf lag etwa 1,5 km vor uns. Die „A"- und „C"-Kompanien fuhren in ihren gepanzerten Fahrzeugen voran. Außer vereinzelten Heckenschützen gab es keinen Widerstand, und beide Kompanien erreichten ihr Angriffsziel sehr leicht. Sie nahmen etwa 30 Gefangene und erbeuteten einige Panzerfahrzeuge. Der Rest des Bataillons drang in das Dorf ein und geriet unter schweres Artilleriefeuer, nachdem man sich gerade eingegraben hatte.

Oben: Britische Panzer am Ortsausgang von Weese. Im Hintergrund die Weeser Schule.
Unten: Schottische Soldaten der 5. „KOSB" auf dem Marsch von Weese nach Voltlage. Für mindestens 40 von ihnen war es der letzte Tag in ihrem Leben.
(Bilder 187 und 188, Imperial War Museum, London)

Eine Patrouille der „C"-Kompanie wurde auf den Weg nach Voltlage geschickt, kam jedoch unter heftiges Feuer bei Annäherung an den Fluß nördlich Weese. Sie mußte zurückkehren. Sie stellten jedoch fest, daß sich der Feind nach Voltlage zurückgezogen hatte.

Wegen des morastigen Bodens war es für die Panzer unmöglich, das Dorf zu umfahren. Sie versuchten es, aber alle Tanks saßen nach wenigen Metern fest. Ein Spähpanzer befuhr geradeaus die Straße nach Voltlage, wurde jedoch gleich nach Überfahren der Brücke durch eine Panzerfaust abgeschossen.

Am Ortseingang von Voltlage. Im unteren Bild die Scheunen des Elternhauses von Karl Muer. Das Haus selbst war in Flammen aufgegangen. Der Photograph stand vor der Schmiede Göke.
(Bilder 189 und 190, Imperial War Museum, London)

Die Panzer dringen nach Voltlage ein. Im Hintergrund die alte und neue Scheune des Hofes Sander, rechts daneben die Schmiede Göke.
(Bild 192, Imperial War Museum, London)

Der Situation entsprechend wurde ein Plan für den Angriff auf das Dorf gemacht. Der „C"-Kompanie wurde befohlen, den Fluß zu überqueren und das etwa 300 m nördlich gelegene höhere Gelände zu besetzen. Die „D"-Kompanie hatte in gepanzerten Fahrzeugen weiter vorzudringen und eine andere Höhe nordöstlich einzunehmen. Dann sollten beide Kompanien der „B"-Kompanie Feuerschutz für das Eindringen in das Dorf geben. Die „A"-Kompanie blieb in Reserve.

Um 16.00 Uhr startete die „C"-Kompanie mit Unterstützung eines Trupps Sherman Tanks. Der 13. Zug war links, der 14. Zug rechts und der 15. Zug in Reserve. Sobald sie sich dem Fluß näherten, kamen sie unter Feuer, kamen aber stetig voran.

Es war nun notwendig, den Fluß über die einzig verfügbare Brücke zu überqueren. Das wurde in Sektionen unter vernichtendem Feuer getan. Die ganze Kompanie war nun unter direkter Einsicht des Feindes und erlitt

arms fire. 13 pl. on the left were held up by enemy firing from a house but without hesitation they charged it and destroyed all the enemy. Meanwhile 14 and 15 pls although subjected to terrific mortar fire and machine gun fire reorganised and prepared to assault. The platoons were much weaker now but led by Major J. Brown they assaulted across the open ground their bayonets flashing in the sun and dug the enemy out of their position, killing many and taking the rest prisoner.

Then "D" Company went through in Kangaroos. They turned off to the right along a track to secure a hill overlooking the final objective. The leading Kangaroo lost sight of the tanks that were in support and then suddenly the Sergeant in charge of the leading Kangaroo reported a message over the wireless that the tanks were "On objective". And on hearing a request for the "feet" to come quickly he swung the column north towards the village reaching the main road just in front of "C" Coy. and turned, heading straight for Voltlage. But when the leading Kangaroo was only about 20 yards past the shrine it was bazookaed from a slit trench only fifty yards ahead. The second Kangaroo was shot at but it escaped. The men of 16 pl. in the leading Kangaroo were pinned down by accurate small arms fire and the slightest movement brought a burst in their direction. But they leapt out and started to work their way along the side of the road. Still the

Voltlage. The main street of the town showing the shrine at the right.

mortars rained down and the air was full of flying shrapnel. Every now and then a man dropped but his place was immediately taken by another and so they advanced, yard by yard. By now they were in the very centre of the German D. F. zone and every projectile that the enemy could shoot was dropping in amongst them. But some of the tanks had managed at last to get off the road and they were plastering the houses from almost point blank range. One after the other the houses were set on fire but still the Germans fought on.

And then as if by magic, screaming in from behind the sun came a squadron of Typhoons, their cannons blazing as they dived at the gun positions. Again and again came the sound of the vicious spit of the rockets and then the

Seite 53 der Geschichte der 5. „KOSB"
Links die Schule und das Kriegerdenkmal, rechts nicht mehr sichtbar das mit
Eisengitter umgebene Kreuz mit Jesus-Corpus.
(Bild 192, Imperial War Museum, London)

schwere Verluste. Die Deutschen waren in gut getarnten Positionen, viele an den Flanken, und die ganze Front war im Zugriff leichter Waffen. Der 13. Zug auf der linken Flanke wurde durch Feuer aus einem Haus heraus aufgehalten, aber ohne Zögern wurde es niedergemacht und alle Feinde vernichtet. Inzwischen hatten sich der 14. und der 15. Zug, obwohl unter schrecklichem Granatwerfer- und Maschinengewehrfeuer befindlich, reorganisiert und zum Angriff vorbereitet. Die Züge waren inzwischen viel schwächer, griffen jedoch unter Leitung von Major J. Brown über offenes Gelände an, wobei ihre Bayonette in der Sonne blitzten. Sie warfen den Feind aus seinen Stellungen. Viele wurden getötet und der Rest gefangengenommen.

Die „D"-Kompanie rückte in gepanzerten Fahrzeugen vor. Sie bog rechts in einen Weg ein, um einen Hügel zu sichern, von dem aus das Zielgebiet überschaubar war. Das vordere Fahrzeug verlor den Sichtkontakt mit den unterstützenden Panzern, worauf der Kommandant des vorderen Fahrzeuges über Funk plötzlich irrtümlich mitteilte, daß die Panzer in ihrem Zielgebiet angekommen seien. Nachdem er hörte, daß die Fußtruppen schnell nachkommen sollten, drehte er mit seiner Kolonne nach Norden, Richtung Voltlage, ab und erreichte die Hauptstraße unmittelbar vor der „C"-Kompanie. Er bog in Richtung Voltlage auf die Straße ein. Aber als das erste Fahrzeug nur 20 m hinter dem Denkmal war, wurde es aus 50 m Entfernung von einer Panzerfaust, aus einem Schützengraben heraus, getroffen. Das zweite Fahrzeug wurde ebenfalls angeschossen, entkam aber.

Die Soldaten des 16. Zuges im vorderen Fahrzeug mußten sich wegen des genauen Feuers leichter Waffen flachlegen. Die kleinste Bewegung bewirkte einen Geschoßhagel in ihre Richtung. Sie sprangen jedoch heraus und flüchteten entlang der Straßenseite. Immer noch hagelte es Granatwerfergeschosse, und die Luft war voller Splitter. Wo auch immer ein Mann ausfiel, kam ein anderer als Ersatz, und so rückten sie Meter um Meter voran. Sie waren nun genau in der Verteidigungslinie der Deutschen. Jedes ihrer eigenen Geschosse konnte auch sie treffen. Einige Panzer hatten inzwischen die Straße verlassen und beschossen die Häuser der Reihe nach. Ein Haus nach dem anderen wurde in Brand gesetzt, aber die Deutschen kämpften immer noch.

Und dann, wie durch ein Wunder, kam aus der strahlenden Sonne heraus eine Squadron Taifun-Jagdbomber. Ihre Kanonen blitzten, sobald sie in Schußposition heruntergingen. Immer wieder hörte man das Geräusch der tödlich anfliegenden Raketen. Und dann das Krachen, wenn sie das Ziel trafen, Soldaten und Kanonen in die Luft werfend. Das gab dem Bataillon den ersten Ausgleich für das Artilleriefeuer, das wir seit Anfang unserer Aktion bekamen.

Der 18. Zug arbeitete sich links der Straße vor. Die „D"-Kompanie war nun eindeutig dabei, die Schlacht zu gewinnen. Bald waren beide vorderen Züge an ihrem Angriffsziel. Dort angekommen, feuerten sie so effektiv auf jede Bewegung des Feindes, daß die „B"-Kompanie, als sie in ihren gepanzerten Fahrzeugen ankam und ausstieg, im Bereich der „D"-Kompanie überhaupt

roar as they hit the target, throwing guns and men into the air and giving the Bn. the first respite from shelling since the start of the action.

18 pl worked along the left of the road and "D" Company were by now definitely winning the fire fight. Soon both forward platoons were on their objectives. Once there they fired at every movement and so effective was their fire that when "B" Coy came down in their Kangaroos and debussed in "D" area they got away without a single casualty. By now the enemy were suffering terrible punishment and were beginning to weaken.

Earlier in the action Major Frank Moffat, "D" Coy. Commander, had been wounded and now Major R. A. C. Hannay took over command of the entire force. They cleared right through the village, fighting from house to house and took over a hundred prisoners.

"A" Company came through to consolidate closely followed by B. H. Q. and about 1900 hours Voltlage was in our hands.

It was getting dark now and the houses were still blazing, lighting up the countryside. The crackle and splutter of the burning wood sounded more like the fireside than the aftermath of a bloody battle, but there was evidence in plenty lying around, evidence of the determined assault which had forced the enemy from yet another stronghold.

It was later discovered that the German troops were all senior Non Commissioned Officers who had been at a school in Hannover.

The night was quiet but a few shells came over in the early hours of the morning and Lieutenant Barnes of "A" Company was killed. Several patrols went out and established the fact that the enemy was sitting on the other side of a brook to our front but he was keeping very quiet.

At 0800 hours we were relieved by the 6th. Bn. Cameronians and returned to Weeze. There was some talk of 24 hours rest but at 1300 hours we were ordered to move again and concentrate in the woods south of Weeze. We again teamed up with the County of London Yeomanry and sat in Kangaroos, waiting to move off. It was four hours before we left and most people got a little much needed and well earned sleep.

But at last the waiting period ended and we moved off at 1900 hours, the column splitting and taking different roads and meeting up later on. It was an impressive column with Honey tanks leading, squadron after squadron of Shermans, Kangaroos loaded with Borderers, Self-propelled guns of the R. H. A., Anti-tank 17 pounders, and our own carriers and jeeps, winding slowly along through pretty villages and tree-lined roads towards yet another battle.

It was just getting dark as we reached the outskirts of Neuenkirchen, which was burning furiously. The enemy had been turfed out and

Seite 54 der Geschichte der 5. „KOSB"
(Bild 193, Imperial War Museum, London)

keine Verluste mehr hatte. Nunmehr erhielt der Feind eine schreckliche Bestrafung und wurde immer schwächer.

Zu Anfang der Aktion wurde der kommandierende Offizier der „D"-Kompanie, Major Frank Moffat, verwundet. Major R.A.C Hannay übernahm nun das Kommando über alle Truppenteile. Sie drangen mitten durch das Dorf, kämpften sich von Haus zu Haus weiter und brachten mehr als 100 Gefangene ein.

Die „A"-Kompanie kam nach, um letzte Säuberungen durchzuführen. Schließlich folgte der Bataillonsgefechtsstand. Um 19.00 Uhr war Voltlage ganz in unserer Hand.

Es begann nun dunkel zu werden. Die Häuser brannten immer noch, die ganze Gegend erleuchtend. Das Krachen und Splittern der Brände hörte sich wie eine Fortsetzung des gerade beendeten blutigen Gefechtes an und nicht wie die Stille danach. Die so zahlreich herumliegenden Gefallenen waren ein Beweis für die Verbissenheit der Verteidiger. So schlimm hatten wir es bisher vor keinem Bollwerk des Feindes erlebt.

Es stellte sich später heraus, daß die deutschen Truppen ausnahmslos Offiziersanwärter einer Schule in Hannover waren.

Die Nacht war ruhig, obwohl in den frühen Morgenstunden einzelne Artilleriegranaten einschlugen, wobei Leutnant Barnes der „N"-Kompanie getötet wurde. Mehrere Patrouillen wurden losgeschickt, die herausbekamen, daß noch Feinde vor uns an der anderen Seite eines Moores saßen, sie verhielten sich jedoch sehr ruhig.

Um 8.00 Uhr wurden wir vom 6. Bataillon der „Cameronians" abgelöst und kehrten nach Weese zurück. .....

Wie erlebten die Bürger von Voltlage die dramatischen Ereignisse? Stellvertretend für viele andere sei wiedergegeben, was Karl Muer, Jahrgang 1932, damals also 13 Jahre alt, erlebte:

Mein Vater, Jahrgang 1882 und Veteran des Zweiten Weltkrieges, glaubte am Samstagabend noch, Halverde würde es treffen, weil dort Scheinwerfer die Gegend taghell beleuchteten. Am nächsten Morgen, am Weißen Sonntag, sah es anders aus.

Nach Abzug der monatelang bei uns einquartierten deutschen Soldaten kamen andere Truppen mit fanatischen Offizieren. Sie wiesen vor unserem Hof den jungen Soldaten des Jahrganges 1927 die Stellen zu, an denen sie sich sofort eingraben mußten, meistens zu zweit, ein Maschinengewehr bedienend.

Besonders schlimm trieb es der Hauptmann Grünau mit der strikten Anweisung: „Hier wird bis zu letzten Blutstropfen gekämpft!". Es war der letzte Tag seines Lebens. Um etwa 18.00 Uhr desselben Tages wurde er von seinen eigenen drangsalierten Soldaten erschossen, der Kampf um Voltlage war dann zuende.

Mein Vater sah schlimme Ereignisse voraus und befahl mir, zusammen mit meinem jüngeren Bruder und unseren gefangenen Russen das Vieh auf die etwa zwei km entfernte Weide, Richtung Halverde, zu treiben.

Unterwegs, noch bevor wir unsere Weide erreicht hatten, begann die Schießerei. Wir trieben das Vieh auf irgendeine nächstgelegene Wiese, etwa 500 m vor unserem Ziel, und wollten nach Hause zurück. Mein Onkel wohnte auf halbem Wege, hielt uns fest und schickte uns in seinen Erdbunker; keinesfalls dürften wir zu unserem Haus zurück. Die Schlacht war voll entbrannt!

Wir sahen, wie unser Haus, aber auch alle anderen Häuser auf dem Weg dorthin, in Flammen aufgingen. Erst am nächsten Vormittag versuchten wir, nach Hause zu gehen, wurden aber von englischen Soldaten angehalten und zurückgeschickt. Offensichtlich duldeten sie keine Kinder im Kampfgebiet.

Mittags aber hatte sich die Lage weiter beruhigt, und es gelang uns, zu unserem Haus zu kommen. Auf dem Weg dorthin sah ich mindestens fünf deutsche Soldaten, die noch leblos in ihren Löchern lagen, das Gewehr im Anschlag, als ob sie Voltlage immer noch verteidigen wollten. Wir wagten es kaum, uns ihnen zu nähern, weil sie immer noch gefährlich aussahen. Bei näherem Hinsehen entdeckten wir im Stahlhelm ein Loch. Sie waren alle gefallen.

Etwa 25 deutsche Soldaten wurden am nächsten Tage mit einem Leiterwagen aufgelesen und zu einem Massengrab neben der Kirche gebracht. Unser Pastor nahm ihnen die Erkennungsmarke und andere Gegenstände ab, wenn sie nicht schon von englischen Soldaten vorher eingesammelt worden waren.

Wir fanden nicht einen einzigen gefallenen englischen Soldaten; die Engländer transportierten ihre gefallenen Kameraden sofort zur rückwärtigen Truppe.

Zu Hause hatten alle das Haus verlassen und im Keller des Schmiedemeisters Göke Zuflucht gefunden. Beim Einrücken der Engländer mußten sie den Keller verlassen und zur Gartenseite an der Hauswand Aufstellung nehmen. Die Engländer waren so wütend auf uns, daß sie den Eindruck erzeugten, sie würden uns alle erschießen. Leider konnte niemand englisch, um ihnen klarzumachen, daß wir doch vollkommen unschuldige Leute seien.

Mein Vater machte einem englischen Soldaten verständlich, daß er gern zu seinem abgebrannten Haus wolle, um nachzusehen, ob noch etwas vom Vieh übriggeblieben sei. Schließlich gelang das, und der Engländer begleitete ihn mit einer Maschinenpistole im Anschlag.

Alles Vieh war verbrannt. Nur in einem Teil unseres Hauses, wo eine Betondecke eingezogen war, lebten noch einige Tiere. Beim Öffnen der Tür kam jedoch auch noch ein deutscher Offizier aus dem Rauch hervor, was meinen Vater fast das Leben gekostet hätte. Er wurde gleich verdächtigt, ihm Unterschlupf gewährt zu haben. Der Offizier ging ohne Gegenwehr in Gefangenschaft. Die Lage entspannte sich.

Die gefangenen Russen waren beim Wegbringen der Kühe auf's Moor geflohen und hatten meinen kleinen Bruder und mich mit dem Vieh alleingelassen. Nach Einzug der Engländer kamen sie nach einer gewissen Zeit zurück. Leider spielten sie sich dann mehr als nötig als Herren auf, wogegen wir nichts zu sagen wagten.

Dr. med. Wolf Berlin (Jahrgang 1924), heute in Hannover lebend, gehörte zu den Verteidigern. Sein Schützenloch befand sich unmittelbar vor den Häusern Voltlages rechts der Straße. Die Familie Sander hat noch heute Kontakt mit ihm. Zum 8.4.1985, genau 40 Jahre nach den Ereignissen, schrieb er an den Bürgermeister von Voltlage folgende Erinnerung:

Am heutigen Tage weilen meine Gedanken sehr in dem Ort Voltlage, und es würde mich schon interessieren, ob den Dorfbewohnern die Bedeutung dieses Tages noch bewußt ist.

Vor genau vierzig Jahren, am 8. April 1945, wurde das Dorf abends von den Engländern eingenommen. Ich war mit einer Gruppe eines Reserveoffizierslehrganges aus Bergen/Hohne zur Verteidigung eingeteilt worden; ich war Obergefreiter und 20 Jahre alt.

Da mein Leben teilweise recht abenteuerlich verlief, habe ich vor zwei Jahren für meine Enkel eine Autobiographie geschrieben, woraus ich die Ihr Dorf betreffenden Zeilen hier wiedergeben möchte:

..... Wieder hieß es „auf, weiter", und wir marschierten in Dreierreihen durch die Nacht.

Völlig übermüdet kamen wir durch Recke und trotteten nach Norden weiter. Ich schlief im Gehen ein und wunderte mich beim Erwachen, daß ich immer noch in der Kolonne marschierte. Nach Mitternacht erreichten wir das Dorf Voltlage. Dort sammelte sich der Rest des stark zusammengeschmolzenen Bataillons. In einem Bauernhof bekamen wir etwas zu essen und machten es uns dann völlig erschöpft auf ausgebreitetem Stroh bequem.

Vier Stunden später wurden wir wieder wachgerüttelt und in Gruppen eingeteilt. Meine Gruppe mußte sich am Südrand des Dorfes etwa 50 m von den ersten Gärten entfernt auf freiem Feld in verstreut liegenden Einzellöchern eingraben. Schon bei 60 Zentimetern Tiefe sickerte Grundwasser empor, sodaß wir uns nur in die Löcher hineinhocken konnten. In das aufgeworfene Erdreich vor mir baute ich das Eisenblatt meines Feldspatens hochkant ein, weil ich mir davon einen zusätzlichen Kugelschutz erhoffte.

Die Straße, über die wir nachts gekommen waren, lag jetzt zu unserer Rechten. Dort wurden Pappeln gesprengt, so daß sie quer über die Straße fielen, womit den feindlichen Panzern die Durchfahrt erschwert werden sollte.

Im Laufe des Vormittags ging der Artilleriebeschuß los, der sich dann immer mehr steigerte. Gegen Mittag lief ein Mann, dessen Furchtlosigkeit ich bewunderte, zwischen den Schützenlöchern umher und verteilte Verpflegung. Ich erhielt ein paar Äpfel und eine Dauerwurst.

Dann rückten die ersten englischen Panzer an und wurden von den Mutigsten von uns, die dicht an der Straße lagen, durch Panzerfäuste zerstört. Der Artilleriebeschuß wurde immer heftiger. Der Bauernhof hinter uns stand in Flammen, der Kirchturm mitten im Dorf wurde immer wieder von Granaten getroffen.

Nachmittags flogen Jagdbomber unsere Stellungen an, warfen ihre Bomben und schossen aus ihren Bordkanonen. Von meinen Kameraden rechts und links sah und hörte ich nichts mehr. Ich verkroch mich in die Erde und schwankte zwischen Lachen über den ganzen idiotischen Spuk und hoffnungsloser Verzweiflung. „Herr Gott, laß mich wenigstens noch drei Jahre leben!" murmelte ich vor mich hin.

Am Spätnachmittag fuhren die englischen Panzer zwischen unseren Löchern hindurch. Neben ihren Kanonen hatten sie Maschinengewehre montiert, die auf alles schossen, was sich irgendwo rührte.

Schließlich wurde es stiller. Das Dorf hinter mir brannte immer noch. Die Dämmerung kam, und ich überlegte, wie ich mich aus dieser ungemütlichen Gegend zurückziehen könnte. Da wurde mein Name gerufen.

Ich schaute vorsichtig aus meiner Deckung heraus und sah die Überlebenden meiner Gruppe mit erhobenen Händen aus ihren Schützenlöchern steigen, während englische Infanteristen, ihre Maschinenpistolen im Anschlag, auf uns zugelaufen kamen. Ich war entschlossen, meine Dauerwurst zu retten, und so nahm ich sie in die rechte Hand und hielt sie mit in die Höhe.

Einer der Gegner stürzte auf mich zu, riß mir den Stahlhelm über das Gesicht herunter und die Wurst aus meiner Hand. Beide rollten in den Acker. Dann öffnete er das Koppel, so daß der Brotbeutel mit der letzten Verpflegung, Seitengewehr und Gewehrmunition zu Boden fielen. Er langte nach meinem linken Handgelenk und riß die goldene Armbanduhr an sich, die ich einmal als Konfirmationsgeschenk bekommen hatte.

Ich suchte nach englischen Vokabeln, fand aber keine einzige, da ich in den letzten Jahren viel Französisch gesprochen hatte. Meine verzweifelte Zeichensprache ließ die Engländer dann aber doch verstehen, daß ich unbedingt meine schmerzende Blase entleeren mußte, und sie machten mir irgendwie ihre Einwilligung klar. .....

Dann mußten wir unsere Toten, Siebzehn- bis Achtzehnjährige, die ich kaum gekannt hatte, aus den Schützenlöchern ziehen und an den Straßenrand schleppen. Dabei wurde mir plötzlich bewußt, daß ich in den Taschen des Infanteriemantels, den ich über der Uniform trug, noch zwei belgische

Eierhandgranaten hatte, was meinen Siegern bei der ersten Leibesvisitation entgangen war.

Da ich mir nicht einbildete, mit diesen Dingern noch etwas Positives anstellen zu können und fürchtete, den Zorn meiner ohnehin nicht sehr freundlichen Gegner herauszufordern, machte ich heftige Zeichen mit meinen Zeigefingern in Richtung Manteltaschen, bis jemand begriff und mich die schwarzen, runden, mit tiefen Einschnitten versehenen Eisengranaten zutage fördern ließ.

Dann mußten wir uns mit hinter dem Kopf verschränkten Armen an der Straße aufstellen: Zwanzig bis dreißig Mann, der Rest eines Bataillons, dessen Kommandeur, wie wir später erfuhren, auch im Dorf gefallen war.

Im Schnellschritt ging es den Weg zurück, den wir die Nacht zuvor gekommen waren, während unsere Bewacher neben uns mit den Gewehren in die Luft schossen.

Wir waren unendlich müde, völlig erschöpft und ausgehungert, so daß für Angst kein Raum mehr war. Aber wundern konnten wir uns noch über die zahlreichen Panzer und Artilleriegeschütze, die rechts und links der Straße aufgefahren waren. Welch' eine Übermacht! Ein Sonntag ging zu Ende. Es war der 8. April 1945."

Die Familie Reinermann hat folgenden Text aufbewahrt:

Zu dieser Zeit geriet der alliierte Vorstoß noch einmal ins Stocken, als die Truppen bei Recke auf den Mittellandkanal stießen, dessen Brücken einige Tage zuvor von einer SS-Einheit gesprengt worden waren.

Während die Engländer am Kanal vor einem scheinbar unüberwindlichem Hindernis standen, richteten sich in Voltlage einige verbissene Soldaten auf den bevorstehenden Kampf ein.

Das frühere Massengrab neben der Kirche in Voltlage.
Einige Angehörige holten später ihre Gefallenen ab, sie zu ihren Heimatorten umzubetten. Etwa ein Jahr nach Ende des Krieges wurden die übrigen zur Kriegsgräberstätte in Fürstenau gebracht.
(Bild 192, von Familie Sander, Voltlage, erhalten)

Im Voltlager Kirchturm wurde in 30 m Höhe eine MG-Stellung untergebracht. Von dort war ein Überblick über das gesamte Dorf möglich, was sich später für viele britische Infanteristen als verhängnisvoll erwies.

Die englischen Truppen bei Recke hatten inzwischen in einer Blitzaktion eine Brücke über den Kanal geschlagen, deren Stahlkonstruktion noch heute der Brücke den nötigen Halt bietet. (Anm.: Eine „Tommy-Brücke")

Anschließend versuchten die Briten, einen Ring um Voltlage zu bilden, was aber schließlich wegen der Moor- und Sumpflandschaft scheiterte (ein Panzer versackte). .....

Auch die Soldaten oben im Kirchturm kamen in das Massengrab neben der Kirche.

Militärberichte
10

Tagebücher des „King's Royal Rifle Corps" und der 44. „Royal Tanks"

Am Mittwoch nach Ostern, dem 4. April 1945, bekam die 4. Panzerbrigade bekanntlich den Befehl, über Dreierwalde, Spelle, Schapen, Schale, Engelern und Merzen bis nach Ankum vorzustoßen. An der Spitze dieses Vorstoßes sollte das 2. Bataillon des „King's Royal Rifle Corps" stehen, unterstützt durch die 44. „Royal Tanks". Hier die Tagebücher des 2. „KRRC":

4. April 1945 (Mittwoch)

Der Tag wurde damit verbracht, in Verbindung mit der 155. Brigade, die einen Brückenkopf über den Dortmund-Ems-Kanal gebildet hatte, Spähtrupptätigkeiten durchzuführen. Nach Plan sollte die 52. Division entlang der Hauptstraße nach Dreierwalde vorrücken, während die 4. Panzerbrigade den Vorstoß auszuweiten hatte und das Gebiet der im Nordwesten befindlichen Quakenbrücker Eisenbahn und jenseits davon einnehmen sollte. (Anm.: Es handelt sich also um das Gebiet der Haarstraße). Für die Kanalüberquerung durch das Bataillon ergab es allerdings eine zeitliche Verzögerung; nur einem Zug Schützenpanzer und dem kommandierende Offizier wurde in der Frühe des nächsten

```
4    The day was spent in making recces and liaising with
     155 Bde who had a bridgehead over the DORTMUND-EMS
     Canal E of RHEINE. The plan was that while 52 Div
     were to exploit up the main road to DREIERWALDE V8415,
     4 Armd Bde were to widen the thrust and clear up to
     the rly to the NW and beyond it. There was to be delay
     in the turn of crossing for the Bn and only a Carrier
     Pl and the CO were to be allowed over early, the fol-
     lowing morning.    The rest were to come over about
     1000 hrs.   Meanwhile the Bn concentrated S of RHEINE.
```

Tagebuch des 2. „KRRC" vom 4. April 1945
(Bild 195, Public Record Office, London)

```
5      0800  The CO and IO moved over with the Carrier Pl of C Coy
             to make contact with the tps of the Bn holding the
             bridgehead.  52 Div had already achieved considerable
             success in pushing up the main rd as far as HOPSTEN
             V9020 and everything round the bridgehead was quiet.
             Resistance on the left flank was patchy and C Coy
             Carrier Pl were able to secure all the Bn's objectives.
             When the Bn did arrive they pushed forward to their
             final objectives, and consolidated with the prize of
             about 50 PW.  They were now in a position well W of the
             rly and the left flank was extremely secure.  The enemy
             belonged to the Grosse Deutschland Training Regiment, and
             were very high quality troops.  The Bn that night remain-
             ed in this area facing North-West.
             At nightfall it was clear that the enemy were holding the
             line of the HOPSTENER AA to the N in considerable strength.
```

Tagebuch des 2. „KRRC" vom 5. April 1945
(Bild 196, Public Record Office, London)

Morgens die Überquerung gestattet. Der Rest sollte um 10.00 Uhr nachkommen. Inzwischen konzentrierte sich das Bataillon südlich von Rheine.

5.April 1945 (Donnerstag)

Um 8.00 Uhr überquerten der kommandierende Offizier und sein Vertreter zusammen mit einem Zug Schützenpanzer den Kanal. Sie trafen dort auf die Truppen des Bataillons, welches den Brückenkopf hielt. Die 52. Division hatte schon auf dem Vormarsch Richtung Hopsten beträchtliche Erfolge erzielt. Rund um den Brückenkopf herum war alles ruhig. Es gab nur vereinzelten Widerstand auf der linken Flanke. Dem Schützenpanzerzug der C-Kompanie gelang es, das Zielgebiet des Bataillons abzusichern. Sofort nach Ankunft des Bataillons stieß es zu den endgültigen Zielgebieten (Anm.: In der Gegend der Haarstraße) *vor, nahm 50 deutsche Gefangene und grub sich ein. Das Bataillon war nun direkt westlich der Quakenbrücker Bahnlinie positioniert, und die linke Flanke war dadurch absolut sicher. Der Feind gehörte dem Ausbildungsregiment „Großdeutschland"* (Anm.: II. Bataillon Regiment Wackernagel, Hauptmann Goeldel) *an, einer hochqualifizierten Truppe. Das Bataillon verblieb während der Nacht in dieser Gegend, Frontrichtung Nordwest* (Anm.: Also Richtung Venhaus).

Bei Einbruch der Dunkelheit war uns klar, daß der Feind die Linie Hopstener Aa - Speller Aa in beträchtlicher Stärke hielt.

6. April 1945 (Freitag)

Die 4. Panzerbrigade hatte nun den Befehl, die Angriffsrichtung zu ändern und den Vormarsch Richtung Schapen zu versuchen. Der Wegezustand der Angriffslinien für diesen neuen Angriff war entsetzlich. Es gab eine Menge Drecklöcher. Die Brücken waren gesprengt. Trotzdem rückte die B-Kompanie vor, erkämpfte sich einen Übergang über die Hopstener Aa und bildete einen Brückenkopf (Anm.: Bekanntlich im Gebiet der Dosenbrücke). Dieser Vorstoß war sehr erfolgreich, wobei die B-Kompanie 50 Gefangene des Regimentes „Großdeutschland" einkassierte. Der Brückenkopf wurde verstärkt. Wegen der schlechten Bodenverhältnisse konnte jedoch weder eine Brücke gelegt

```
6           The Bde now had  orders to try and turn this line by advan-
            cing on SCHAPEN V8723. The CLs for this new attack were ap-
            palling and there were a lot of cratered rds and blown
            bridges.   Despite this, however, B Coy moved off to force
            a crossing over the  river, and form a bridge-
            head the other side.  This was done most suc-
            cessfully, and B Coy collected 50 PW from the
            Grosse Deutschland Training Regiment. The bridge-
            head was forced, but for ground reasons a bridge
            could not be constructed, nor could the CL be used
            any longer.  Eventually it was decided that the
            left flank was not suitable for armour, and at
    1500    1500 hrs the 44 R Tks and 2 KRRC were redirected up
            the main rd through HOPSTEN V9120 to HALVERDE V9524.
            The early stages of the battle were easy, though the
            column was subjected to a certain amount of sporadic
            shell fire. However by the time the Group were ready
            to advance on the final objective it was already dark
            and the final phase involved a night advance down the
            main rd through enemy-held country. C Coy and A Sqn
            led, and by driving with a great deal of boldness they
            pulverised the enemy into complete inactivity and got
            onto their objective without any opposition. There they
            surprised and surrounded a house containing 5 officers
            and 60 ORs and killed or captured them to a man.  The
            Bn then consolidated in HALVERDE and got down to some
            sleep at about 0300 hrs.
```

Tagebuch des 2. „KRRC" vom 6. April 1945
(Bild 197, Public Record Office, London)

> 7   0700   The CLY and a Bn of 52 Div passed through to continue the advance to ANKUM W0938. The Bn were to follow up, but again cratered rds and blown bridges delayed proceedings, and the Bn were halted some 3 miles S of VOLTAGE W0026 and got ready to advance to NEUENKIRCHEN W0724, further to the NE the next day. Throughout the advance armoured thrusts had been directed further and further East where resistance seemed to get weaker.

Tagebuch des 2. „KRRC" vom 7. April 1945 (Samstag)
(Bild 198, Public Record Office, London)

noch konnten die Wege weiter als Hauptangriffsachse benutzt werden.

Schließlich wurde entschieden, daß die linke Flanke für Panzer ungeeignet sei. Um 15.00 Uhr wurden die Panzer der 44. „Royal Tanks" zurückbeordert zur Hauptstraße durch Hopsten nach Halverde. (Anm.: Inzwischen waren kurz vorher die beiden Panzer bei der Molkerei

> 8   At first light the Bn did a wide sweep to the right and began to use as the CL the main rd leading due N to NEUENKIRCHEN W0724. The CL was the one that 52 Recce Regt were on, but they were unable to prevent the enemy cratering the rd at 058207. This cratering of the rd delayed the advance, but did not prevent A Coy carriers who were trying to find a way round to the left, from having considerable success with their Vickers K Guns. As soon as the rd was repaired, A Coy and C Sqn moved up the left rd to NEUENKIRCHEN, while B Coy and B Sqn of 44 R Tks veered off to the right and moved on NEUENKIRCHEN by way of BÜHNER 077228. Throughout the day opposition from small arms and bazookas was heavy, with the HANOVER OCTU offering fanatical resistance, but both companies and squadrons fought their way forward with great dash, and by means of using all available rds and leapfrogging Pls and Tps, managed to carry out a number of encircling movements and caused very great destruction on the enemy. Before last light NEUENKIRCHEN was ours, the bn had inflicted heavy losses in killed and wounded on the enemy, and had captured over 300 PW of the German OCTU, including one whole Coy with its Coy Commander and all its officers and NCOs. The Bn itself had suffered about 10 casualties, which was not extensive considering the closeness and fierceness of the fighting. That night C Coy and A Sqn joined the Bn in NEUENKIRCHEN and the

Tagebuch des 2. „KRRC" vom 8. April 1945 (Weißer Sonntag)
(Bild 199, Public Record Office, London)

abgeschossen worden!).

Zu Anfang erfolgte dieser Angriff ohne Schwierigkeiten, obwohl die Kolonne immer wieder unter sporadischem Artilleriebeschuß lag. Leider wurde es schon dunkel, bevor die Gruppe das letzte Stück ihres Vormarsches begann. So befuhren wir in der Dunkelheit die Hauptstraße durch ein Gebiet, welches noch vom Feind besetzt war.

Die C-Kompanie und die A-Squadron führten. Durch ein erhebliches Maß an Kühnheit zerstreuten sie den Feind und versetzten ihn in totale Inaktivität. So erreichten sie ihr Ziel ohne nennenswerten Widerstand. Dort überraschend angekommen, umzingelten sie ein Haus, in dem sich fünf Offiziere und 60 Mannschaften befanden. Sie wurden alle getötet oder gefangengenommen.

Das Bataillon sammelte sich in Halverde und konnte sich um 3.00 nachts etwas Schlaf gönnen.

Weil bei der Dosenbrücke die Wege zu schlecht und zwei Panzer bei der Molkerei abgeschossen waren, versuchten es die Briten, durch das schon eroberte Hopsten Richtung Halverde weiterzukommen.
(Bilder 200 und 201, Imperial War Museum, London)

7. April 1945 (Samstag)

Um 7.00 Uhr morgens zogen die „County of London Yeomanry" (die „Sharpshooters", ein Panzerbataillon) und ein Bataillon der 52. Division an uns vorbei, um den Vormarsch nach Ankum fortzusetzen. Unser Bataillon sollte nachfolgen, aber wieder behinderten Straßenlöcher und gesprengte Brücken unser Vorankommen. Das Bataillon wurde etwa 5 km südlich von Voltlage aufgehalten, machte sich aber bereit, am nächsten Morgen weiter nach Neuenkirchen vorzudringen. Generell wurden die gepanzerten Einheiten mehr und mehr nach Osten dirigiert, weil dort der Widerstand schwächer zu sein schien.

8. April 1945 (Weißer Sonntag)

Bei Tagesanbruch schwenkten wir weit nach rechts aus, um als Angriffsachse die strikt nach Norden führende Straße nach Neuenkirchen zu benutzen. Auf der Straße befand sich schon das Spähtruppregiment der 52. Division, aber es konnte nicht verhindern, daß der Feind die Straße noch schnell sprengte. .....

Tagebuch-Übersichtsblatt der 44. „Royal Tanks". Für den 6. April sind zwei Tanks als Verlust eingetragen, ferner sieben Mannschaften. Man beachte aber auch, daß am Tag darauf die vorherige Zahl von 57 Tanks wieder aufgefüllt war.

(Bild 202, Public Record Office, London)

```
                                                                    Army Form C.2118.
                          WAR DIARY              44th Bn. Royal Tank Regiment.
                               or             Unit......................................
                       INTELLIGENCE SUMMARY
       APRIL 1945      (Delete heading not required)    Commanding Officer Lt Col. Hopkinson G C
Month and Year                                                       D.S.O. M.C.
```

Place	Date	Hour	Summary of Events and Information	References to Appendices
	5	1240	Ordered to send recce parties to Brigade HQ to receive fresh instructions.	
		1417	Informed by Brigade that there was no probable move before 1600 hrs and then parties were to move independtly as there had been delay in erecting the bridge over the canal. The Brigade Commander did not consider it necessary for more than one squadron to support the 2nd/60th and go across the canal	
		1445	C Sqn Commander to report to 156 Bde to meet and liase with CO 2nd/60th KRRC	
		1600	Battalion commenced to move and to concentrate in area 7608 W of RHEINE	
		1608	Informed by Brigade that operation will not commence until first light on the 6th.	
763082		1800	BHQ location. Squadrons concentrated in area 7608	
		2100	CO goes to conference at Brigade. No move until 0800 hrs on 6th	
763082	6	0905	C Squadron ordered to move with 2nd/60th KRRC but this was not likely to take place before 1000 hrs.	
			Recce patrol, attached to C Squadron, was ordered forward to report on the state of the roads running NW from 833119 to 837129	
		1000	Recce patrol report that the road at 831132 is unsuitable for half-tracks and wheels	
		1040	2nd/60th KRRC commence to move	
		1050	2nd/60th KRRC report that one platoon of carriers was in woods at 812143 and another almost in 808145	
		1055	In view of these reports from 2nd/60th it was decided to redirect the Recce patrols. Accordingly one patrol was to recce route NW from 837149 - railway crossing at 816168,	

Tagebuch der 44. „Royal Tanks"
(Bild 203, Public Record Office, London)

Die nun folgenden Tagebücher der 44. „Royal Tanks" beschäftigen sich genauer und intensiver mit den Vorgängen in Spelle. Hier die Übersetzung:

5. April 1945 (Donnerstag)

12.40 Uhr. Die Spähtruppabteilungen wurden zum Brigadegefechtsstand beordert, neue Instruktionen zu empfangen.
14.17 Uhr. Wir wurden darüber informiert, daß wahrscheinlich vor 16.00 Uhr kein Ausrücken erfolgen könne, danach dann auch nur einige Truppenteile unabhängig voneinander, weil bei der Fertigstellung der Brücke über den Dortmund-Ems-Kanal in Altenrheine eine Verzögerung eingetreten sei. Der Brigadenkommandeur (Anm.: Brigadier Carver) hielte es auch nicht für nötig, daß mehr als eine Squadron Panzer zur Unterstützung des 2. „KRRC" den Kanal überqueren müsse.
16.00 Uhr. Das Bataillon rückte aus, um sich in Wadelheim zu sammeln.
18.00 Uhr. Gefechtsstand in Wadelheim. Die Squadrons sammeln sich in Wadelheim.

Tagebuch der 44. „Royal Tanks"
(Bild 204, Public Record Office, London)

21.00 Uhr. Der Kommandeur geht zu einer Konferenz zum Brigadegefechtsstand in Rothenberge. Kein Abrücken vor 6.00 Uhr am nächsten Morgen.

6. April 1945 (Freitag)

9.05 Uhr. Der C-Squadron wurde befohlen, mit dem 2. „KRRC" zu gehen, das würde aber wahrscheinlich nicht vor 10.00 Uhr möglich sein. Eine Spähtruppeinheit, der C-Squadron zugeordnet, wurde vorangeschickt, den Zustand der Wege hinter der Kanalbrücke querfeldein in Richtung Spelle zu erkunden.

10.00 Uhr. Der Spähtrupp berichtet, daß der Weg auf halbem Weg nach Dreierwalde links abbiegend für Halb-Kettenfahrzeuge und für Räder-Fahrzeuge unbrauchbar sei (Anm.: Also nur Kettenfahrzeuge möglich).

10.40 Uhr. Das 2. Bataillon „KRRC" marschiert ab.

10.50 Uhr. Das 2. „KRRC" meldet, daß ein Zug unserer Schützenpanzer an der Haarstraße angekommen sei.

10.55 Uhr. Angesichts dieser Meldung des 2. „KRRC" wurden die Spähtruppeinheiten umgeleitet. Dementsprechend wurde eine erste

Einheit Richtung Portlandstraße, eine zweite Richtung Löchteweg und eine dritte zur Dreierwalder Straße geschickt.

11.20 Uhr. Die erste Spähtruppeinheit meldet, daß die Portlandstraße für höchstens sechs Panzer passierbar sei.

12.10 Uhr. Die zweite Spähtruppeinheit meldet, daß der Löchteweg sowohl für Räderfahrzeuge als auch für Tanks bis zum Bahnübergang passierbar sei.

12.15 Uhr. Alle Spähtrupps melden, daß sämtliche Brücken bis zur Bahnlinie intakt seien.

12.16 Uhr. Der Bataillonsgefechtsstand befindet sich in der Gegend Hopster in Altenrheine.

12.20 Uhr. Die C-Squadron rückt mit dem 2. „KRRC" über den Bahnübergang Portlandstraße Richtung Venhaus vor.

12.25 Uhr. Die dritte Spähtruppeinheit meldet MG-Feuer aus dem Buschwerk neben der Eisenbahn, (Anm.: Wo sich heute die Maschinenfabrik Krone befindet). *Das Feuer wurde erwidert.*

Mittlerweile hat die zweite Einheit den Bahnübergang Löchteweg erreicht, ihn überquert, rechts abgeschwenkt und ist an beiden Seiten der Bahn nordöstlich vorgerückt.

Bei der Straßeneinmündung Dreierwalder-Str. / Bernard-Krone-Str. angelangt, entstieg der Panzerkommandant Sergant Kinghorn seinem Panzer, um zu Fuß die Aa-Brücke (Anm.: Bei Bauer) *zu inspizieren. Er wurde von der Gegend der Brücke her mit einem MG beschossen und an der Hand verwundet. Er kehrte zu seinem Panzer zurück, wendete ihn und suchte hinter der alten Molkerei Schutz. Indem er dieses tat, wurde der nächste Tank durch eine Panzerfaust abgeschossen, ein verbliebener Panzer blieb jedoch, um zu beobachten.*

Die erste Spähtruppeinheit (Anm.: Portlandstraße) *hatte ebenfalls die Bahnlinie überquert, sich der zweiten angeschlossen und sie abgelöst. Der zweiten Einheit wurde dann befohlen, mit den Verwundeten* (ein Sergant und ein Soldat) *zurückzukehren. Mit vollem Tempo kehrte man entlang der Dreierwalder Straße zurück und erreichte sicher den Gefechtsstand.*

Inzwischen wurde die dritte Einheit (Anm.: Dreierwalder-Str.) *gezwungen, sich wegen gezielten MG- und Granatwerferfeuers leicht zurückzuziehen*

12.30 Uhr. Schweres Artilleriefeuer mit Nebelgranaten auf das Gebiet der Aa-Brücke.

Tagebuch der 44. „Royal Tanks"
(Bild 205, Public Record Office, London)

12.32 Uhr. Ein 8,8 cm -Geschütz jenseits der Aa wurde gemeldet.

12.35 Uhr. Die erste Einheit verlor einen Panzer in der Gegend der Molkerei, die restlichen Tanks wurden zurückbeordert.

12.40 Uhr. Die dritte Spähtruppeinheit befindet sich auf der Dreierwalder Straße auf halbem Weg nach Dreierwalde.

13.00 Uhr. Die B-Kompanie meldet, daß sie in Altenrheine den Kanal überquert habe.

13.25 Uhr. Der Gefechtsstand befindet sich in Lütkenfelde

13.30 Uhr. Die dritte Spähtruppeinheit macht sechs Gefangene, vier davon vom Volkssturm.

14.00 Uhr. Die B-Kompanie des 2. „KRRC" und die C-Squadron haben zu dieser Zeit die Eisenbahnlinie erreicht und dringen Richtung Speller Bahnhof vor.

14.10 Uhr. Der B-Kompanie wurde befohlen, die Bahn an der Portlandstraße zu überqueren, aber nur teilweise. Sie soll die rechte Flanke Richtung Löchteweg beobachten, damit der Feind nicht entlang der Eisenbahnlinie von Nordosten her vordringen könne.

			WAR DIARY or INTELLIGENCE SUMMARY (Delete heading not required).	Army Form C. 2118. Unit 44th Bn. Royal Tank Regiment Commanding Officer Lt. Col. Hopkinson D C	
Month and Year APRIL 1945					
Place	Date	Hour	Summary of Events and Information	References to Appendices	
	6		area and support their advance forward to establish themselves astride the railway at 822193		
		1606	A Company carriers were at the edge of woods area 811168. C Company carriers were patrolling to 816168-803172		
833150		1620	RHQ location		
836159		1621	B Squadron HQ location		
826157		1625	C Squadron HQ location		
836149		1710	A Squadron HQ location		
836159		1720	B Squadron commenced to filter forward on their parallel axis		
		1900	until at 1900 hrs A Company of KOSB's were at T junction (with 3 troop) 827152 whilst 5 troop with B Company had reached railway at 819174. It was not possible for 5 troop to proceed North with the infantry so they returned to the wood at 821174 and supported both B and D Companies who were moving North up the railway		
821174		1950	B Squadron HQ location		
		2014	B and D Companies supported by 5 troop reached buildings at 822183 without opposition. 5 troop could only reach buildings at 821177 where they remained in support. A Company with 3 troop had patrolled forward and made contact with B and D Companies. During this time the whole area was under shell and mortar fire from a heavy calibre gun. 3 troop engaged some enemy MG posts in area 826185 and finally silenced them. Four PW were taken by B Sqn, the remainder all being taken by KOSB's.		
		2150	Brs at 826185, 822184 and 817183 all blown.		

Tagebuch der 44. „Royal Tanks"
(Bild 206, Public Record Office, London)

14.12 Uhr. Die C-Squadron berichtet, daß die B-Kompanie viele Gefangene mache, die sich in der Gegend des Speller Bahnhofes ergäben.
14.15 Uhr. Der Kommandeur beordert die Spähtrupps weiter vorwärts.
14.20 Uhr. Die B-Squadron wurde vorwärts nach Dreierwalde befohlen, von dort in die Gegend Knüven zu fahren, um sich dann der dritten Panzerspäheinheit an der Dreierwalder Straße anzuschließen und diese Gegend zu verstärken.
14.40 Uhr. Ein Troop (Anm.: Vier Panzer) *der C-Squadron befindet sich am Bahnübergang Portlandstraße.*
14.45 Uhr. Eine Einheit des 2. „KRRC" erreicht das Gebiet der Haarstraße.
14.48 Uhr. Der dritte Troop der B-Squadron schloß sich der dritten Spähtruppeinheit an und hält Ausschau nach den Kameraden der „KOSB", die um etwa 18.00 Uhr eintreffen sollen. Die „KOSB" haben Befehl, das Gelände hinter der heutigen Fabrik Krone zu beziehen. Die B-Squadron haben in dieser Gegend auf sie zu warten und ihr Vorrücken auf das Gebiet des Speller Bahnhofes zu unterstützen.

16.06 Uhr. Die Schützenpanzer der A-Kompanie sind an der Waldecke bei Löcken und Huesmann, diejenigen der C-Kompanie an der Schützenstraße in Venhaus.
16.20 Uhr. Der Bataillons-Gefechtsstand ist in Dreierwalde /Knüven.
16.21 Uhr. Gefechtsstand der B-Squadron ist bei Löchte /Dreierwalde.
16.25 Uhr. Gefechtsstand der C-Squadron ist an der Portlandstraße.
17.10 Uhr. Gefechtsstand der A-Squadron ist in Dreierwalde /Knüven.
17.20 Uhr. Die B-Squadron begann, sich entlang Löchteweg und Dreierwalder Straße langsam bis zur Aa-Brücke an der Dreierwalder Straße vorzuarbeiten (mit dem 3. Troop, also etwa 4 Panzern), während der 5. Panzertroop um 19.00 Uhr den Bahnübergang Löchteweg beim Haus Heinrich Fleege erreichte.
Es war dem 5. Panzertroop nicht möglich, mit der Infanterie weiter nach Norden Richtung Speller Bahnhof vorzudringen. Er kehrte zum Waldgebiet hinter dem Haus Fleege zurück und unterstützte dann die B- und D-Kompanien. Gemeinsam kämpften sie sich dann an der Bahn entlang nordwärts vor.
19.50 Uhr. Der Gefechtsstand der B-Squadron wird im Haus Heinrich Fleege eingerichtet.
20.14 Uhr. Die B- und D-Kompanien, unterstützt durch den 5. Panzertroop, erreichten ohne Widerstand die Häuser bei Krone und bei der Molkerei. Der 5. Panzertroop konnte allerdings nur bis Breuckmann und zum Bahnhof vordringen, wo er zur Unterstützung verblieb. (Anm.: Bei Göke jenseits der Aa wurde ja noch der gefürchtete Tiger-Panzer vermutet). Die A-Kompanie mit dem 3. Panzertroop hatte sich entlang der Dreierwalder Straße vorgekämpft und traf an der Molkerei mit den B- und D-Kompanien zusammen.
Während dieser Zeit stand das ganze Gebiet dauernd unter Granatwerfer- und Artilleriefeuer schweren Kalibers (Anm.: Vom Ortsteil England her). Der 3. Panzertroop bekämpfte einige MG-Nester im Gebiet jenseits der Aa beim Bauern Senker und brachte sie zum Schweigen. Vier Gefangene wurden durch die B-Squadron gemacht, der Rest durch die Soldaten der 5. „KOSB".

Hier sei das Tagebuch der 44. „Royal Tanks" für einige Erläuterungen kurz unterbrochen:

Das 2. „KRRC" („King's Royal Rifle Corps") war inzwischen Richtung Hopsten beordert worden. Die 5. „KOSB" („King's Own Scottish

Borderers") hatten sie abgelöst. Schon am nächsten Tag, Samstag mittag, wurden sie wiederum durch die 6. „RWF" („Royal Welch Fusiliers") abgelöst; eine laufende Ablöserei, wie früher schon geschildert.

Frau Emma Thale, geb. Fleege, damals 17 Jahre alt, schildert die Besetzung des Hauses:

Am Freitagnachmittag standen plötzlich viele Panzer vor unserem Haus, noch mehr hinter dem Altenrheiner Bruchkanal, 100 m von unserem Haus entfernt. Der ganze Wald war ebenfalls mit Soldaten und Fahrzeugen belegt. Meine Mutter war mit uns Kindern allein zuhaus, weil mein Vater bei der Eisenbahn dienstverpflichtet war. Die Soldaten besetzten unser Haus, wir mußten alle Türen öffnen und versichern, daß es hier keine deutschen Soldaten mehr gäbe. Ein Offizier sprach etwas deutsch und gab uns zu verstehen, daß wir sofort das Haus zu verlassen hätten; es läge unmittelbar im Kampfgebiet, außerdem müsse man hier den Gefechtsstand einrichten.

Solche Shermann-Panzer besetzten auch den Speller Bahnhof. Hier bei der Durchfahrt durch Hopsten.
(Bilder 207 und 208, Imperial War Museum, London)

Die Briten benahmen sich äußerst korrekt, und die Sorge meiner Mutter um ihre jungen Töchter war unnötig. Wir sollten sagen, wohin wir wollten, man würde uns mit einem Schützenpanzer wegtransportieren.

Mein Bruder Hubert, damals 13 Jahre alt, war noch mit dem Fahrad ins Dorf gefahren, um von Bekannten Eier zu holen. Er konnte bei seiner Rückkehr nicht ahnen, daß wir inzwischen besetzt waren. Er hatte unwissentlich die Front durchquert. Sofort am Bahnübergang wurde er angehalten, man schoß ein paar Warnschüsse in die Luft. Nachdem man ihn zunächst als kleinen Spion verdächtigt hatte, wurde er ausgefragt, wo denn die deutschen Soldaten seien usw.

Das Haus Fleege am Löchteweg, wie es damals aussah. Alle mußten das Haus kurzfristig verlassen und wurden mit einem Schützenpanzer nach Dreierwalde gebracht. Die 44. „Royal Tanks" und die 6. „RWF" richteten hier ihren Gefechtsstand ein.
(Bild 209, von Familie Heinrich Fleege erhalten)

Seine Auskunft konnte sicher nicht erschöpfend sein, und er wurde freigelassen. Inzwischen hatten wir uns überlegt, daß wir am besten zu unseren Verwandten in Dreierwalde /Kahlenborg gehen könnten. Wir teilten das mit, und sofort kam ein Schützenpanzer vorgefahren, in den wir alle einstiegen. Er fuhr durch die Feldwege Richtung Dreierwalde und geriet in Schwierigkeiten, als er die neu verlegte Tommy-Brücke über die Aa benutzen wollte: Der englische Militärpolizist ließ nur Militärfahrzeuge passieren. Auf unserem Fahrzeug hatte er uns Zivilisten entdeckt. Nach längeren Verhandlungen unseres „Fahrers" klappte es dann schließlich. Wir wurden bei unseren Verwandten vor der Haustür abgesetzt.

Wir blieben dort bis nach Weißen Sonntag, bis in Spelle die Gefahr vorbei war. Zurückgekehrt fanden wir ein total verwüstetes Haus vor, die Truppen hatten gehaust wie die Vandalen. Die Einmachgläser waren geöffnet, Eier gebraten, Töpfe und Pfannen benutzt, alles ohne eine Spur von Reinigung, die Möbel standen durcheinander, Geschirr und Wäsche lag herum. Eine „Grundreinigung" war fällig.

Inzwischen erfuhren wir, daß man Franz Breuckmann sen. in unserem Haus verhört hatte. Er hatte sich große Sorgen gemacht, wo wir denn alle wohl geblieben wären.

Über feste Straßen kam man besser voran als durch die Dreckwege mit großen Schlaglöchern und weichem Boden westlich von Hopsten.
(Bilder 210 und 211, Imperial War Museum, London)

Auch im Haus Krone und in der Wohnung Lügermann sah es entsprechend aus. Frau Änne Lügermann, geb. Krone, berichtet, daß man sogar die Aussteuerwäsche, Mitgift und Stolz jeder jungen Hausfrau, aus den Wäscheschränken gezerrt habe, um damit die schmutzigen Panzer zu putzen.

Aber die deutschen Soldaten verhielten sich genauso. Hubert Schwis, hinter der Bahn, mußte auf deutscher Seite ebenfalls das Haus räumen. Er

Tagebuch der 44. „Royal Tanks"
(Bild 212, Rublic Record Office, London)

beschreibt den Zustand nach der Rückkehr aus dem Keller bei Theising genau entsprechend.

Übrigens blieb das Haus Fleege am Samstag trotz Wegzug der 44. „Royal Tanks" weiterhin Gefechtsstand: Die 6. „RWF", welche die 5. „KOSB" ablösten, übernahmen ihn und blieben dort bis zum Weißen Sonntag nach der Eroberung des Speller Dorfes.

Nun zurück zu den Tagebüchern der 44. „Royal Tanks":

21.50 Uhr. Die Eisenbahnbrücke, die Aa-Brücke an der Bernard-Krone-Straße und die Kampelbrücke werden als gesprengt gemeldet.

22.00 Uhr. Die Panzer-Squadrons bleiben in der Nacht zum Samstag auf ihren gegenwärtigen Positionen.

7. April 1945 (Samstag)

5.30 Uhr. Spähtruppbericht der „KOSB": Die Kampelbrücke ist noch intakt und für leichte Fahrzeuge passierbar. In der unmittelbaren

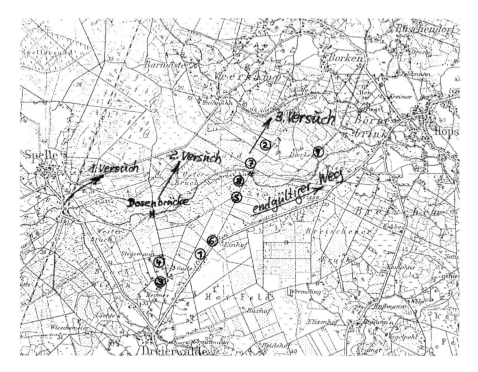

Der letzte Versuch, über die heute nicht mehr vorhandene „Trogbahn-Brücke" über die Hopstener Aa nach Schapen/Veerkamp zu gelangen. Die 9 Punkte sind Referenzpunkte des Tagebuch-Textes. (Meßtischblatt aus dem Jahre 1941)
(Bild 213)

Umgebung hat sich der Feind eingegraben. Die Aa-Brücke an der Bernard-Krone-Straße ist gesprengt und durch Feuer leichter Waffen eingedeckt, die Eisenbahnbrücke ebenfalls gesprengt, die kleine Brücke über den Altenrheiner Bruchkanal im Zuge der Dreierwalder Straße aber intakt.

6.50 Uhr. Die dritte Spähtruppeinheit meldet feindliche Infanterie im Gebiet des heutigen Aussiedlerhofes Schütte.

Für die nun folgenden Ortsangaben eignet sich besser das Meßtischblatt, Stand 1941, oben in Bild 213. Die Bezugspunkte sind nummeriert. Das Tagebuch beschreibt die vergeblichen Versuche, auf der Angriffsachse, westlich von Hopsten, Richtung Schapen, weiter vorzudringen, nachdem man in Spelle und bei der Dosenbrücke gescheitert war:

7.48 Uhr. Der A-Squadron (Anm.: Sie befand sich noch im Knüven) *wurde befohlen, sich mit der B-Kompanier des 2. „KRRC" im Punkt 1 zu treffen.*

7.50 Uhr. Die B-Panzersquadron (Anm.: Sie befand sich in der Gegend Brüggemann an der Aa) *erhielt Befehl, anzuhalten und mit den 5. „KOSB" bis zur Ablösung vereint zu bleiben. Der Vorstoß nach Nordwesten direkt zur Schapener Straße wurde gestoppt* (Anm.: Ende der Aktion „Dosenbrücke", des 2. Versuchs). *Es wird beabsichtigt, lieber mit den 2. „KRRC" nach Nordosten bis zum Punkt 2 vorzustoßen.*

8.10 Uhr. Der C-Panzersquadron wurde befohlen, sobald die Ablösung eingetroffen sei, zum Punkt 3 zu ziehen, ein Panzertroop sei in Punkt 4 zu plazieren.

8.45 Uhr. Standort der A-Panzersquadron ist Punkt 1.

9.08 Uhr. Der 3. Panzertroop der B-Squadron beschießt das Haus des Bauern Senker und Viehställe in dieser Gegend, weil Bewegungen gesehen worden sind.

9.10 Uhr. Die C-Panzersquadron setzt sich in Bewegung, nachdem die Ablösung eingetroffen ist (Anm.: Die Ablösung bestand aus den Panzern der 3/4 „County of London Yeomanry", den „Sharpshooters").

10.00 Uhr. Der Gefechtsstand der B-Panzersquadron befindet sich in Dreierwalde/Knüven.

10.45 Uhr. Der Bataillonsgefechtsstand befindet sich im Punkt 1.

11.00 Uhr. Der 3. Panzertroop der A-Squadron und ein Zug Infanterie rücken auf den Punkt 5 vor, der Rest der Squadron bleibt im Punkt 6. Der 4. Troop und ein anderer Zug Infanterie bereiten sich darauf vor, den Punkt 6 sofort nach Eroberung durch den 3. Troop zu übernehmen.

12.00 Uhr. Die B-Squadron (Anm.: Noch beim Haus Fleege stationiert) *gibt Nachricht, daß eine Panzersquadron der 3/4 „CLY" sie ablösen und zusammen mit den 5. „KOSB" den Vormarsch fortsetzen werde.*

12.10 Uhr. Der 3. Troop der A-Squadron wurde vom 4. Troop abgelöst und setzt seinen Vormarsch zum nächsten Ziel fort, den Wäldern bei der „Trogbahn-Brücke" im Punkt 7. (Anm.: Diese Brücke gibt es wegen Flurbereinigungen heute nicht mehr).

12.15 Uhr. Der Gefechtsstand der A-Squadron befindet sich im Punkt 5.

			Army Form C. 2118.
	WAR DIARY or INTELLIGENCE SUMMARY (Delete heading not required)	Unit 44 Bn.Royal Tank Regiment.	
Month and Year April 1945.		Commanding Officer Lt.Col.G.C.Hopkinson DSO	

Place	Date	Hour	Summary of Events and Information	References to Appendices
853186	7	1230	A Sqns 3 troop advancing into woods at 867194, some opposition was encountered in the form of shelling and SA fire.	
		1235	B Sqn ordered to concentrate at 856173 when they had been relieved.	
		1240	A Sqn 3 troop report wood at 867194 holds considerable numbers of Enemy Inf and requested the assistance of flame throwers.	
		1255	A Sqn 3 Troop report flame throwers in action and most successful.	
		1300	A Sqn 3 Troop report br at 868194 blown.	
846166			A Sqn location, having been relieved.	
		1315	A Sqn ordered to take measurements for br construction.	
		1340	A Sqn report rd bad to br., craters, surface soft, the river 30ft wide at the narrowest point, tanks fire, enemy Inf could be seen 2000x ahead and were being stonked by our arty.	
867192			Location of A Sqn HQ.	
		1355	Scissors br on its way to A Sqn to be laid at 859177.	
		1400	A Sqn 3 troop captured 3 PW.	
		1405	PW consisted of 1 Officer and 2 ORs from 2 PGR, one man was sent back to collect a further 20 PW who were rather dubious, the other man reported br at 894196 strongly held by the Enemy.	
		1418	Scissors br being laid.	
		1430	A Sqn report gap too wide for scissors br.	
		1440	CO requested permission to use southern and main route via HOPSTEN 9020.	
		1525	Bde granted above request, ordered to move through HOPSTEN and capture HALVERDE 9524, but regiment to be clear of axis by midnight.	
		1535	C Sqn ordered to marry up with A Coy of 2 KRRC and move along axis towards HOPSTEN.	

Tagebuch der 44. „Royal Tanks"
(Bild 214, Public Record Office, London)

12.30 Uhr. Der 3. Troop erreicht die Wälder im Punkt 7, es wurde leichter Widerstand angetroffen, in Form von Artilleriebeschuß und Feuer leichter Waffen.

12.35 Uhr. Der B-Squadron wird befohlen, sich im Gebiet von Punkt 1 zu sammeln, sobald sie abgelöst sei.

12.40 Uhr. Der 3. Panzertroop der A-Squadron berichtet, daß sich im Wald bei Punkt 7 in beträchtlicher Stärke Infanterie befinde, er fordert die Unterstützung durch Flamm-Panzer an.

12.55 Uhr. Der 3. Troop der A-Squadron berichtet, daß die Flammenwerfer in Aktion und höchst erfolgreich seien.

13.00 Uhr. Der 3. Troop berichtet, daß die „Trogbahn-Brücke" im Punkt 7 gesprengt sei. Die A-Squadron befindet sich auf der Kahlenborg.

13.15 Uhr. Die A-Squadron ordnet an, die Abmessungen für eine Ersatzbrücke aufzunehmen.

13.40 Uhr. Die A-Squadron berichtet, daß der Weg zur Brücke schlecht sei. Es gebe viele Drecklöcher, die Oberfläche des Weges sei weich, die Hopstener Aa sei an der engsten Stelle 9 Meter breit, die Ufer seien fest. Feindliche Infanterie sei in etwa 1800 m Entfernung zu sehen und werde durch unsere Artillerie beschossen. Der Gefechtsstand der A-Squadron sei im Punkt 8.

13.55 Uhr. Die Scherenbrücke befindet sich im Punkt 6 und ist auf dem Weg zu A-Squadron, um dort verlegt zu werden.
14.00 Uhr. Der 3. Troop der A-Squadron nahm drei Gefangene.
14.05 Uhr. Die Gefangenen waren ein Offizier und zwei Soldaten vom 2. Panzergrenadierregiment. (Anm.: Es waren Soldaten vom I. Bataillon des Regimentes Poeschmann unter Hauptmann Menzner, „Großdeutschland"). Einer wurde zurückgeschickt, um weitere 20 Gefangene nachzuholen. Sie waren sehr verstört. Einer sagte, daß die Brücke weiter flußaufwärts im Punkt 9 streng vom Feind verteidigt würde.
14.18 Uhr. Die Scherenbrücke ist verlegt.
14.30 Uhr. Die A-Squadron berichtet, daß die Aa zu breit für die Scherenbrücke sei. (Anm.: Man hätte lieber zweimal messen sollen!)
14.40 Uhr. Der Kommandeur bittet um Erlaubnis, die Hauptstraße südlich von Hopsten benutzen zu dürfen.
15.25 Uhr. Die Brigade gibt die Erlaubnis, verbunden mit dem Befehl, durch Hopsten zu fahren und Halverde zu erobern, jedoch solle die bisherige Angriffsachse nicht vor Mitternacht geräumt werden.
15.35 Uhr. Die C-Squadron erhielt Befehl, sich mit der A-Kompanie des 2. „KRRC" zu vereinen und sich entlang der Angriffsachse in Richtung Hopsten in Bewegung zu setzen. .....

Bernhard Dirkes (Jahrgang 1928) erlebte die Kämpfe auf seinem Hof an der Schapener Seite der Aa. Auf einer 3 ha großen Fläche schlugen 180 Granaten ein. Drei deutsche Soldaten starben durch einen Volltreffer. An einer anderen Stelle lag ein Soldat aus Breslau mit Genickschuß. Insgesamt 15 Soldaten kamen zunächst in ein Massengrab in Schapen, wurden aber später nach Thuine umgebettet. Bernhard Dirkes sah auch die Stelle auf der Dreierwalder Seite der Aa, wo die Flammpanzer gewütet hatten.

Spelle und Schapen wurden am folgenden Tag kampflos besetzt, weil die letzten deutschen Truppen sich in der Nacht zuvor zurückgezogen hatten. Es wurde höchste Zeit, diesmal war Spelle an *letzter* Stelle.

Ins Speller Dorf rückten die Briten vom Bahnhof her ein, Schapen wurde von Hopsten und Beesten von Messingen her besetzt. Man traf sich!

Militärberichte
11

Weitere Tagebuchaufzeichnungen britischer Einheiten

Zunächst die Tagebücher der britischen Artillerie:

4. April 1945 (Mittwoch)
Unser Kommandeur nahm um 11.10 Uhr an einer Konferenz der 4. Panzerbrigade teil (Anm.: In Rothenberge) *und befahl sofort anschließend, daß die Spähtruppeneinheiten sich in Richtung Wettringen vorwärts bewegten. Das Regiment zog um 15.00 Uhr ab und kam bei Ochtrup zum Einsatz. Abends gab es nur kleinere Aktionen zur Unterstützung des „KRRC". Am späten Abend wurde uns bekannt, daß die 53. Division in das Gebiet westlich der Ems* (Anm.: Mesum und Emsdetten)

Tagebuch der 4. „Royal Horse Artillery"
(Bild 215, Public Record Office, London)

Tagebuch der 4. „Royal Horse Artillery"
(Bild 216, Public Record Office, London)

verlegt werde und wir in der Nähe der 4. Panzerbrigade bleiben sollten. Wir würden entweder ihr oder der 52. Division unterstellt.

5. April 1945 (Donnerstag)
An diesem Morgen nahm unser Kommandeur an einer Besprechung der 4. Panzerbrigade teil, auf der die bevorstehenden Operationen der Brigade besprochen wurden. Die 4. Panzerbrigade wurde der 52. (Lowland) Division unterstellt.
Das Ziel der Brigade ist Ankum (Anm.: Siehe Befehl auf Seite 296 und Bild 163). In diesem Augenblick hält die 52. Division einen kleinen Brückenkopf jenseits des Dortmund-Ems-Kanals bei Altenrheine, nordöstlich von Rheine.
Die Aufgabe der 4. Panzerbrigade ist es, Dreierwalde und Spelle zu erobern. Unsere Spähtruppeinheiten erhielten Befehl, jenseits der Ems Positionen zu bestimmen und außerdem die „GREYS" zu unterstützen. Um 11.45 Uhr setzte sich unser Regiment in Richtung Altenrheine in Bewegung, und zwar in folgender Reihenfolge: Taktisches Regimentshauptquartier, F-Batterie, DD-Batterie, C-Batterie und die A1-Staffel. Im Laufe des Nachmittags beschossen wir einige Ziele, die uns von den „GREYS" angegeben wurden. Von heute an soll das Regiment

Tagebuch der 4. „Royal Horse Artillery"
(Bild 217, Public Record Office, London)

nicht mehr als 30 schwere Granaten und 5 Nebelgranaten je Geschütz abschießen.

6. April 1945 (Freitag)
  Heute hatten das 2. Bataillon des „KRRC" und die 44. „Royal Tanks" die Aufgabe, nordwärts gegen Spelle vorzurücken, ein von SS-Truppen gehaltener Ort. Es fing damit um 10.00 Uhr an, und wir feuerten eine Reihe von Salven zur Unterstützung. Um unsere volle Feuerkraft einsetzen zu können, schickten wir mittags eine Spähtruppeinheit voraus, geeignete Positionen südwestlich von Dreierwalde auszukundschaften. Um 15.00 Uhr kam unser Artillerie-Regiment dann im Südfelde (Anm.: Jenseits der heutigen Betriebe Rekers) *zum Einsatz.*
  Das 2. „KRRC" traf auf harten Widerstand, speziell von Spelle her, und während des Nachmittags schossen wir mit voller Kraft. Gegen Abend belegten wir Spelle mit roten Nebelgranaten, um einen Taifun-Jagdbomberangriff zu unterstützen. Heute wurde Leutnant K.G.Wilson unserem Regiment zugeteilt.

7. April 1945 (Samstag)
Das 2. „KRRC" und die 44. „Royal Tanks" wurden des Auftrags enthoben, Spelle zu erobern.
Sie wurden in Richtung Hopsten in Bewegung gesetzt. Wir belegten mehrere Ziele (Anm.: In der Gegend Osterbruch) mit Granaten, um sie bei ihrem Vormarsch zu unterstützen. Da die „GREYS" heute von uns keine Unterstützung benötigten, wurden zwei Einheiten der C-Batterie abgezogen und zum 2. „KRRC" geschickt. Um 15.32 Uhr erhielten Spähtruppeinheiten den Befehl, Stellungen im Gebiet Breischen bei Hopsten vorzubereiten, damit unser Regiment einen Angriff auf Halverde unterstützen konnte. Die C- und F-Batterien und der Gefechtsstand zogen um 16.30 Uhr dorthin, während die DD-Baterie erst nachzog, als die anderen beiden Batterien schon in Aktion waren.
An diesem Abend drangen die 44. „Royal Tanks" an Hopsten vorbei nach Halverde vor und eroberten das Dorf. Das fand in der Dunkelheit statt, und wir beschossen nur zwei Ziele für sie.

8. April 1945 (Weißer Sonntag)
An diesem Morgen zogen die „CLY" und die 5. „KOSB" an uns vorbei und setzten den Angriff entlang der Hauptangriffsachse fort. Zu ihrer Unterstützung wurde eine Spähtruppeinheit nach Hopsten geschickt, für die DD-Batterie Stellungen vorzubereiten. Um 7.00 Uhr morgens bezog die DD-Batterie diese Stellungen. Um 7.30 Uhr wurden dann alle Spähtruppeinheiten losgeschickt, um Stellungen kurz vor Halverde vorzubereiten.
Alle Batterien zogen um 8.00 Uhr dorthin, wobei die C-Batterie erst nachzog, als die anderen Batterien schußbereit waren. Die „CLY" rückte weiter zu ihrem Zielgebiet vor, und es wurde entschieden, daß eine Kompanie der 5. „KOSB", eine Panzersquadron der 44. „Royal Tanks" und unsere DD-Batterie abmarschieren sollten, gefolgt vom Rest der drei Regimenter.
Spähtruppeinheiten wurden nach Weese geschickt, das wir um 14.00 Uhr eroberten. Am Nachmittag näherten sich die Panzer der „CLY" Voltlage, das wir schwer mit Artilleriegranaten belegten, außerdem mit roten Nebelgranaten zur Unterstützung von Taifun-Jagdbombern. Um etwa 20.00 Uhr war Voltlage erobert. .....

Instructions regarding War Diaries and Intelligence Summaries are contained in F.S. Regs., Vol. I. and the Staff Manual respectively. Title pages will be prepared in manuscript.			WAR DIARY or INTELLIGENCE SUMMARY. (Erase heading not required).	Army Form C. 2118
Month and Year APRIL 1945				Unit 3/4 C.L.Y. Commanding Officer Lt-Col W.A.C.Anderson DSO
Place	Date	Hour	Summary of Events and Information.	References to Appendices.
	2	0730	C Sq joined 1/5 Welch at A 517995 with a troop at the X-rds V 516018.	
		1800	C Sq concentrated at V 568011 and leaguered there for the night.	
		1900	B Sq joined RHQ at A 537997 for leaguer.	
	3	1145	C Sq moved with 1/5 Welch through OCHTRUP to X-rds V 671039. One tank was damaged by a mine at 659025. Troops at V 665045 and 675042 gave flank protection to the remainder of the Sq at the brickworks V 675037. Leaguer was made in those positions.	
		1200	B Sq, in support of 1 E Lancs R moved to X-rds 700016 unopposed and consolidated there with the infantry in area V 6905. A Sq remained at OCHTRUP. A further 200 POW were brought in from the general area of the road-block at 5701. Claims...... 250 POW. (combined 2nd. and 3rd. April) Casualties.....nil.	
	4	1000	C Sq concentrated in brickworks V 675037 and leaguered there.	
		1100	Major H.V.Phelps resumed command of B Sq. Sq in support of 2/60 KRRC, concentrated for counter-attack role, if required, area V 686034, where leaguer was made.	
		1430	A Sq concentrated in general area WETTRINGEN V 7102, with a coy of 2/60 KRRC. The Regt had no contact with the enemy. Claims and Casualties...nil.	
	5	1100	C Sq came under command 160 Bde, 53 Div, and moved to tie up with 2 Mons in counter-attack role if required.	
		1215	RHQ and Regt, less C Sq, concentrated in area 7305. A Sq's Scout Car hit a mine, injuring the two occupants. Otherwise no contact. Claims.......nil. Casualties...1 Officer, 1 OR wounded.	
	6		Regt under command 160 Bde, 53 Div. A sq crossed the DORTMUND EMS Canal to area 7912 - 8212, facing North as left flank protection to 52(L) Div Cl. Claims and Casualties...nil.	

Tagebuch der „County of London Yeomanry"
(Bild 218, Public Record Office, London)

Immer wieder wird das Panzerbataillon „CLY" (3/4 „County of London Yeomanry", die „Sharpshooters") erwähnt. Die Tagebücher seien deswegen ebenfalls hier wiedergegeben:

4. April 1945 (Mittwoch)
Die C-Squadron war um 10.00 Uhr in der Ziegelei Schnermann in Rothenberge konzentriert und sammelte sich dort. Um 11.00 Uhr übernahm Major H.V.Phelps wieder das Kommando der B-Squadron. Die Squadron zur Unterstützung des 2. „KRRC" stand etwas weiter nördlich und war auf einen möglichen Gegenangriff gefaßt. Um 14.30 Uhr lag die A-Squadron mit einer Kompanie des 2. „KRRC"in der Gegend von Wettringen. Das Regiment hatte keinerlei Feindberührung.

5. April 1945 (Donnerstag)
Um 11.00 Uhr kam die C-Squadron unter Kommando der 160. Brigade (53. Division) und bewegte sich mit den „MONS" (Anm.: Die „Monmouths") in Verteidigungsposition, für den Fall eines Gegenangriffs.

Tagebuch der „County of London Yeomanry"
(Bild 219, Public Record Office, London)

Um 12.15 Uhr versammelte sich das ganze Regiment mit Ausnahme der C-Squadron in der Nähe des Neuenkirchener Bahnhofs. Ein Jeep fuhr auf eine Mine. Zwei Insassen wurden verletzt. Im übrigen keinerlei Feindberührung. Keine Gefangene gemacht. Verluste: Ein Offizier, ein Soldat verwundet.

6. April 1945 (Freitag)
Das Regiment steht unter dem Kommando der 160. Brigade (53. Division). Die A-Squadron überquerte den Dortmund-Ems-Kanal und befindet sich im Gebiet zwischen der Schleuse Altenrheine und der Haarstraße, Angriffsrichtung nach Norden (Anm.: Also Richtung Venhaus/Spelle). *Sie dient als linker Flankenschutz der Hauptangriffsachse der 52. Division* (Anm.: Straße Altenrheine - Dreierwalde). *Keinerlei Gefangene und auch keine Verluste.*

7. April 1945 (Samstag)
Um 6.00 Uhr morgens verband sich die C-Squadron mit dem 6. Bataillon der „RWF", um die Gegend des Speller Bahnhofes zu verteidigen.

(Anm.: Diese Panzer beschossen nachmittags den Speller Kirchturm). *Um 10.00 Uhr zog der Gefechtsstand nach Dreierwalde, wo die A-Squadron* (Anm.: Sie war bei der Haarstraße gewesen) *wieder unter das Kommando des Regimentes kam und uns drei Stunden später folgte. Um 16.30 Uhr zog die A-Squadron zu einem großen Gehöft bei Hopsten, zur Unterstützung der 5. „KOSB". Außer Minen trafen sie keinen Widerstand an.*
Ein Halbkettenfahrzeug der Mechaniker fuhr auf eine solche Mine und wurde zerstört, glücklicherweise wurde keiner der Insassen dabei verletzt. Die Squadron lagerte im dem Gehöft. Keine Gefangene und keine Verluste.

8. April 1945 (Weißer Sonntag)
Die B-Squadron, unter Kommando der 5. „KOSB", führte den Angriff auf die Hügel bei Weese an. Es wurde nur leichter Widerstand angetroffen. Sechs Gefangene von der 15. Panzergrenadierdivision wurden gemacht. Zwei Halbkettenfahrzeuge wurden auf der Straße Dreierwalde-Hopsten-Halverde-Weese erbeutet. Die Squadron erforschte die Brücken vor und hinter Weese. Erstere war gesprengt und letzere (Anm.: Zwischen Weese und Voltlage) *wurde durch MG-Feuer, Panzerfäuste, Granatwerfer- und Artillerie-Feuer verteidigt. Ein Panzer wurde durch eine Panzerfaust zerstört.*
Die B-Squadron drang weiter vor zu dem Hügel links der Straße Weese-Voltlage, wo die A-Squadron den Angriff Richtung Voltlage weiter fortsetzte, mit einer Kompanie Infanterie in Schützenpanzern, die zu einer Erhebung fuhren, von der sie Voltlage vom Osten her überblicken konnten. Die Schützenpanzer näherten sich weiter dem Dorf, jedoch wurde das erste Fahrzeug von einer Panzerfaust getroffen.
Das ganze Dorf wurde dann von Granaten der Panzer überschüttet, von Taifun-Jagdbombern angegriffen und verwüstet.
Nach dieser Vorbereitung kam die C-Squadron (Anm.: Die am vorhergehenden Nachmittag noch den Speller Kirchturm beschossen hatte) *von Dreierwalde her herangefahren, mit einer aufgesessenen Kompanie Infanterie, und drang ohne Verluste in das Dorf Voltlage ein. Dort verbrachten sie die Nacht, zogen einige gefangene Deutsche aus ihren Löchern und steckten verdächtig erscheinende Häuser in Brand.*

Meanwhile the 6th Battalion had gone forward under command of 4th Armoured Brigade to protect the flank of the bridgehead over the Dortmund-Ems Canal, and had captured Spelle under the noses of the enemy.

Early the following morning the Battalion quietly disengaged and drove north-east towards Hoya and the Weser, the largest obstacle between the Rhine and the Elbe. The British armour had passed through a few days earlier on the way to Bremen, and hosts of liberated Russian, French, and Polish prisoners were streaming westwards, mostly on foot. It was touching to see these pathetic figures stiffening to attention and meticulously saluting anyone whom they took to be an officer. One Polish officer here had magnificently polished boots, but they covered his ankles and legs only, as the soles had worn through many months before.

Ausschnitt aus dem Buch
„The Red Dragon: The History of the Royal Welch Fusiliers 1919-1945"
(Bild 220, Imperial War Museum, London)

Beute: 30 Gefangene und zwei Halbkettenfahrzeuge
Verluste: ein Soldat gefallen, ein Offizier wahrscheinlich in Gefangenschaft, drei Soldaten verwundet. .....

Soweit die „CLY", die „Sharpshooters".

Die 6. „RWF", die erst am Samstag in die Kämpfe vor Spelle eingriffen und am Weißen Sonntag um 10.00 Uhr die Aa überquerten, um ganz Spelle kampflos zu besetzen, schreiben in Ihrem Geschichtsbuch „The Red Dragon: The History of the Royal Welch Fusiliers 1919-1945" :

..... Inzwischen war das 6. Bataillon unter Kommando der 4. Panzerbrigade vorgerückt, um die Flanke des Brückenkopfes über den Dortmund-Ems-Kanal zu schützen, und hatte Spelle unter den Augen des Feindes erobert.

In der Frühe des nächsten Morgens zog sich das Bataillon geräuschlos zurück und fuhr nordöstlich nach Hoya an der Weser. Die Weser war das größte Hindernis zwischen Rhein und Elbe. Die britischen Panzer waren an

Tagebuch der 6. „Royal Welch Fusiliers"
(Bild 221, Public Record Office, London)

den Tagen zuvor auf ihrem Vormarsch nach Bremen durchgebrochen. Unmengen befreiter russischer, französischer und polnischer Gefangener strömten westwärts, zumeist im Fußmarsch. Es war rührend, diese leidenden Menschen zu sehen, wie sie Haltung annahmen und übergenau jeden grüßten, den sie für einen Offizier hielten. Ein polnischer Offizier hatte blankgeputzte Stiefel an, sie bedeckten jedoch nur die Knöchel und Beine, weil die Sohlen seit Monaten durchgelaufen waren. .....

Hier die entsprechenden, teilweise im Hause Heinr. Fleege, Löchteweg 3, handgeschriebenen Tagebücher des 6. Bataillons:

4. April 1945 (Mittwoch)

13.00 Uhr. Befehl von der Brigade. Die 2. „MON" (Anm.: Die „Monmouths") sollen nach Salzbergen und zur Emsbrücke bei Vehring vordringen. Spähtruppeinheiten der 53. Division sollen das Gebiet zwischen Ems und Dortmund-Ems-Kanal, Holsten und Bexten also, reinigen.

Tagebuch der 6. „Royal Welch Fusiliers"
(Bild 222, Public Record Office, London)

14.50 Die ersten Troops der „MON" fahren vorbei.

15.25 Uhr. Die 2. „MON" besetzt ihr Gebiet gegen geringen Widerstand. Der Feind scheint sich zurückgezogen zu haben.

17.00 Uhr. Nachricht von der Brigade: Die 2. „MON" haben das Ziel Salzbergen fest in ihrer Hand. Eine Kompanie ist in einer Position, von der aus die gesprengte Brücke bei Vehring beherrscht wird.

5. April 1945 (Donnerstag)

04.00 Uhr. Befehle von der Brigade: Die C-Kompanie soll von Haddorf her unter Kommando der 4. „RWF" das Gebiet auf der anderen Seite des Bentlager Flugplatzes besetzen, die 6. „RWF" das Gelände östlich und nördlich davon, also Bentlage und Hummeldorf.

10.00 Uhr. Marschbefehle: B-Kompanie zum Nordende des Flugplatzes bei Hummeldorf, D-Kompanie etwas südlich davon, A-Kompanie bleibt in ihrer gegenwärtigen Position.

12.13 Uhr. Die B-Kompanie hat ihr Ziel erreicht.

Tagebuch der 6. „Royal Welch Fusiliers"
(Bild 223, Public Record Office, London)

15.00 Uhr. Ein Zug der C-Kompanie hat in den Gebäuden des Flugplatzes einen neuen Bataillonsgefechtsstand einzurichten.

17.03 Uhr. Der Bataillonsgefechtsstand bezieht das neue Quartier.

17.30 Uhr. Der Bataillonsgefechtsstand ist jetzt auf dem Salzbergener Flugplatz in der Nähe des Gefechtsstandes der D-Kompanie. Neue Nachricht von der Brigade: Die 4. „RWF" sollen nach Altenrheine weiterziehen. Das ganze Gebiet zwischen Haddorf und Flugplatz ist von der C-Kompanie zu halten, unter direktem Befehl der Brigade. Die 4. „RWF" sollen sich am nächsten Morgen in aller Frühe in Bewegung setzen.

6. April 1945 (Freitag)

Das ganze Flugfeld und die Gebäude sind nun erobert. Reparaturbautrupps sind auf dem Flugplatz beschäftigt. Generalfeldmarschall Montgommery besucht den Flugplatz und unser Bataillon. Die Kompanien machen sich so sauber und gut organisiert wie möglich. Auf dem Gebiet der Kompanien wird eine Parade durchgeführt.

Tagebuch der 6. „Royal Welch Fusiliers"
(Bild 224, Public Record Office, London)

22.00 Uhr. Befehl der Brigade: Die Brigade soll jenseits des Dortmund-Ems-Kanals die linke Flanke der Hauptangriffsachse schützen.

23.50 Uhr. Die Brigade soll eine Brücke um 8.00 Uhr überqueren. Der Verbindungsoffizier ist zu uns mit genaueren Einzelheiten unterwegs. Die einzelnen Einheiten sollen unabhängig voneinander zum Südfelde (Anm.: Zwischen Altenrheine und Spelle) fahren. Der Kommandeur ist bereits unterwegs, sich in den Hauptquartieren der 4. Panzerbrigade und der 160. Brigade (Anm.: In Dreierwalde) zu treffen, um weitere Befehle zu empfangen. Das „KRRC" und die 4. Panzerbrigade halten bereits Stellungen (Anm.: Am Speller Bahnhof) etwa 1000 m nördlich des Treffpunktes. Sie sollen abgelöst werden, sobald das Bataillon eintrifft.

7. April 1945 (Samstag)

06.00 Uhr. Einzelheiten werden im Bataillonsgefechtsstand bekannt.

War Diary or Intelligence Summary — Unit: 6 RWF — Month and Year: April 1945

Place	Date	Hour	Summary of Events and Information
	7	1622	As it was suspected that the Church tower in SPELLE was being used as an OP, it was decided to shoot it down at 1645 hrs.
		1637	OC. B Coy, Maj Hill evacuated having been wounded in the leg.
		1635	Civilian brought in by B Coy. In possession of a suspected code, he was sent back to Bde.
		1750	Gunners report shoot on Church tower completed — some hits scored.
		1800	Message from Bde. B Carrier recce in ANON area to be withdrawn. Sqn CLY may be withdrawn, if so 1 tp of SP Guns will replace them. 1 mg pl in op 6RWF to ANON on same tasks reps to 833151.
		1840	Op at comm Post for sounds of SP arms.
		1900	Message from Bde — Mines reported in area 841107.

Tagebuch der 6. „Royal Welch Fusiliers"
(Bild 225, Public Record Office, London)

07.00 Uhr. Das Bataillon rückt in voneinander unabhängiger Marschordnung ab. Die A-Kompanie führt.

07.30 Uhr. Die Spitze der Bataillonskolonne passiert die Stadtmitte von Rheine.

07.50 Uhr. Der Kommandeur kommt von der Brigade zurück. Die Pläne sind geändert. Das Bataillon soll nun direkt nach Spelle fahren, um dort die Kameraden abzulösen. Melder werden zurückgeschickt, um die Brigadenkolonne auf den richtigen Weg direkt nach Spelle zu bringen.

08.53 Uhr. Die Brigadenkolonne wird im Südfelde (Anm.: Zwischen Altenrheine und Spelle) angehalten.

09.40 Uhr. Der Kommandeur und die Kompanie-Chefs gehen zum Gefechtsstand der abzulösenden Kameraden im Hause Heinrich Fleege.

11.50 Uhr. Die Kompanien legen die letzte Wegstrecke zu Fuß zurück.

Tagebuch der 6. „Royal Welch Fusiliers"
(Bild 226, Public Record Office, London)

12.05 Uhr. Der Bataillonsgefechtsstand wird zusammen mit dem Gefechtsstand unserer Kameraden im Haus Fleege eingerichtet. Die einzelnen Kompanien übernehmen die Positionen wie folgt:
A-Kompanie Straßenaufmündung Dreierwalder Straße (Anm.: Alte Molkerei)
B-Kompanie Einmündung Brückenstraße
C-Kompanie am heutigen Industriedenkmal
D-Kompanie bei der heutigen Firma Storm.
Die Transportfahrzeuge werden hinter der Bahn gegenüber dem heutigen Betonwerk Rekers postiert.
16.00 Uhr. A-Kompanie meldet sich in Position.
16.10 Uhr. D-Kompanie meldet sich in Position.
16.15 Uhr. C-Kompanie meldet sich in Position.
16.20 Uhr. Die Brigade meldet, daß sich starke feindliche Truppen am Kanal halbwegs B70-Brücke und Schleuse Venhaus befinden.

16.22 Uhr. Es wurde vermutet, daß sich im Kirchturm von Spelle ein Beobachtungsposten befindet. Es wurde daher befohlen, ihn um 16.45 Uhr niederzuschießen („to shoot it down at 16.45").

16.27 Uhr. Der Kommandeur der B-Kompanie, Major Hill, wird am Bein verwundet.

16.35 Uhr. Ein Zivilist (Anm.: Franz Breuckmann sen.) *wird von der A-Kompanie hereingebracht. Er soll Geheimwissen haben und wird vom Bataillonsgefechtsstand bei Fleege zum Brigade-Hauptquartier bei Sasse in Dreierwalde weitergeschickt.*

17.50 Uhr. Die Panzerkanoniere melden, daß die Beschießung des Kirchturmes beendet ist. Es sind mehrere Treffer erzielt.

18.00 Uhr. Nachricht von der Brigade: Die Transportfahrzeuge im Gebiet der 2. „MON" sollen abgezogen werden, ebenfalls die Squadron Panzer der „CLY" (Anm.: Die gerade den Kirchturm beschossen hatten). *Falls ja, so sollen Selbstfahrgeschütze sie ersetzen. Ein MG-Zug zur Unterstützung der 6. „RWF" soll zum gleichen Zweck zum Knüven /Dreierwalde kommen.*

18.40 Uhr. Der Kommandeur ist bei der Befehlszentrale wegen der Selbstfahrgeschütze.

19.00 Uhr. Nachricht von der Brigade: Minen werden im Bereich des Kanalhafens Altenrheine gemeldet.

19.30 Uhr. Der Kommandeur ist bei der Brigade. Die Pläne sind geändert: Alle Kompanien werden abgezogen, nur etwa ein Zug bleibt vor Ort. Abmarsch zu einem noch unbekannten Ziel in der Frühe des nächsten Morgens. Der Kommandeur soll zur Brigade zur weiteren Besprechung um 04.30 Uhr.

20.30 Uhr. Nachfrage nach den Selbstfahrgeschützen

23.45 Uhr. Die C-Kompanie meldet ein Licht, das sich auf der Wällkenstraße von Spelle nach Venhaus bewegt. Das Gebiet wird um 23.50 mit Granaten belegt.

8. April 1945 (Weißer Sonntag)

01.30 Nachricht von der Brigade: Um 4.00 Uhr erhalten wir Transportlastwagen von Rheine.

05.00 Der Kommandeur kehrt von der Brigade zurück. Die Brigade fährt nach Hoya an der Weser. Abfahrt um 8.00 Uhr. .....

Nur ein Zug Infanterie blieb in Spelle. Keiner von uns wußte es. Bei der Besetzung unseres Dorfes am nächsten Morgen vermuteten wir noch starke Infanterie-, Panzer- und Artillerie-Einheiten jenseits der Aa. Mit den letzten deutschen Soldaten von der Division Hermann Göring verließen auch die Briten unser Dorf. Spelle war vom Militär beider Seiten befreit!

Interessant ist der Vermerk vom Samstag, dem 7. April, 16.35 Uhr (Bild 225 auf Seite 375):

„Civilian brought in by Acoy. In possession of a suspected code, he was sent back to Bde."
Übersetzt:
„Durch die A-Kompanie wurde ein Zivilist hereingebracht. Er hat Geheimwissen, er wurde zur Brigade zurückgeschickt."

Dieser Text wurde im Haus Heinr. Fleege am Löchteweg geschrieben. Dort fand auch die Vorführung von Franz Breuckmann sen., allen als früherer Präsident des Schützenvereins in Erinnerung, statt. Ich erinnere mich, daß am Samstagabend bekannt wurde, es habe quer durch die Front hindurch ein Telefongespräch zwischen den Häusern Breuckmann und Kerk stattgefunden. Franz Breuckmann sei von den Engländern „mitgenommen" worden. Keiner konnte sich einen Reim darauf machen, weil Herr Breuckmann nun wirklich nicht naziverdächtig war. Es gibt zwei Versionen zur Erklärung der Angelegenheit:

1. Franz Breuckmann wurde beim Telefonieren von den Schotten überrascht. Er könnte dann an das deutsche Militär Informationen gegeben haben, also wäre er für die Schotten ein Spion gewesen.

2. Er wurde von den Schotten gezwungen, bei Kerk anzurufen, sich nach der dortigen Lage der deutschen Truppen zu erkundigen. Diese Version scheint mir wahrscheinlicher.

Herausgekommen scheint nicht viel zu sein. Herr Breuckmann wurde nach kurzer Zeit wieder entlassen, nachdem er bei Sasse in Dreierwalde im Hauptgefechtsstand der 4. Panzerbrigade (Brigadier Carver) eingehend verhört worden war.

Noch einige ergänzende Fotos

Im Fotoarchiv des Imperial War Museums in London findet man viele Bilder, die einen gewissen Ersatz für Fotos sein können, die unsere besiegte und leidende Bevölkerung damals aufzunehmen versäumt hat. Keiner dachte damals daran, zu photographieren. Wir hatten andere Sorgen.

Zerstörte Städte, elendig aussehende Gefangene und Zivilpersonen, zerstörtes deutsches Kriegsgerät, alles im Archiv zu finden. Leider nicht müde und abgekämpfte britische Soldaten, kein abgeschossener englischer Panzer, keine Bilder ängstlicher Tommies, die in deutsche Gefangenschaft gerieten.

Am 3. April 1945 in Rheine gemachte Aufnahme, die einen deutschen Offizier zeigen soll, der sich Zivilkleidung angezogen hatte, aber dennoch gefaßt wurde. Kein Einzelfall, wie wir wissen!
(Bild 227, Imperial War Museum, London)

Am ersten Tag der Rheinüberquerung bei Wesel gingen 8000 deutsche Soldaten in Gefangenschaft. Die Briten photographierten besonders gern Soldaten im Schulkinderalter. Sie hätten weniger als sechs Wochen Ausbildung gehabt, schreiben sie, wußten aber nicht, daß einige erst zwei Tage Soldat waren.
(Bilder 228 und 229, Imperial War Museum, London)

Diese Hitlerjungen gerieten bei Zeven in Gefangenschaft. Major Wackernagel hatte sie vorher fortgeschickt, als sie sich bei ihm meldeten. Leider gingen sie nicht nach Hause, sondern fügten eigenmächtig den Engländern in einer Straßenkurve hohe Verluste zu.
(Bilder 230 und 231, Imperial War Museum, London)

Bei Ibbenbüren in Gefangenschaft geratene Landser. Viele von ihnen waren Offiziersanwärter oder deren Ausbilder.
(Bilder 232 und 233, Imperial War Museum, London)

Oben: Ein Trupp deutscher Gefangener in Rheine.
Unten: Ein englischer Fotoreporter hatte diese Soldaten aus einem Keller geholt.
(Bilder 234 und 235, Imperial War Museum, London)

Oben: Die deutschen Soldaten marschierten in großen Kolonnen zu den Rheinwiesen.
Unten: Der Krieg ließ unvorstellbare Trümmerlandschaften zurück. Ein britischer Soldat begleitet eine ältere Frau.
(Bilder 236 und 337, Imperial War Museum, London)

Oben: Zunächst lagen alle dicht gedrängt unter freiem Himmel.
Unten: Bald wurde improvisiert, und es entstanden Erdlöcher, Hütten und andere Behausungen! Die Not war groß.
(Bilder 238 und 239, Imperial War Museum, London)

Auf dem Flugplatz Salzbergen wurden gesprengte Me 109 weggeräumt und die Bombentrichter zugeschoben. Nach wenigen Tagen wurden die Flugplätze in Salzbergen, Dreierwalde und Lünne von den Briten wieder benutzt.
(Bilder 240 und 241, Imperial War Museum, London)

Oben die gesprengte Emsbrücke bei Mesum.
Unten: Die Tommies wußten sich zu helfen. Zunächst überquerten sie mit Booten die Flüsse, hier in der Nähe des Bootshauses in Rheine, dann wurden Brücken hinübergeschoben.
(Bilder 242 und 243, Imperial War Museum, London)

Sofort nach dem Einzug der Briten wurde nach Kräften geplündert, hier an der Emsstraße in Rheine. Die Geschäftsinhaber waren meist in die umliegenden Dörfer geflohen, in denen der Aufenthalt jedoch überwiegend auch nicht sicherer war!
(Bilder 244 und 245, Imperial War Museum, London)

Im unteren Bild hat der britische Fotoreporter ungewollt einen der vor dem Hause Krawinkel abgeschossenen englischen Panzer erwischt. Das einzige Foto dieser Art im Imperial War Museum.
(Bilder 246 und 247, Imperial War Museum, London)

Oben: Befreite ausländische Kriegsgefangene und verschleppte Personen („Displaced Persons") begrüßen die einrückenden englischen Truppen in Sulingen.
Unten: Das Kloster in Thuine war Lazarett des Roten Kreuzes
(Bilder 248 und 249, Imperial War Museum, London)

Das Thuiner Lazarett wurde von diesen Kriegsgefangenen aus Italien, Polen, Jugoslawien und Frankreich betreut. Sie waren Sanitäter und Ärzte.
Bilder 250 und 251, Imperial War Museum, London)

Die Einweihung des ersten Kriegerdenkmals in Spelle im Jahre 1923
(Bild 252)

Das heutige Kriegerdenkmal
(Bild 253)

Ehrenmal des Schützenvereins zur 1100-Jahr-Feier in Spelle (1990)
(Bild 254)

Kriegerdenkmal im kleinen Ort Westboro bei Boston, USA
(Bild 255)

Unsere Gefallenen:

1914
Karl Brüggemann
Bernhard Schlichter
1915
Bernhard Meemann
Gerhard Schwis
Georg Terglane
Bernhard Fleege
Ewald Jürling
August Wellmann
Bernhard Brüning
1916
Franz Schlichter
Karl Stilling
Anton Wolters
Heinrich Hatting
Josef Deitermann
1917
Hermann Brüning
August Lemkers
Hermann Wolters
Heinrich Bramschulte
1918
Rudolf Segers
Heinrich Bültel
August Fischer
1919
Anton Rekers
1941
Bernhard Stappers
Karl Wulf
Johann Otzipka

1942
Gerhard Fenbers
Alois Lemkers
1943
Wilhelm Rekers
Alfred Rinke
Hermann Smit
1944
Theodor Laarmann
Alois Rekers
Ernst Wöhle
Heinrich Tenkleve
Leo Uphaus
Karl Schmidt
Georg Schweer
Karl Felling
Karl-Heinz Weber
Bernhard Evers
Hermann Schütte
Alfons Kerk
Alfons Brüggemann
Heinrich Stilling
1945
Anton Heeke
Hermann Möller
Gerhard Henneker
Alois Wilmes
Horst Siegemund
Paul Wagner
Josef Senker
1947
Bernhard Schoppe

Vermißte:

1918
August Stappers
1942
Josef Gebauer
1943
Georg Christoph
Franz Stricker
Georg Pischel
1944
Heinrich Christoph
Erwin Falkowski
Ernst Afting
Bernhard Knobbe
Heinrich Gelze
Gerhard Hölscher
Alfons Niehaus
Hermann Schröer
Bernhard Theising
Heinrich Evers
1945
Hermann Brüggemann
Bruno Kabst
Bruno Behrendt
Paul Roskos
Hermann Nyenhuis
Albert Gebauer
Ewald Schütte
Gerhard Stappers
Josef Altmann

In der Heimat umgekommen:

1944
Elisabeth Uphaus
1945
Anni Nyenhuis
Anna Sombecke

Nachwort

„Gefallen für Großdeutschland", mit diesem Vermerk kamen mehr als zehn Briefe zurück, die meinem Bruder Alois noch liebevoll zugedacht waren, als er schon in Estland im Grabe ruhte.

Wenn dieses Buch die Ereignisse in unserer Heimat beschreibt, so sei nicht vergessen, was unsere Soldaten an der Front durchgemacht haben.

Viele Briefe kamen nach dem 1. März 1944 zurück mit dem Vermerk:
„Gefallen für Großdeutschland!"
(Bild 256)

Der Brief von Leutnant Munkelt vom 3. März 1944.
Drei Wochen später starb auch er den Heldentod.
(Bild 257)

Die Rückseite des Briefes von Leutnant Munkelt
(Bild 258)

Den auf der vorherigen Seite abgebildeten Brief schrieb der Zugführer meines gefallenen Bruders, Leutnant Munkelt, am 3. März 1944. Mein Vater antwortete, um genauere Einzelheiten bittend. Am 6. April 1944 schrieb sein Feldwebel Herbert Geißer zurück, daß Leutnant Munkelt Ende März 1944 ebenfalls gefallen sei.

„Gefallen für Großdeutschland" hieß es bei uns, „Gefallen für die Freiheit und gegen ein barbarisches System" werden die anderen Völkern den trauernden Angehörigen der Toten geschrieben haben. „Ermordet aus Rassenwahn" mußten weitere Millionen erfahren. Insgesamt hinterließ dieser Krieg mehr als 50 Millionen Tote!

Das letzte Bild dieses Buches beleuchtet das Ende des Hitlerreiches. Ein geschundenes, gedemütigtes Militär, trotz tapferster Aufopferung ausgenutzt und verheizt. Durch die Nationalsozialisten kam unsägliches Leid nicht nur auf unser Volk, sondern auch auf unschuldige Nachbarvölker, insbesondere auf das Volk der Juden.

Der englische Text zu diesem Bild:
„Ein deutscher Major mit einigen der Kinder, denen er zu befehlen hatte.
Sie waren alle zwischen 13 und 16 Jahre alt."
So endete das „1000-jährige Reich" nach 12 Jahren!
(Bild 259, Imperial War Museum, London)

Die Verantwortung dafür wird noch lange auf uns lasten. Unsere Generation hat die Greueltaten noch im Gedächtnis. Hoffentlich wiederholt sich dieser Abschnitt der Geschichte nicht; dieses Buch möge den kommenden Generationen immer wieder ins Gedächtnis rufen, was aus kleinen Anfängen erwachsen kann, wenn sich extremistische Verführer von rechts oder links eine Mehrheit ergaunern und an die Macht gelangen. Nicht minder schlimm ist religiöser Fanatismus.

Literaturverzeichnis

Militärische Bücher:

„Die Geschichte des Panzerkorps Großdeutschland", III. Band, Helmuth Spaeter
„Das Kriegsende zwischen Ems und Weser 1945", Günter Wegmann
„Krieg in der Heimat, Das bittere Ende zwischen Weser und Elbe", Ulrich Saft
„Churchill's Desert Rats", Patrick Delaforce
„Der Panzer-Kampfwagen Tiger und seine Abarten", Walter J. Spielberger
„Arnheim 1944, Deutschlands letzter Sieg", Janusz Piekalkiewicz, Herbig
„Kriegsende 1945, die Zerstörung des Deutschen Reiches", R.D. Müller /G.R. Ueberschär
„The Tiger Tanks", Peter Gudgin
„Das waren die deutschen Jagdflieger-Asse 1939-1945", R. F. Toliver/T. J. Constable
„Weltkrieg II - Flugzeuge", Kenneth Munson
„Das große Lexikon des Zweiten Weltkriegs", Zentner / Bedürftig
„D-Day to Berlin", Terence Wise
„Der zweite Weltkrieg in Bildern und Dokumenten", Band 3, H.-A. Jacobsen, H. Dollinger
„Fünf vor null, die Besetzung des Münsterlandes", Helmut Müller
„The History of th Cameronians", Band 3, C.N. Barclay
„The History of the Fourth Armoured Brigade", R.M.P. Carver
„The History of 5. KOSB, From Flushing to Bremen", E.V. Tullet
„The Red Dragon: The History of the Royal Welch Fusiliers 1919-1945", Kemp/Aldershot
„Borderers in Battle", Hugh Gunning
„Second to none, The Royal Scots Greys", R.M.P.Carver

Geschichtliche Heimatbücher:

„1100 Jahre Listrup, Ein Dorf an der Ems, 890-1990", Hans-Peter Tewes
„1100 Jahre Elbergen, Geschichte eines Dorfes an der Ems 890-1990", Leo Mönnich
„Woisselsdorf, Heimat im Osten", Speller Schriften Band 3, Helmut H. Boyer
„Freren, eine kleine Stadt im Emsland", Bernhard Fritze
„Lünne, Bilder aus der Geschichte eines alten Kirchspieldorfes", Heinrich Kreimeyer
„Schapen, die Geschichte unseres Dorfes", Ewald Risau
„Dreierwalde, wie es war und wurde", Gemeinde und Heimatverein Dreierwalde
„Hörstel - Gestern und heute", Franz-Josef Wissing, Heimatverein Hörstel
„Rheine an der Ems, Chroniken und Augenzeugenberichte 1430-1950", Dr. Heinrich Büld
„Spelle, Heimatkunde eines Dorfes", Helmut H. Boyer
„Kriegschronik des Gymnasiums Dionysianum Rheine 1939-1947", Hermann Rosenstengel
„Lünne zur Zeit des Zweiten Weltkriegs", Wahlpflichtkurs der Klasse 9, H. Brinkmann

Archive und Museen:

„Imperial War Museum", London
„Public Record Office", London
„British Library", London
„Militär-Archiv", Freiburg
„Archiv des Heimatvereins Salzbergen", Salzbergen
„Kreisarchiv des Landkreises Emsland", Meppen
„Privatarchiv Horst A. Münter", Dortmund
„Privatarchiv Helmuth Spaeter", Eching /Ammersee